U0661425

2017年华南师范大学
哲学社会科学学术著作出版基金资助出版

体育旅游中的法律问题研究

程 蕉◎著

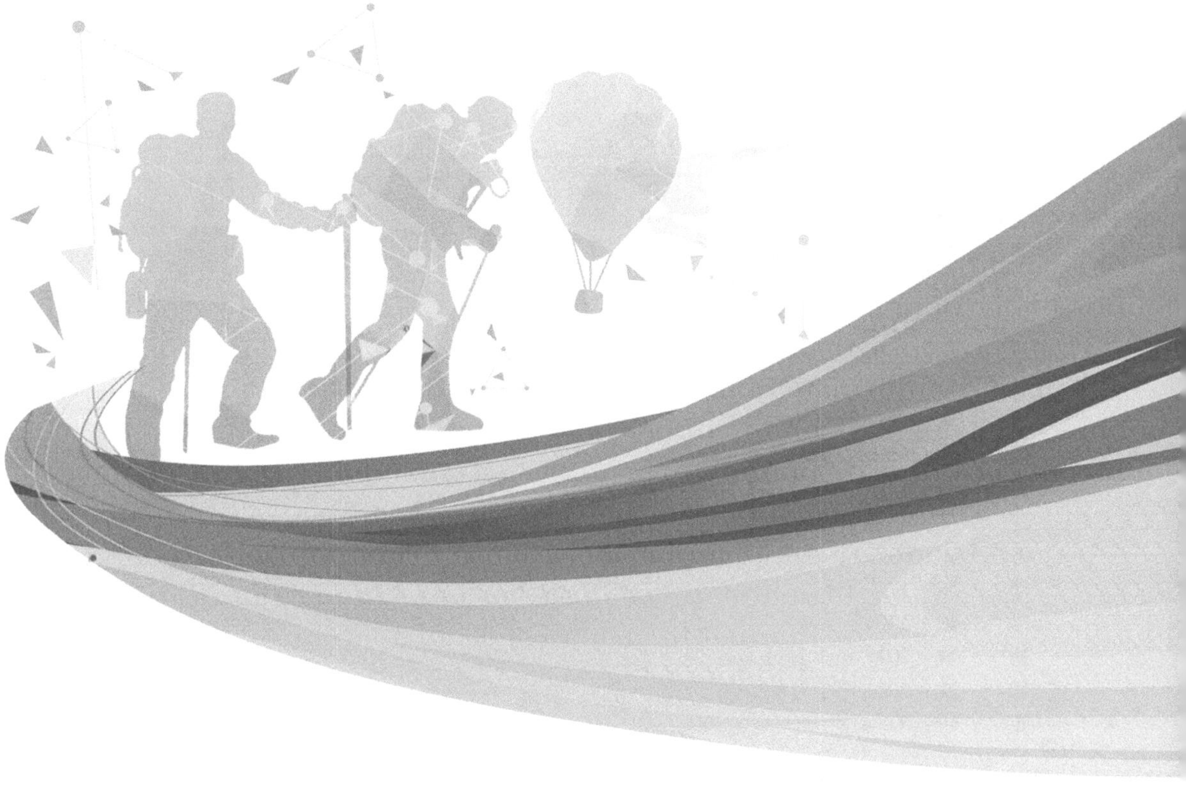

暨南大學出版社
JINAN UNIVERSITY PRESS
中国·广州

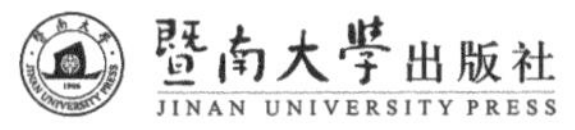

图书在版编目（CIP）数据

体育旅游中的法律问题研究/程蕉著．—广州：暨南大学出版社，2019.1（2024.1 重印）
ISBN 978－7－5668－2519－3

Ⅰ.①体…　Ⅱ.①程…　Ⅲ.①体育—旅游业—法规—研究—中国
Ⅳ.①D922.296.4

中国版本图书馆 CIP 数据核字（2018）第 253850 号

体育旅游中的法律问题研究
TIYU LÜYOU ZHONG DE FALÜ WENTI YANJIU
著　者：程　蕉

出 版 人：阳　翼
策划编辑：暨　南　周玉宏
责任编辑：陈俞潼　李禹慧
责任校对：高　婷
责任印制：周一丹　郑玉婷

出版发行：暨南大学出版社（511443）
电　　话：总编室（8620）37332601
营销部（8620）37332680　37332681　37332682　37332683
传　　真：（8620）37332660（办公室）　37332684（营销部）
网　　址：http：//www.jnupress.com
排　　版：广州市新晨文化发展有限公司
印　　刷：广州小明数码印刷有限公司
开　　本：787mm×1092mm　1/16
印　　张：17
字　　数：330 千
版　　次：2019 年 1 月第 1 版
印　　次：2024 年 1 月第 2 次
定　　价：52.00 元

前言

21 世纪伊始，体育旅游作为新经济形态——体验经济的代表形式之一，注重将身体运动和休闲结合，在我国获得迅速的发展。在体育旅游市场快速发展的进程中，安全保障问题成为其最大的隐患。从近年来层出不穷的体育旅游伤亡事件，以及逐渐产生的关于安全保障相关的法律纠纷来看，体育旅游安全保障问题已经成为体育旅游持续健康发展的阻碍。有鉴于此，本书选择以安全保障为视角，对体育旅游的核心问题展开研究。通过对国内外文献综述的对比分析，发现体育旅游安全保障中存在的核心法律问题主要集中在四个方面：体育旅游的主体、高危险体育旅游市场准入、体育旅游保险、体育旅游安全保障的责任承担机制。面对完善体育旅游安全保障的迫切性，本书旨在通过对安全保障相关法律问题的研究，并结合国外该领域的实践经验，为我国完善体育旅游的安全保障提供建议，为完善相关的法律问题提供参考。

第一，是对体育旅游及安全保障的概述。一方面对体育旅游的发展历史、学术研究中对其概念的争论、体育旅游的分类研究三个方面进行梳理，另一方面对体育旅游中的安全保障概念进行介绍，从而明确本书的研究背景和研究对象。本书的对象为参与式体育旅游，不包含赛事体育旅游和怀旧体育旅游。同时，本书通过近年来的安全事故案例分析目前安全保障存在的风险，以及完善安全保障制度的迫切性。

第二，是对我国体育旅游的主体进行梳理。通过对我国体育旅游中的参与者、组织者、管理者以及其中包含的性质不明确的“第三方机构”这几类主体的实证分析，明确我国体育旅游主体制度存在的问题，并通过对发达和发展中国家体育旅游主体制度的对比研究，总结其特点，融合其经验研究我国体育旅游主体完善的路径。

第三，是以我国高危险性体育旅游准入制度为研究对象，分析目前高危险性体育旅游组织者准入和参加者准入两方面的市场准入现状。在结合国外探险旅游市场准入的经验基础上，得出目前法规体系存在的问题，以及在准入条件和准入程序上存在的问题。

第四，是以我国体育旅游保险为研究对象，分析目前我国体育旅游保险的类别、问题，并结合西方国家体育旅游保险发展的经验，提出完善我国体育旅游保险的建议。

第五，是研究体育旅游中安全保障义务的责任承担机制。通过对经营者的民事责任、刑事责任，以及行政管理机构的行政责任的分析，认为目前最典型的责任纠纷是非商业性活动中涉及的民事侵权责任。通过对“户外第一案”的个案分析，以及国内外比较研究，提出未来我国体育旅游安全保障义务责任承担的完善建议。

体育旅游的主体、高危险体育旅游市场准入、体育旅游保险、体育旅游安全保障的责任承担机制四方面存在密切的关联，只有综合改革才能解决我国体育旅游安全保障发展中的核心法律问题，从而保护体育旅游产业发展、满足民众安全参与的需求和降低法律风险。

著　者

2018 年 8 月

目 录

第一章 绪 论

第一节 问题的提出与研究意义

一、问题的提出

20 世纪末，美国未来学家约翰·托夫勒预测，21 世纪将有“越来越多的有经验的观光旅游者将要求体验新鲜事物的刺激。他们的冒险欲通常由于对特殊的体育活动感兴趣而得到加强。一些大型公司也开始利用冒险旅游作为经营开发项目的一部分。冒险旅游将为达到不落俗套的目的提供机会（如徒步旅游），一些人喜爱新鲜的交通运输方式（如大篷车），另一些人将获得追求特殊爱好或者兴趣的机会（如空中跳水、乘筏航行、赶牛等）”①。这一预言于 21 世纪伊始在中国逐步得到兑现，体育旅游产业开始萌生和发展。

我国改革开放三十多年来，经济发展速度取得全球瞩目的成绩。在经济发展指标不断攀升的同时，发展目标更指向提升“幸福感”。只有当经济发展到一定程度，人们才开始追求积极的休闲方式，体育旅游才获得发展的土壤，成为体验经济时代到来的阐释者。胡小明认为小康社会中体育的社会功能发生如下转变：从生产到生活、从群体到个体、从工具到玩具。② 也就是说，人们将更多地关注个体健康生活、参与体育运动，以及追求休闲的体验。因此，体育旅游的不断发展，证明小康社会运动休闲正逐渐获得更多的空间。

除去上述经济发展和文化需求的动因，政策的导向也是体育旅游发展的重要原因之一。体育旅游的经济价值近年来获得很多国家和城市的重视，例如澳大利亚于 2000 年发布了《体育旅游发展策略》、加拿大阿尔伯塔省大草原城于 2012 年制定了《体育旅游发展策略》、南非于 2012 年也发布了《全国体育旅游发展策略》。2001 年 2 月 22—23 日，由世界旅游组织和国际奥委会联合主办的

① 约翰·托夫勒．第四次浪潮［M］．北京：华龄出版社，1996：379.

② 胡小明，虞重干．体育休闲娱乐理论与实践［M］．北京：高等教育出版社，2004：13－16.

“世界体育与旅游大会”在西班牙的巴塞罗那召开。

我国对体育旅游的重视也是近几年的事情，2011 年，国家体育总局体育经济司和国家旅游局政策法规司联合开展关于全国体育旅游专项调查。该调查是为了响应《国务院关于加快发展旅游业的意见》《国务院办公厅关于加快发展体育产业的指导意见》和《贯彻落实国务院关于加快发展旅游业意见重点工作分工方案》，推动体育产业与旅游进一步互动、融合，促进体育旅游健康、快速发展。广东省也在 2012 年 1 月评选出首批 18 家广东省体育旅游示范基地。2017 年 7 月国家体育总局发布《“一带一路”体育旅游发展行动方案（2017—2020 年）》，强势推动沿线国家体育旅游深度合作。

但凡新事物在发展的初期都既展现朝气蓬勃的一面，又必须应对各种突发状况。体育旅游在我国发展至今最亟须解决的问题，即体育旅游安全保障的问题，主要包括：

（一）参加者和从业者的安全保障措施存在不合理之处

体育旅游项目多，参加者众，对参加者和从业者的人身安全保障，是对人的基本权益的维护。然而根据专业统计，仅 2011 年一年发生的全国户外运动伤亡事件就有 492 起。以登山体育旅游为例，虽然民间参与的户外登山 2001 年才开始发展，但短短 10 年间的遇难人数，就已经远远超过 55 年来专业登山运动员遇难人数。由此可见，保障登山体育旅游参加者的安全刻不容缓。而其他形式的体育旅游，如水上体育旅游、航空体育旅游，都存在不同程度的安全问题（见附表 1—3 案例统计）。航空体育旅游，如热气球、滑翔伞，因为项目的普及程度不及登山体育旅游，所以发生的安全事故远少于登山体育旅游项目。

虽然体育旅游的风险已经引起相关管理部门的重视，如中国登山协会 2013 年 7 月 8 日启动“全国户外安全教育计划”，加强对民众的安全培训，还有完善旅行社组织体育旅游的保险问题、开始制定高危险性体育旅游的准入条件等举措，但从系统的角度分析，管理部门的权责分散、从业者的资质审核不力、保险的纠纷、责任承担的纠纷，都说明现存的法律规范在充分保障体育旅游参加者和从业者的安全上，力度还远远不够。

（二）组织者的风险规避能力较弱、法律纠纷频出

根据十八届三中全会的指导思想，包括体育旅游市场在内的社会主义市场经济都将逐步走向更开放的市场化发展。然而，对于高风险性的体育旅游来说，其安全保障的特殊性决定了必须完善其严格的标准化市场准入。2013 年新颁布的《经营高危险性体育项目许可管理办法》给未来高危险性体育旅游准入搭建

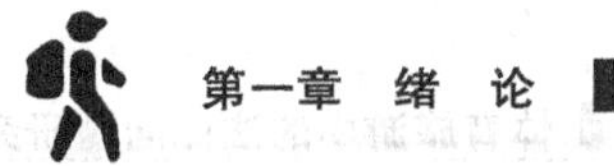

了一个理想的框架，执行统一标准下的行政许可，并明确了从业人员的资质，制定了对组织者的准入核查程序，这些都是改革的亮点。然而，由于目前还处在改革初期，法规的实效有待检验，并且目前只公布了第一批四类高危险性体育项目的准入标准，在一定时间内，其他项目将依然按照相关法规执行准入。因此，目前准入环节存在的问题，依然影响着不同类别高危险性体育旅游项目的运行，组织者仍然承担着高风险。

除此之外，体育旅游俱乐部、旅行社、社团等组织者的责任保险发展尚未完善，这使得体育旅游安全纠纷的矛头指向了组织者。因体育旅游的高风险性，参加者和组织者之间因为伤亡原因提出诉讼或赔偿诉求的报道常见诸多媒体。赔偿负担以及频繁的法律纠纷，又使体育旅游的组织者承担着较高的组织风险。

（三）相关法制化管理尚不完善，影响体育旅游产业发展

体育旅游的经济效应引起国内外的普遍关注。2007 年国家体育总局、国家旅游局开始携手推进体育旅游在我国的发展，数年来在上海、成都、哈尔滨、海口等多地举办了体育旅游博览会。随着海南国际旅游岛的建立，体育旅游的发展得到更多重视。而随着我国经济发展带来的休闲方式的变化，民众对运动休闲的需求增多，也推进着体育旅游逐渐成为体育产业发展的龙头产业。

然而，从观光旅游到体验式旅游的转变，不是一蹴而就的。缺乏合理规范的发展不利于体育旅游产业的健康推进。从法制化管理的角度看，现有的法律规范有所失衡，例如四川、西藏、新疆等地较好地规范了登山体育旅游的发展，广东成为第一个颁布高危险性体育经营管理相关法规的省份，但部分省份在体育旅游法制化管理方面还有所欠缺。从安全保障相关的具体法律问题看，主体、准入、保险、责任承担的相关法规都存在不同程度的问题，需要与时俱进地修改完善，满足市场发展的需求。而从国外的经验看，英国制定了专项探险旅游立法，加拿大、美国、欧洲等地则制定了针对体育旅游项目的目的地准入相关法规，澳大利亚和新西兰更是对其海洋体育旅游安全制定了国际化准则。研究和借鉴国外的经验，对我国体育旅游迈向健康发展不无裨益。我国体育旅游的法制化管理尚未完善，影响体育旅游产业的向前推进，亟须立足本国实际需求，结合国外发展经验，探索更为完善的举措。

二、研究意义

（一）体育旅游规范化发展具有健全社会主义法制、规范体育市场发展的双重意义

体育旅游规范化发展基于两个前提：一是社会主义法制建设需要对法制实践进行探索，二是体育市场发展完善需要对体育实践进行研究。同时，体育旅游规范化发展的研究也成为推动社会主义法制建设、规范体育市场发展的有机组成部分。

十一届三中全会我国确立了“发展社会主义民主、健全社会主义法制”的基本方针，新中国进入法治建设时期。1999 年，“中华人民共和国实行依法治国，建设社会主义法治国家”被写入宪法，中国法治建设逐步完善。此后，党的十六大把健全社会主义法制、依法治国、建设社会主义法治国家，作为全面建设小康社会的重要目标。十七大又明确提出全面落实依法治国基本方略，加快建设社会主义法治国家，并对加强社会主义法治建设作出了全面部署。法治建设成为我国社会主义事业建设的重要目标之一。在此背景下，对具体问题的法制构建和法治实践开展研究是推动社会主义法治建设的重要渠道之一。

我国体育市场的培育和发展是改革开放后社会主义市场经济发展的内容之一。我国体育旅游市场作为体育市场的一部分，也是在这一时期开始发展的。我国体育旅游的研究囿于 20 年左右的时间范围内，这和中国的社会经济文化发展历史密切相关。2000 年之前的十几年里，学术界对体育旅游的研究为数甚少，每年在体育类及相关刊物上仅有一两篇论文发表。21 世纪的前十年，相关研究逐渐增多，体育旅游的研究论文达到近 1 200 篇。在博士论文方面，直接以“体育旅游”命名的博士论文有《云南少数民族传统体育旅游资源开发利用研究》(2012)、《中国体育旅游产业竞争力研究》(2013)、《中美体育旅游发展差异的比较研究：基于学术与实践互动的视角》(2013)、《我国高端体育旅游的理论与实证研究》(2013)、《中国中部地区体育旅游资源开发研究》(2011)、《我国城市体育旅游资源与产品的理论和实证研究》(2012)，另有若干本与体育旅游和探险旅游相关的著作问世，其中部分内涵直接或间接与体育旅游重合。尽管中国体育旅游及其研究发展的时间都不长，但是，这一新生事物在其产生与发展的过程却彰显出巨大的生命活力，反映在市场对体育旅游的强大需求和关注。因此，对体育旅游规范化的研究将有助于推动体育市场的规范发展。

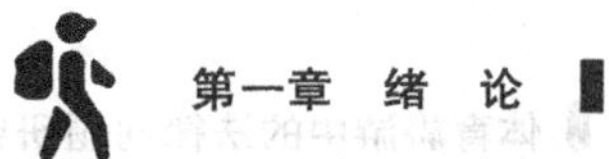

（二）对体育旅游安全保障相关法律问题的研究具有实践指导意义，以及具有深化交叉学科发展的意义

体育旅游是休闲时代到来和体验经济发展到一定阶段的必然产物。一方面，随着全球化的到来，体育和旅游产业都反映出社会结构、生活方式和亚文化的快速变化，体育旅游这一新生事物的产生即是对这种变化的顺应。另一方面，1970年托夫勒预言的体验经济时代已经到来，它是继农业经济、制造经济、服务经济等浪潮后的新经济形态。体育旅游作为体验经济背景下的代表性产品，已经开始迈向发展的黄金时代。安全保障问题是参与式体育旅游发展中面临的核心法律问题，针对这个问题的研究，是保障我国体育旅游可持续健康发展的基础。

在上述综合背景之下，体育旅游的发展及其相关研究成为新的交叉学科研究对象，对其发展到一定阶段出现的主要法律问题进行研究、规范其发展也就成为必然趋势。从旅游法学的研究成果看，尽管其成果体系较为成熟，但是面对体育旅游这一近十年才繁荣起来的新生事物，其研究成果还未能规制其发展中遇到的棘手问题，例如高风险保险、风险保障、高风险户外运动纠纷解决等问题。从相关体育人文社会学科的研究成果看，体育旅游已经得到诸多体育研究者的关注，这一点从中国期刊网近十年来发表的以此为主题的文章以及硕士论文的数量来看可见一斑。但是，从体育人文社会学的著作来看，鲜有人将此问题作为具体体育市场的核心问题进行研究，这与体育旅游发展的成熟程度息息相关。由此可见，本节的选题不仅具有实践指导意义，也具有深化交叉学科发展的意义。

（三）体育旅游中的法律问题研究不仅具有推动深化或调整相关法律法规的意义，也具有健全完善相关地方具体立法的意义

规制体育旅游的法律法规涉及体育、旅游、市场管理等多个领域。但是从国家层面来看，与体育旅游相关的基本法律要么才刚出台，如《中华人民共和国旅游法》；要么还在修订中，如《中华人民共和国体育法》；要么出台时间并不长，对体育旅游的适用情况还不明朗，如《中华人民共和国反垄断法》。

而相关具体法规也尚不完善或对新出现的体育旅游行业特殊现象缺少规制能力。例如《旅游安全管理暂行办法》事故处理第九条，事故发生单位在事故发生后“协同有关部门进行抢救、侦查”，但是体育旅游中“驴友”自发组织的户外运动，在备案、救援上都缺少监管，并且高昂救援费用的产生也没有明确说明。又如在体育旅游类俱乐部的准入和监管上，存在资质认定不全面的问题，不少户外运动俱乐部并非营利性俱乐部，不少小型的俱乐部或者网站上的户外运动召集者收取基本费用用于活动的开展，安全上仅采取自愿购买保险的

方式。只有少数俱乐部雇用具备户外运动相关资质的教练。

我国体育旅游资源丰富，高山、海洋、冰雪、丛林等各类资源支撑起种类庞杂的体育旅游活动的开展。从地方专项立法的角度看，关于登山活动的地方立法最多，四川、西藏、青海针对高风险登山分别颁布了《四川省登山管理办法》《西藏自治区登山条例》《青海省登山管理暂行办法》等登山管理文件，青海针对外国人来华登山另外制定了《青海省外国人登山管理条例》。新疆即将成为第一个颁布户外运动专门立法的自治区。但因为体育旅游具有类型多样性，以及伤亡高发性等特点，仅仅关注登山管理是不够的。地方立法层面存在的主要问题是体育旅游法规的不健全，缺少对各项目的全面监管。这个问题和户外运动、登山运动、水上运动三者的管理体制关系厘定不清有关。另外，体育旅游单项的地方法规应符合地域特点，例如中国沿海各省近年来都很关注对滨海体育旅游项目的开发，开展了多样化的水上运动或水肺潜水等水下风险运动，在对这类风险性户外运动进行立法的时候就应该充分结合其地域性特征，进行专项立法。

综上所述，体育旅游中的法律问题研究不仅具有推动深化或调整相关法律法规的意义，也具有健全完善相关地方具体立法的意义。

第二节　国内外相关研究综述

一、国内相关研究综述

本书中文资料搜集来源包括中国期刊全文数据库相关核心期刊论文、硕士博士学位论文、国内公开出版的相关中文著作等。

在中国期刊网上对以“体育旅游”作为标题的核心期刊论文进行搜索，结果显示，以国内外体育旅游或者探险旅游为主题的概念研究、综述性研究颇多。以国内体育旅游为研究对象的文章或者著作中，占据最大类别的是关于地域性体育旅游开发或发展的研究。CNKI 数据库的前期研究数据显示，在我国体育旅游起步发展的 2000 年至 2017 年期间，期刊、报纸、学位论文中以“体育旅游”为主题的成果 8 587 篇，其中包含“体育旅游发展”的文章 4 554 篇，包含“体育旅游开发”的文章 637 篇，而和“法律”相关的文章仅仅 11 篇，和“管理”相关的文章 80 篇，针对“高风险体育旅游”研究的文章 8 篇，“安全”相关文章 16 篇。由此可以看出，从 2000 年开始体育旅游研究开始升温，并从 2008 年至 2017 年维持着研究的热度，但是对安全和法律问题的关注占比度很低。除此之外，由于英文文献一般采纳“探险旅游”的概念，且我国旅游研究界也有沿用这一概念，对其文献的检索显示，2000 年至 2017 年有关“探险旅游”的文章共 346 篇。对体育旅游的研究还有一个近似的概念——“户外运动”，2000 年至 2017 年有关“户外运动安全”的文章 125 篇，有关“户外俱乐部”的文章 69 篇。由此可见，较之“探险旅游”，“体育旅游”和“户外运动”这两个概念更多地被我国研究者采纳。但对国外文献的搜索则更多表明，采纳“探险旅游”（adventure tourism）或者“探险体育”（adventure sports）的频率更高。

1993 年开始陆续有研究者探讨参与式体育旅游的价值和可行性。1993 年毛永新、娄芳芳、苏敏华探讨在安徽黄山的旅游中引入体育的可行性。[①] 1995 年李继文建议我国西南地区开发少数民族传统体育旅游、登山旅游和漂流探险旅游。[②] 1997 年郑胜华提出对杭州体育旅游发展的构想。[③] 到近几年，这一探究还在继续，以体育旅游开发命名的论文、课题数量日趋增多。

近年来，中国期刊网全文数据库以“体育旅游”作为标题的研究缓步增加，2002 年至 2017 年相关的硕士论文有 304 篇。以“体育旅游”为研究对象的硕士学位论文中，研究方法主要为个案研究，研究主体主要分为体育旅游开发研究、体育旅游可持续发展研究、指导员研究、救生管理系统研究等。

对体育旅游的博士学位论文研究近五年来也呈现出逐渐增多的趋势，可查询到与体育旅游相关的博士论文有：城镇居民体育旅游风险知觉消费行为研究（李刚，2016）、体育旅游产业集群协同创新模式研究（谢经良，2015）、《我国高端体育旅游的理论与实证研究》（赵金岭，2013）、《云南少数民族传统体育旅游资源开发利用研究》（邓开民，2012）、《中国体育旅游产业竞争力研究》（王玉珍，2013）、《我国城市体育旅游资源与产品的理论和实证研究》（赵承磊，2012）、《中美体育旅游发展差异的比较研究：基于学术与实践互动的视角》（王博，2013）、《中国中部地区体育旅游资源开发研究》（石晓峰，2011）。与体育旅游概念相关的博士学位论文有《度假区体育发展模式研究》（林朝辉，2012）、《长株潭城市群体育产业发展战略研究》（吴明华，2011）、《我国度假体育发展模式研究》（杨明，2010）、《以 SWOT 的视角探讨台湾运动观光发展策略》（程绍平，2011）、《政府干预理论视域下大众滑雪运动发展研究》（阚军常，2012）、《东北滑雪产业发展问题研究》（王立国，2010）、《户外运动的理论与实践研究》（李红艳，2006）。从论文的发表时间来看，主要集中在

---

① 毛永新，娄芳芳，苏敏华．对发展黄山市体育旅游的设想 [J]．安徽体育科技，1993（3）：10.

② 李继文．浅析我国西南地区体育旅游资源的开发 [J]．武汉体育学院学报，1994（3）：88.

③ 郑胜华．体育旅游：杭州亟待开发的旅游项目 [J]．旅游研究与实践，1997（1）：31.

近五年；从研究的选题看，对体育旅游的理论有进一步的完善，对体育旅游的资源、产业、发展的研究占据了主流。

国家体育总局体育哲学社会科学研究项目课题近年来也有与此相关的课题，例如《新疆登山探险运动发展潜力评估研究》（黄力群，2009）、《我国体育保险保障体系问题的研究》（孙娟，2009）。

有关体育旅游相关法律问题的国内文献主要关注如下问题：

（一）体育旅游安全保障的宏观研究

国内目前对体育旅游安全保障体系的相关研究主要分为以下四类：

1. 对旅游安全保障体系架构的研究

在旅游安全研究的代表性著作《旅游安全学》中，郑向敏将旅游安全保障分为五大系统：旅游安全与政策法规系统、旅游安全预警系统、旅游安全控制系统、旅游安全救援系统、旅游保险。[①] 与这一分类接近的，是体育旅游近似概念——“探险旅游”。在其安全保障机制研究中，邹统钎等人将旅游安全与政策法规系统替换成“安全风险评估与管理系统”[②]，将安全评估提升到了重要位置。

在旅游安全保障研究的基础上，近几年拓展了对极高山、岛屿旅游安全的研究。如岑乔、黄玉理对极高山旅游安全保障体系进行了研究，提出一种极高山旅游安全保障体系模型，该体系由旅游安全政策法规、旅游安全预警、旅游安全控制、旅游安全施救和旅游保险五个子系统组成。[③] 还有何巧华、郑向敏对岛屿旅游安全管理系统进行构建，并将其分为五个子系统：信息管理系统、安全预警系统、应急救援系统、生态安全系统、安全监督系统。[④]

在体育旅游的近似概念“探险旅游”的研究中，邹统钎、高舜礼等在《探险旅游发展与管理》中较全面地构建了“探险旅游安全保障机制”：①安全风险评估与管理系统。构建了探险旅游安全保障机制模型和探险旅游风险管理模式；主张建立旅游资源的风险等级评定制度。②探险旅游安全预警体系。提出了探险旅游危险度指标体系；主张建立灾害预警系统。③安全监控机制的推行。主张对探险旅游目的地实行安全控制；建立责任认定制度；对游客行为的引导和控制；并建立探险旅游目的地探险旅游信息控制系统。④安全救援制度的实

① 郑向敏．旅游安全学［M］．北京：中国旅游出版社，2003：187－236.

② 邹统钎，高舜礼，等．探险旅游发展与管理［M］．北京：旅游教育出版社，2010：250－264.

③ 岑乔，黄玉理．极高山旅游安全保障体系研究［J］．成都大学学报（自然科学版），2011（1）：94.

④ 何巧华，郑向敏．岛屿旅游安全管理系统构建［J］．海洋开发与管理，2007（3）：110.

施。主张建设各部门联动的安全援助制度，设置救援队伍；进行危机公关管理，建立一个畅通有效的信息沟通机制；建立安全救援基金和多元化的基金筹措渠道。⑤安全保险体系的构建。完善相关的人身意外保险；鼓励旅游企业与保险公司建立“旅保合作”的工作机制；鼓励保险公司开发涵盖旅行社风险转嫁需求的综合性产品及系列附加险。[①]

2. 对旅游安全保障体系的要素研究

对旅游安全保障体系要素的研究总体上不多。具代表性的有李萌对旅游风险教育的有效途径进行初步的研究。[②] 厉新建、魏小安对我国旅游保险存在的问题、原因和创新发展思路展开了细致的研究[③]，然而对体育旅游的特殊性却未提及。

成涛在对旅游保险法律制度的比较研究中，将中国大陆旅行社意外保险的法律制度的内容分为以下几个方面：①关于保险对象的规定；②关于保险责任范围的规定；③关于除外责任的规定；④关于投保人义务的规定；⑤关于收费标准的规定；⑥关于保险金额标准的规定；⑦关于保险合同及其条款的规定；⑧关于投保手续的规定；⑨关于索赔有效期和索赔手续及程序的规定；⑩关于各级保险公司之间相互代理的规定；⑪关于保险期限的规定；⑫关于劳务手续费支付及分配的规定。其中涉及体育旅游保险的相关内容，体现出保险行业对体育旅游类风险高的旅游项目基本采取了回避的态度。例如第三条关于除外责任的规定，其中：“打猎、登山运动、滑雪、各类特殊旅游活动及参加各种竞赛”是“除了旅行社与保险公司另有商定外，保险公司对由于下列原因不论直接或间接引起的旅客人身伤亡、行李物品的损坏或丢失以及医药费用、遗体处理费用不负赔偿责任”。第五条关于收费标准的规定，其中：“登山旅游、打猎旅游、自行车旅游、摩托车旅游等特殊项目的旅游，保险费的收取标准另定。”第六条关于保险金额标准的规定，对各类保险的赔付金额规定了具体的金额，另外，“旅行社开展登山、漂流、汽车及摩托车拉力赛等特种旅游项目，可在上述规定的旅游意外保险金额基本标准之上，按照该项目的风险程度，与保险公司商定保险金额”。[④]

2006 年 9 月，太平洋保险有限公司、中体保险经纪有限公司联合推出了“登山户外运动专项保险”，成为我国保险市场上唯一的专项登山户外运动保险产品。随后，中华户外网与中国人民保险集团公司也共同推出户外保险业务。目前，可供选择的户外运动险种增加了不少。

---

① 邹统钎，高舜礼，等．探险旅游发展与管理［M］．北京：旅游教育出版社，2010：250 - 266.

② 李萌．旅游风险教育：意义、内容与途径［J］．国际商务研究，2008（2）：29.

③ 厉新建，魏小安．中国旅游保险的改革与创新思考［J］．江西财经大学学报，2008（4）：32 - 37.

④ 成涛．旅游法比较研究［M］．澳门：澳门基金会，1998：163 - 165.

但是，中国登山协会登山户外运动事故调查研究小组副组长杨为民认为，保险并不是万能的，“作为自发的群众运动，宪法是保护公民的自由权，可是同时又没有相关法律对其进行规范，出事故后的赔偿责任仍存很大争议。营利性活动，收取会员管理费的户外俱乐部，出事故后‘头驴’（领队）的责任很大。而非营利的组织，‘头驴’只是一个活动召集者而非负责人。如果单从经营行为的收益来进行风险补偿几乎不太可能，出行前购买保险成为一种被公认的降低风险方式。在中国的户外保险种类上，像雷击、山洪这类不可抗力造成的人身损失，除非特别约定，否则不在被保范围。就算购买保险，也只是一种风险分担，并不能免除风险”①。

3. 对体育旅游目的地安全保障的个案研究

从体育旅游目的地的安全保障个案研究对象上看，主要对山地类、岛屿类、森林公园类开展了一些研究，多从管理的角度入手，初步谈及安全保障的策略。如林炜铃、陈金华通过旅游者对平潭岛旅游安全感知实证研究，提出平潭岛的环境监测和信息通报、旅游设施安全检查、安全教育等方面需要改进。②

也有结合前面两点的研究对山地开展的旅游做比较详细的个案分析，如岑乔、魏兰对山地景区安全事故的成因进行分析，并重点对四川山地旅游安全预警系统与应急救援系统现状进行了个案分析，指出“安全救援完全依赖大城市的应急救援系统是不现实的，很难实现迅速、准确、有效抢救的要求”③，建议加强区域合作。

刘天虎等以新疆慕士塔格峰为例，展开对登山探险旅游安全保障体系的研究。从预防措施角度看，存在如下问题：①登山探险旅游政策法规体系建设滞后；②登山探险旅游安全预警信息发布不及时；③天气预报机制不健全；④登山大本营基础设施简陋；⑤缺乏线路等级及风险评估体系；⑥登山探险旅游保险制度不完善；⑦高山协作人员整体素质有待提高。另外从应急处理机制角度看，存在问题包括：①缺乏统一救援指挥中心；②应急反应迟钝；③救援队伍建设滞后；④救援工具落后，救援费用无处落实。④

总体来讲，由于体育旅游的概念及其下位概念（如登山/山地体育旅游、水

---

① “野孩子”的规范之路［EB/OL］.（2009－07－23）. http：//www. why. com. cn/epublish/node3689/node25135/node25140/userobject7ai186396. html.

② 林炜铃，陈金华. 旅游者对平潭岛旅游安全感知实证研究［J］. 乐山师范学院学报，2012，27（4）：73.

③ 岑乔，魏兰. 山地旅游安全预警与应急救援体系的构建：以四川省山地旅游为例［J］. 云南地理环境研究，2010，22（6）：82.

④ 刘天虎，金海龙，吴佩钦，等. 登山探险旅游安全保障体系研究：以新疆慕士塔格峰为例［J］. 生产力研究，2010（2）：101.

上体育旅游、航空体育旅游等）尚处于快速发展期，对其安全的专门研究才刚刚起步，因此个案研究也屈指可数。

4. 国外旅游安全和风险管理相关理论研究

从体育旅游风险管理的角度看，最具代表性的理论是风险管理理论。企业风险管理思想的萌芽是伴随着工业革命的进程而产生的。1929—1933 年世界性经济危机诱发人们采取有效措施来减少或消除风险事故。20 世纪 50 年代，风险管理以学科形式发展起来；70 年代传播至欧洲、亚洲、拉丁美洲等地；80 年代后期中国大陆开始了相关研究，但是风险管理在我国还处于初步发展的阶段。刘钧认为风险管理产生和发展的原因如下：①巨额损失的机会增加；②损失范围的扩大；③风险意识的增强；④利润最大化的追求；⑤社会矛盾的突出。[①]“体育风险管理”一词大约在 20 世纪 70 年代初出现于美国。其内涵主要包括两方面：一是准确预测体育相关领域可能存在的风险；二是最大限度地控制这些风险的发生或使风险的不利影响降到最低程度。共识的概念为：“体育风险管理是指规划、管理和控制一个体育组织或体育机构的资源，以使由该组织或机构举行的体育活动对他人、社团实体、社会和它自身造成的伤害和损失降到最低限度的过程。”[②] 表现在体育休闲与娱乐业，其面对的主要问题包括：①风险管理的法律（民事侵权责任）问题；②风险管理的医学问题；③体育活动过程中残疾人风险管理问题；④对出现问题的各类教练员终止与纪律处罚的标准问题；⑤体育领域中的性骚扰问题。而解决这些问题的风险管理的步骤与过程为：①体育风险管理政策与基本程序框架构成；②体育风险管理政策；③体育风险管理过程；④体育风险应对注册登记；⑤体育风险管理的监控与审查；⑥体育风险管理的交流与磋商；⑦体育风险管理的有效促进途径。[③]

除风险管理理论外，总体而言，国外体育旅游安全相关的理论研究和国内的侧重点不同。国外体育旅游安全理论研究侧重在研究内容上将“理论研究与实践研究紧密结合”，在研究方法上“选择有代表性的区域、旅游形式、危机事件进行案例研究”，在研究对象上“偏向于选择旅游产业中某个具体行业、领域或旅游现象，较少地针对整个旅游业的安全问题进行分析”。[④]

具体而言，国外研究者认为对旅游与安全事故之间关系的理论性研究主要集中在三组概念群及其变量上。第一组：旅游安全事件和危机本质相关概念，

---

① 刘钧．风险管理概论［M］．北京：清华大学出版社，2008：4－7.

② 张大超，李敏．国外体育风险管理体系的理论研究［J］．体育科学，2009（7）：45

③ 张大超，李敏．国外体育风险管理体系的理论研究［J］．体育科学，2009（7）：44.

④ 高玲，郑向敏．国外旅游安全研究综述［J］．旅游论坛，2008，1（3）：439－440.

包括类别、引发原因、运作模式、动机、目标等；第二组：旅游安全事件和危机对旅游产业、游客和举办方的影响相关概念；第三组：旅游相关者对已存在和潜在的旅游安全事件和危机的短期、中期、长期反应的相关概念研究。①

但是，也不是完全没有对宏观架构的研究，如 Bentley 等通过对探险旅游事故成因的调查，设计出探险旅游事故风险因素模型，见下图。正如下图的架构所示，国外学者对体育旅游安全的研究，着重点在个体因素、环境因素和设备因素。这三方面构成了内部的管理和组织因素。而外部组织如气象预报、合法主体或管理规章的缺失、资金不足、劳动力供给、商业压力等也会对内部产生影响。相比较而言，在安全问题上，西方学者将更多的笔墨用于探讨内部的因素及其影响，这和西方国家法制化程度较高不无关系。

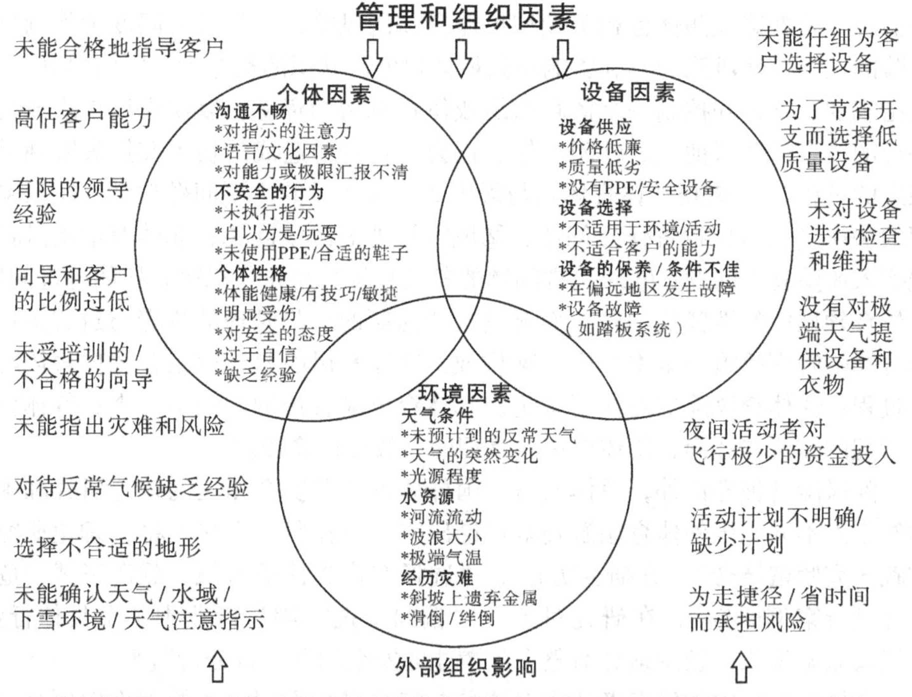

探险旅游事故风险因素模型②

① YOEL MANSFELD & ABRAHAM PIZAM. Tourism, security and safety: from theory to practice [M]. [S. l.]: Elsevier Inc, 2006: 3.

② T A BENTLEY, S J PAGE & I S LAIRD. Accidents in the New Zealand adventure tourism industry [J]. Safety science, 2001 (38): 44.

从专项研究和成果形式的角度看，体育旅游的专项理论研究偏少，且成果形式散见于论文报告中，缺少专门的系统论证。1995 年在 Ostersund 召开的关于“旅游安全与风险”的第一次国际会议上，当时认为旅游主要有四种威胁：冲突事件、自然灾害、恐怖主义、犯罪。① 时至 2005 年，Abraham Pizam 和 Yoel Mansfeld 认为对旅游系统产生安全危害的主要有四类事件：刑事犯罪事件、恐怖主义、战争、公民/政治动荡。② 由此可见，从旅游安全研究对象的角度看，西方研究者思考的旅游安全重心中并未包含体育旅游安全问题。但是，随着体育旅游在世界各地的逐渐发展，其安全问题逐渐引起学者的注意。从 20 世纪 70 年代即开始有零散的体育旅游的研究，1999 年至 2005 年这几年中，陆续出版了一批体育旅游的著作。1999 年 *Sport Tourism*（Joy Standeven 和 Paul De Knop）；2002 年 *Sport Tourism*（Turco 等）；2003 年 *Sport and Adventure Tourism*（Simon Hudson）；2004 年 *Sport Tourism：Interrelationships，Impacts and Issues*（Rithie 等）、*Sport Tourism：Participants，Policy and Providers*（Mike Weed 等）、*Sport Tourism Development*（Hinch 等）、*Sport Tourism*（Gibson）。然而这些著作也没有对体育旅游安全问题进行系统的研究。从搜集的研究资料来看，国外体育旅游安全的理论研究主要出现在探险旅游或体育旅游单一项目的相关论文、报告中。

5. 对国外安全保障的综述类研究

曹霞、吴承照对国外旅游管理的相关理论及最新进展进行梳理。目前国外旅游目的地游客管理的理论和实证研究主要集中在六个方面，游客安全管理（Visitor Safety Management）也被纳入其中。具有代表性的安全理论有游客风险管理理论（Visitor Risk Management）。③

国外旅游安全研究始于 20 世纪 70 年代，主要侧重于研究自然灾害、恐怖主义、政治动荡、战争和犯罪等对旅游市场的影响。④ 余超对国内外游客安全管理的最新进展展开文献研究，通过游客安全意识、安全事故成因、游客安全评估、游客安全保障若干方面的比对，得出结论：“有关旅游安全问题的论述，国外研究以实证研究居多，通常以某地某种游客安全为例，但还未出现一个具有普遍性意义的游客安全管理模型，研究多停留在点上；而国内对游客安全的研究还没有引起足够的关注和重视，其研究还停留在对基本概念、研究领域的

---

① RICHARD SHARPLEY. Security and risks in travel and tourism [J]. Tourism management，1995，16 (7)：548.

② YOEL MANSFELD & ABRAHAM PIZAM. Tourism，security and safety：from theory to practice [M]. [S. l.]：Elsevier Inc，2006：3.

③ 曹霞，吴承照. 国外旅游目的地游客管理研究进展 [J]. 人文地理杂志，2006 (2)：18，20.

④ 高玲，郑向敏. 国外旅游安全研究综述 [J]. 旅游论坛，2008，1 (3)：436－443.

探讨，深入的理论研究少……在游客安全保障研究方面，国外对此研究得比较多，但缺乏对同类型的游客安全活动进行相关研究，没有一个系统全面的总结。"①

近十年来旅游安全的相关研究推进了旅游安全保障体系基本架构形成，并且在体育旅游的安全保障问题上开展了不少个案研究，也对国外的相关资讯作了归纳和整理。但是，仅从体育旅游安全保障的研究发展角度看，目前的相关研究存在下列不足：首先，对体育旅游自身的特殊性和管理结构的特殊性缺少相关研究，致使仅简单套用旅游安全保障体系来试图解决体育旅游的安全问题，不能从深层次解决其问题产生的特殊矛盾和实际需求。其次，对国外安全研究的综述性研究虽起到了抛砖引玉的作用，然而目前缺少专门的对国外安全保障体系的深入个案和理论分析，未能对我国包括体育旅游在内的旅游安全保障问题照亮出路。最后，鲜见从法律的角度对体育旅游安全及其保障进行研究，法律并不是死板的条文，而应该是安全保障体系运作的法制背景和实施向导。

基于上述文献分析，本书的研究设计中将着重从体育旅游的特殊安全需求出发，结合国内对旅游安全保障体系的基础性研究，并借鉴国外代表性个案和理论经验，从法律的视角改进我国体育旅游安全保障体系。

（二）体育旅游法律关系主体研究

1. 关于体育市场主体的相关研究

在对我国部分省市体育市场管理法规的规范对象研究中，王宗信等认为"体育旅游从本质上讲是一种旅游休闲活动，与一般性旅游活动难以划分，还存在与旅游管理部门划分管理权限的问题"②。

国家用于规制调整市场关系中主体的法律法规和制度即为市场主体制度。阎旭峰等认为"当前需要建立和完善体育市场主体的法规制度。我国的民商法、企业法、公司法、破产法等法律中确立的市场主体制度是完全适用于体育市场主体的。但是在对不同体育市场主体的具体规范过程中，由于受体育市场特殊专业业务的限制，还需要将其细化和专门化才能得到更有效的实施"。为此，应尽快建立和完善的主体制度包括"经营型体育俱乐部资格认证制度；对以营利为目的的临时性的体育经营主体管理的规定；体育企业生产经营许可制度；体育组织对体育市场生产经营实体专业技能资格认证、监督、管理制度；有关体

---

① 余超．国内外游客安全管理研究进展［J］．资源开发与市场，2010，26（1）：90.

② 国家体育总局政策法规司．中国体育法制十年：1995—2005［M］．北京：中国法制出版社，2006：318.

育市场主体的市场准入制度和变更、退出制度等”。①

2. **关于体育旅游主体之一——户外运动俱乐部的研究**

中国目前的户外运动主要通过俱乐部开展和组织，户外运动俱乐部是体育旅游的重要主体之一。但是现阶段中国“户外运动俱乐部”的概念并不成熟。据统计，至2006年，我国正式登记注册的户外运动俱乐部有700余家，自发组织的户外群体则不计其数，有5 000多万人经常参加户外运动。在《对我国户外运动俱乐部的规范和法规研究》中马志冰等对我国的户外运动俱乐部进行了分类研究，“按其性质，可分为职业的或者业余的；按开展的项目，可以分为单项的或综合的；按形成方式，可以分为行政设立的、协会设立的或者市场形成的”。如果按照设立条件、程序、管理体制、法律地位等方面的法律性质进行分类，马志冰等认为目前我国的户外运动俱乐部大体可分为两类：“一类具有较为成型的组织形态，另一类是偶然结合而成的、相对松散的。这两类俱乐部具有根本不同的法律性质。前者的特点是具有较为完备的组织机构和内部管理制度，对外也能以俱乐部的名义进行某些法律行为，而且一般在某一机关完成了注册。根据登记注册方式的不同，其法律性质也有所不同，可以分为商业型、社会团体型、企事业单位内部型、社区型4种类型的户外运动俱乐部。后者是指有共同进行户外运动意向的个人组织的、具有临时性质的户外运动俱乐部，其特点是组织非常松散，所有活动都由会员们协商进行。严格说来，它并不能成为一个俱乐部，因为它没有一个独立的组织形态，而只是通过会员之间的一些契约开展活动。因此，对这种类型的户外运动俱乐部的法律地位进行分析，主要应当根据民法有关合同的规定，而不是参照有关组织机构的法律规定；对其会员的行为进行定性，也应当借助合同原理分析，并判明相互的权利义务。”另外，“松散型的户外运动俱乐部只是会员自发的、偶然的行为，不可能通过设立行为取得主体资格”。②

在户外运动俱乐部的管理问题上，李红艳认为“户外运动俱乐部主要分为两种：法人资格性的（包括工商企业法人、社团法人）和民间自发性的（无法人）。从原理上讲，无法人的俱乐部应该是非法的，但是，在特殊时期，这一现象还存在，并且比较活跃。管理部门主要针对具有法人资格的户外运动俱乐部进行相关的管理”。另外，从行政管理者角度看，我国的现实问题是：“自2004

---

① 国家体育总局政策法规司．中国体育法制十年：1995—2005［M］．北京：中国法制出版社，2006：324－325.

② 国家体育总局政策法规司．中国体育法制十年：1995—2005［M］．北京：中国法制出版社，2006：435－436.

年国家正式立项后，户外运动作为正式的体育项目，有了正式的管理组织和机构，管理情况已经好了很多。但是，到目前为止，户外运动管理部门也还是处于摸索管理阶段。户外运动的管理大都是在宏观上进行管理，很难针对性地管理和约束。国家登山运动管理中心并没有真正的管理实权，管理办法大多停留在各省级实权，管理方法大多停留在各省级登山协会，也很难落实到每一个民间俱乐部身上。”①

3. 关于旅游法律关系主体的相关研究

杨志刚、高俐娟认为我国旅游基本法的立法障碍之一是，作为旅游法律关系主体之一的旅游行政主管部门定位与指向不明确，认为“《中华人民共和国旅游法》所调整的旅游法律关系主体之一的国家旅游行政主管部门，其主体地位必须明确，即各级旅游局。由旅游局等各级旅游行政主管部门对旅游业实行行业管理是我国发展旅游业的一项大政方针，然而长期以来，各级旅游局在管理职能上缺乏全面性、权威性和一致性。其根本原因在于旅游业是一项综合产业，涉及各个行业，而各个行业都有自己的主管部门，旅游局不能替代其他部门的管理职能，由此导致了交叉重复的管理局面。这使旅游基本法立法工作中关于‘政府’的主体指向含糊不清，难以适从。如：在旅游目的地，即旅游景区和景点的确定上，目前是‘诸侯割据’的状况。风景名胜区由各级建设管理部门确定；森林公园、自然保护区由各级林业管理部门确定；文物保护单位由各级文物主管部门确定；只有旅游度假区才由旅游行政主管部门命名”②。

（三）体育旅游市场准入机制研究

1. 市场准入机制研究

戴霞的论文《市场准入法律制度研究》中给“市场准入”所下定义是：“政府（或国家）为了克服市场失灵，实现某种公共政策，依据一定的规则，允许市场主体及交易对象进入某个市场领域的直接控制或干预。”对于市场准入法的属性，可从广义和狭义的市场准入法律制度进行界定：“市场准入具有多部门法属性。广义的市场准入法律制度由一般市场准入制度、特殊市场准入制度和国际市场准入制度三个相对独立的法律制度构成。狭义的市场准入法律制度或指民商法意义上的一般市场准入，或指经济法、行政法意义上的特殊市场准入，或指国际经济法意义上的国际市场准入。民商法、行政法、经济法、国际

① 李红艳．户外运动的理论和实践研究［D］．北京：北京体育大学，2006.

② 杨志刚，高俐娟．《旅游法》立法初探［J］．哈尔滨学院学报，2004，25（11）：75.

经济法等几个部门法共同调整市场准入关系，构成一个完整的市场准入法律体系。”①

研究指出，国内的市场准入法律制度受民商法、行政法和经济法的调整。“民商法对一般市场准入关系的调整是对一般平等主体的确认。这种确认性的干预与政府直接参与的经济法干预有着本质的区别。”② 行政法对市场准入关系的调整则介绍了西方行政法学者在政府规制方面的开拓创新研究、行政许可与市场准入的关系、行政法对规制机构的规制。经济法与特殊市场准入的关系则体现在“由于市场准入涉及的社会关系较多，应由多个法律部门调整，不同的部门法在此领域都可从不同的视角、不同的方面和不同的层次发挥着不同的作用。但是总体而言，经济法对特殊市场准入的调整符合经济法所倡导追求社会整体经济效益最大化的目标。不可能也无必要制定统一的特殊市场准入法，而应分行业进行单独立法”③。

特殊市场准入法有以下特征：①多为根据行业分别立法，立法专业技术性强；②行业立法综合性强，规制机构的权力相当大；③从内容上看，不仅有经济性的，还有社会性以及垄断性的立法。市场准入规制机构的发展趋势是规制机构普遍由政府行政部门的直接监管向独立、专业化的规制机构方向发展。很多原来采取政监合一或由政府部门直接规制的国家，纷纷分离政监职能，建立独立的专业性规制机构。

2. 旅游行业市场准入机制相关研究

目前体育旅游活动的开展分为几种形式，除户外运动俱乐部或“驴友”自发组织登山等专业社团组织的体育旅游活动外，旅行社旅游项目中包含的体育旅游内容也为形式中的一种。

杨富斌、王天星④在对“中国旅行社市场准入制度”的研究中认为“我国旅行社的设立条件较为重视硬件如经营场所、注册资本的数量，从业人员的资质，保证金的数量等因素”。与西方国家旅行商的设立条件相比，存在着“第一，对注册资本的数量要求过高。第二，对从业人员的道德品质关注缺失。第三，对营业场所的要求过粗。第四，保障措施少且不合理”几大问题。

3. 体育旅游市场准入机制研究

李建刚、王新平认为目前我国“体育旅游资源的产权法规缺位，形成两种

---

① 戴霞．市场准入法律制度研究［D］．重庆：西南政法大学，2006：2.

② 戴霞．市场准入法律制度研究［D］．重庆：西南政法大学，2006：3.

③ 戴霞．市场准入法律制度研究［D］．重庆：西南政法大学，2006：3.

④ 杨富斌，王天星．旅行社监管法律制度研究［M］．北京：知识产权出版社，2007：205.

市场失灵的表现。一种是体育资源开发市场准入制度约束，即作为竞争性领域的体育旅游开发经营应当允许民营企业进入、外资企业进入，但是目前这些经营主体的准入问题还没有上升到政策和法律层面”①。我国要实施体育旅游政府规制，其一是要“对体育旅游实施法律准入制度”，李建刚、王新平从两个方面给出了相关建议：一是“对各类体育旅游开发规划进行环境影响评价，包括对体育旅游开发规划、建设项目、线路设计、产品进行环境影响评价”，二是“对体育旅游实行法定的认证，明晰体育旅游企业必须具有相应的资格并经法定的认证机构的认证，明确体育旅游企业提供的产品和服务必须符合行业标准，确定体育旅游企业在进入市场后如不再具有法定资格应退出市场，并承担相应的责任”。

从上述几种代表性的模式可以看出，对旅游安全保障系统的架构已经基本成型，然而其包含关系，以及要素之间的联系，还有进一步商榷的余地。

（四）体育旅游保险研究

体育旅游与普通旅游相比，对保险的需求是不一样的，体育旅游对安全保障的要求更高，保险企业承担的风险更大。因此，虽然对旅游保险的研究文献较多，但是对体育旅游保险的研究文献很少，关于户外保险也只有一篇对户外专项保险的个案研究。

在深入分析体育旅游保险的文献中，张明科认为制约我国体育旅游保险业发展的因素主要有游客忽视购买的因素和旅行社夸大责任的因素，另外还有保险公司的问题，集中在“保险公司对体育旅游保险业务的发展不太重视；保险公司缺乏相关的风险控制技术，难以对体育旅游过程中存在的风险进行有效控制；体育旅游保险的险种问题；保险公司的销售服务做得不够，销售渠道有限；保险公司之间的恶性竞争”②。

也有对某一类户外运动专项保险的专门介绍性研究，如黄贵等运用文献资料法、专家访谈法和逻辑分析法等研究方法，对我国的登山及户外运动专项保险进行研究，认为“登山及户外运动在我国开展较晚，但发展速度惊人；太平保险有限公司与中体保险经纪有限公司在对中国登山协会提供的大量登山及户外运动风险数据进行分析与论证的基础上，共同开发设计并推出登山及户外运动专项保险；登山及户外运动专项保险包括登山及户外运动无恙意外伤害保险、

① 李建刚，王新平．我国体育旅游发展中的政府规制问题研究［J］．山东体育学院学报，2010，26（5）：10，13.

② 张明科．关于我国体育旅游保险问题的思考［J］．体育与科学，2006，27（6）：47－48.

登山及户外运动俱乐部活动组织责任保险与天涯行登山及户外运动个人意外伤害保险三种产品，不同的产品具有不同的保险范围与保险费率；登山及户外运动专项保险的推出，推动了登山及户外运动的进一步发展，促进了全民健身计划的深入贯彻，丰富和发展了体育保险学的学科内容”①。

（五）体育旅游责任承担研究

1. 户外运动的责任承担

在户外运动的责任承担问题上，马志冰等认为户外运动涉及的法律责任，主要分为民事责任、行政责任和刑事责任。

在民事责任承担问题上，有研究认为“俱乐部和会员双方所做的违反义务的行为，违反方应当承担相应的责任，尤其要注意户外运动俱乐部方的责任。参加者如果存在过失，应当适当减轻俱乐部的责任。就俱乐部的法律责任问题，在规则原则上，应当采用过失推定；在具体构成要件上，应当采用三要件，即户外运动的发起者、组织者及其专业人员、向导或者参加者违反本法以保护他人为目的的规定，因此给他人造成损害的，应当承担损害赔偿责任。如果根据该规定的内容并无造成过失但可能违反此种规定的，仅在有过失的情况下，始负赔偿义务。具体是：①俱乐部违反保护参加者的法律规定；②参加者遭受损害；③违反义务与遭受损害之间存在因果关系。而抗辩事由上，则有虽然违反义务，但并无过失。此外，不可抗力也应当是抗辩事由之一。尤其是‘固有’风险纳入抗辩事由，给予固有风险的损害，户外运动的发起者不承担责任。利用‘比较过’原则（Comparative Negligence），认为是受害人自己的过失，也是减轻加害人损害赔偿责任的理由”。

在行政责任承担问题上，“要使主管机关能够真正发挥作用，就应当赋予主管机关对于俱乐部的违法行为进行处罚的职权，也就是俱乐部违反其应当承担的义务所负的行政责任。行政责任的认定，应当遵守行政处罚法的规定，尤其是主管机关是否具有设定行政处罚、具有设定何种行政处罚的权限”。

在刑事责任承担问题上，“俱乐部的行为是否构成犯罪，构成何种犯罪，则只能根据全国人大及其常委会颁布的《刑法》判定，其他机关和个人都没有权力制定关于犯罪和刑法的法律或者其他规范性文件”。②

---

① 黄贵，苏永骏，周亚琴．登山及户外运动专项保险研究［J］．西安体育学院学报，2014（2）：178.

② 国家体育总局政策法规司．中国体育法制十年：1995—2005［M］．北京：中国法制出版社，2006：439－440.

2. **户外运动风险救援的责任承担**

在关于户外运动风险救援的问题上，从近几年的案例可以看到，不论是国人在国内登山还是外国人来华登山，一旦风险事故发生，活动组织方解决不了问题的时候，都是行政管理部门承担了救援的责任。从法规上，我国现有的部分法规规定了救援的责任承担者，如《四川省登山管理办法》第二十二条："登山活动中发生意外事故，登山团队及活动组织者应当立即采取紧急求助和处置措施，对活动成员作出妥善安排；必要时向登山活动经营者、山峰管理机构、当地政府及相关机构及时提出请求、寻求救助。"又如《青海省登山管理暂行办法》第七条也提到了救援的承担者："登山活动被批准后，省体育主管机构应及时通知山峰所在地体育主管机构。山峰所在地体育主管机构应当为登山团队提供便利条件，做好登山向导、技术保障、安全求援等方面的工作。"也有一些户外运动风险多发地无专项立法或已有立法中并未提及救援的责任问题，如《西藏自治区登山条例》则没有提到风险救援的相关措施。新疆近年来也成为户外运动事故多发省份，因此在2009年召开的立法研讨会上，俱乐部的经营者表露心声，希望行政管理部门组织专业救援。

3. **户外运动的纠纷解决**

马志冰等认为"我国现有的户外运动纠纷解决途径及机制无法满足需要"，"必须实现纠纷解决的专业化、法律化，既要考虑户外运动的特殊性所在，又要争取在法律的范围内加以规制。这对完善整个体育纠纷的解决机制都具有借鉴意义"。因此提出四种途径：协商解决、调解解决、仲裁解决、诉讼解决。①

4. **案例研究**

在对体育旅游责任承担的案例研究上，以案例著作呈现的是2006年韩勇的《体育与法律：体育纠纷案例评析》，其中对两起体育旅游类案例进行了分析。案例35：登山队员葬身雪山，主要分析该案例中领队的责任如何认定；案例42：蹦极工作人员操作不当致人伤残，主要分析该案例中体育伤害的赔偿问题。②

根据中国知网全文检索"户外运动责任承担案例"，发现相关的论文研究出现的小高峰从2007年开始，除了2008年研究文章略少，其余年份都有20篇左右的期刊论文或学位论文展开对案例的探讨。2006年"户外运动第一案（南

---

① 国家体育总局政策法规司．中国体育法制十年：1995—2005［M］．北京：中国法制出版社，2006：443－444.

② 韩勇．体育与法律：体育纠纷案例评析［M］．北京：人民体育出版社，2006.

宁7.9案)”受到研究者的关注最多，如韩飞、于善旭（2013）[①]，张力、刘中杰（2010）[②] 和许添元（2008）[③]。其他受到关注的案例有2007年北京灵山夏子案、2009年重庆万州潭獐峡溯溪案[④]、2010年郑州太行拉练坠崖案[⑤]。

对体育旅游责任承担案例的研究总体呈现两个特点：一是2006年“户外第一案”开始引发体育和法律学术界对此问题的关注；二是对2006年之前的案例研究甚少，2006年之后的典型案例研究开始关注同一类型案例在不同司法审判下的差别。

5. 旅行社责任承担

对于旅行社开展的体育旅游或风险性户外活动项目，我国旅行社市场运行有其特殊的监管制度。杨富斌、王天星指出：“为了规范旅游市场秩序，保护消费者的合法权益，保障旅游产业的可持续发展，我国建立了旅行社行政处罚制度，旨在对违反旅游市场行政法律、法规的旅行社等服务主体进行惩戒和教育。”同时，从行政处罚制度形态上看，“中国的行政处罚制度与其他国家的行政处罚制度都有较大的差异，是一种具有中国特色的追究法律责任的形式。在中国，行政处罚是指具有行政处罚权的行政主体对违反行政法律规范、应当承担行政法律责任的公民、法人或其他组织依法进行的法律制裁。行政处罚作为一种行政制裁，既不同于其他形式的行政制裁，也不同于法律制裁的其他形式”。[⑥]

二、国外相关研究综述

在论文开题前期资料的搜集中，英文资料搜集来源包括华南师范大学图书馆和武汉大学图书馆相关英文著作、JSTOR过刊数据库、Cambridge Journal Online数据库、Lexis法律文献库、Google学术搜索、体育旅游专门期刊 *Journal of Sport and Tourism* 以及 *Entertainment and Sports Law Journal*、*Tourism Management*、*Annals of Tourism Research* 等体育和旅游管理类电子期刊库的国外相关研究论文。

---

① 韩飞，于善旭．“AA”制自助游户外运动事故法律争议探析［J］．天津体育学院学报，2013，28（2）：173.

② 张力，刘中杰．户外自助旅游遇险事件法律分析：从“南宁7.9案”到“重庆7.11事件”［J］．广西社会科学，2010（5）：57.

③ 许添元．自助户外运动若干法律问题探究：由南宁驴友案件引起的思考［J］．漳州师范学院学报（哲学社会科学版），2008（4）：27.

④ 侯国跃．论“驴友”遇险事件的民事责任［J］．重庆工商大学学报（社会科学版），2010，27（1）：106.

⑤ 刘凤彬．试论自助户外运动事故的法律责任：以郑州8.15“伤心”户外遇难案件为例［J］．黑河学刊，2010，172（11）：110.

⑥ 杨富斌，王天星．旅行社监管法律制度研究［M］．北京：知识产权出版社，2007：221-222.

国外对体育旅游有关法律文献的研究主要观点分类如下：

（一）体育旅游安全保障宏观研究

1. 风险管理

澳大利亚标准委员会和新西兰标准委员会于2004年通过了“澳大利亚新西兰风险管理标准”（Australian New Zealand Standard on Risk Management），该标准将风险管理的过程分为沟通和协商、了解事态因由、确认风险、分析风险、评估风险、对待风险、监测和审查、记录风险管理过程八个步骤。①

近年来体育旅游或邻近概念的相关实践研究中有不少采纳风险管理理论作为分析框架或进行风险管理分析。例如Jeff Wilks等就采用了上述“澳大利亚新西兰风险管理标准”来分析“户外旅游和探险旅游的风险管理”“澳大利亚潜水旅游安全”“冲浪风险和安全”等问题。②

又如Jeffrey Wilk，Robert J. Davis在《澳大利亚大堡礁水肺潜水人员的风险管理》一文中将水肺潜水者分为四类：①受过认证培训机构训练并颁发资格证者；②受训过程中的实习者，在教练陪同下在开放水域进行过四次实践；③未受任何培训，属于旅游计划的一部分，须在教练陪同下进行；④有资格的教练及潜水管理者。还有一类是自购装备潜水者，不属于商业潜水者范畴。对于潜水伤亡事故，工作人员负有法律责任，要承担未照顾好顾客的后果。澳大利亚的法律体系中涉及风险管理的相关法律有：①合同法；②过失侵权法（Tort of Negligence）；③工作场所健康和安全法规（Workplace Health and Safety Legislation）。另外，此文还借助了风险管理框架（风险自留、风险转移、风险减少）对水肺潜水的风险管理进行分析。③

2. 户外救援相关研究

在美国，随着20世纪户外运动尤其是探险运动的升温，到20世纪末，这股风潮同时也使越来越多的人陷入户外运动的困境，需要救援。据统计，1994年美国Yosemite国家公园共实施了231起救援工作；1995年美国黄石国家公园共实施了380起救援工作，动用了66名国家公园工作人员参与救援，其中23%的救援事件中发生了人员死亡。到1999年的时候，越来越多的户外运动参加者

① Standards Australia & Standards New Zealand. Australian New Zealand standard on risk management [S]. Standards Australia International Ltd, 2004.

② JEFF WILKS, DONNA PENDERGAST & PETER A LEGGAT. Tourism in turbulent times: toward safe experience for visitor [M]. Oxford: Elsevier Science Ltd, 2006.

③ JEFFREY WILKS, ROBERT J DAVIS. Risk Management for scuba diving operators on Australia's great barrier reef [J]. Tourism management, 2000 (21): 591 – 599.

忽视户外运动的装备以及培训，依赖电话救援的方式，将遇到困难后的救援依赖于专职救援人员，这不仅直接导致了救援工作的增多，还间接导致了可能发生的手机电池耗尽而求助无门的现象。不仅如此，新的问题是，越来越多的人认为户外运动场地的管理人员有救援的义务，一旦发生伤亡就进行起诉。①

救援对于户外运动场地主管方来说是两难的工作，一边是救援的必要性，一边是高昂的费用。

有鉴于此，美国的立法机关考虑采用一些新的法规来约束高昂的救援费用。例如：向被救援者收取费用；每个登山者在进山之前要获得“登山许可证”；在登山设备消费上增加消费税，作为救援费用来源之一；每个登山者都要携带迷路时用的信号发射电子设备。②

3. 户外运动风险教育

正式的风险管理应该包含大学、TAFE 学院或专门教育机构开设的风险管理正规培训，这项工作由有资质的教育者担任。运营商要具备风险管理能力才能获得许可。应设立正式的行为守则或最低行为标准作为对运营商表现和过失评价的标准。上述措施将有助于减少过失、降低理赔成本，并提升社会的风险管理方法。③

Collard 根据对“绳索挑战课程”的研究，发现该课程比社会上开展的很多培训课程实现的安全度更高，因为该课程的“二十年安全研究”报告数据显示“每一百万小时户外活动实践中发生 4. 33 起伤害事故，大致相当于金融、保险和房地产业发生风险的比率”。Collard 也将该户外运动风险培训课程与学校体育课的安全结果进行了对比，发现该课程的安全结果高于标准的高中体育课程。④

（二）体育旅游法律关系主体研究

在美国，存在保守管理理念和自由管理理念指导下的两种俱乐部模式。对于前者，俱乐部的经费由负责管理的机构提供；赛程和活动必须经过管理层的批准；俱乐部必须有经过批准的顾问或教练；必须有章程或指南；会员必须参

---

① HUFFMAN, MICHAEL G. Trouble in paradise - accident trends in the outdoors [J]. Proceedings from the international conference on outdoor recreation and education, 1998: 3.

② WATERMAN L, WATERMAN G. Wilderness ethics [M]. Woodstock, VT: The Countryman Press, 1993: 153.

③ WATERMAN L, WATERMAN G. Wilderness ethics [M]. Woodstock, VT: The Countryman Press, 1993: 3.

④ WATERMAN L, WATERMAN G. Wilderness ethics [M]. Woodstock, VT: The Countryman Press, 1993: 4.

加保险并通过体检；俱乐部项目中，提供医学或训练监督。对于后者，俱乐部成员控制俱乐部操作；在资金、装备、场馆安排、办公室使用、义务监督方面很少或几乎没有外部支持；成员负责为自己购买保险并了解自己的身体状况。对比这两种管理理念的法律责任，在保守管理模式中，外部管理机构需要注意医务监督、批准花费和承担保险的责任。在自由管理模式中，既然成员们对自己和所有的俱乐部行为负责，则外部管理机构不需要承担法律责任。①

（三）体育旅游保险研究

国外体育旅游保险相关的研究很少。相关研究有：邱彦对新西兰的公共责任保险制度的介绍②，还有关于澳大利亚保险公司拒绝对户外运动承保的研究等。Sandy 于 2002 年对澳大利亚维多利亚州户外运动的法律责任新问题进行研究，发现户外运动早期一呼百应的局面在 2001 年随着 44 家旅游企业的倒闭开始发生扭转。这些企业的倒闭都是没有保险公司愿意对风险运动进行承保而导致的。维多利亚体育娱乐局 2002 年发布的报告 *Active State* 中建议对保险的问题进行改革，首先应在体育娱乐产业建立系统的全国性风险管理体系，其次开展国家保险教育项目，该项目要有详细的计划支持体育娱乐组织的社团能够开展保险业务。③

（四）体育旅游责任承担研究

1. 自承风险理论案例研究

John Spengller 和 Daniel Connaughton 采用定量的研究方法，对涉及疏忽于风险承担的体育娱乐活动的法律案件进行评估④。他们认为“自承风险一直以来都是体育娱乐案件中的一个重要辩护理由。一般来说，那些自愿承担已知风险且又在参与娱乐活动中受伤的人被视为已经承担了参加该活动的固有风险”。John Spengller 和 Daniel Connaughton 在研究中选取采纳风险承担为辩护事由的体

---

① 马欧，贝蕾丝，杰米森．娱乐体育管理［M］．韩勇，康胜，译．辽宁科学技术出版社，2009：151－152.

② 邱彦．从新西兰损害赔偿制度看正义理念［J］．华南理工大学学报（社会科学版），2009，11（3）：53.

③ SANDY ALLEN－CRAIG. Current initiatives-legal responsibilities and risk management strategies in outdoor recreation［EB/OL］．（2010－12－21）．http：//www.ausport.gov.au/_data/assets/pdf_file/0018/114606/Allen-Craig.pdf.

④ JOHN SPENGLLER，DANIEL CONNAUGHTON. A quantitative approach to assessing legal outcomes in reported sport and recreation negligence cases involving assumption of risk［J］．Entertainment law，2003，2（3）：112－129.

育娱乐案件为研究对象进行分析，研究结果显示，“在体育娱乐供应商使用风险承担作为抗辩事由的案例中，63.8%即大多数都获得了胜诉。被告是个人的情况下且辩护非常成功的比例为81.3%，当规则具体到体育娱乐活动中的风险承担时胜诉率为77.8%，当风险发生在户外远程设施时胜诉率为75%，当提供了警告时为72.5%，当没有任何监管的情况下为71.8%”。在此基础上，作者运用回归分析（regression analysis）确定案件结果预测的变数，并对体育娱乐活动中的自承风险者给出了更好的建议。①

自承风险，还有一个说法是“风险自负”，刘雪芹、黄世席也从美国判例法发展的角度，对这一理论进行了介绍。1978 年的滑雪场案例使得这一理论在美国有了两种解读，一种是认为“滑雪运动内在的风险不应当由滑雪场承担”，但是因为灌木丛没有清理导致受伤这类“与滑雪运动无关的风险”应由滑雪场承担。这导致出现另外一种做法：“美国一些州制定的休闲运动安全法开始把有关责任转移到活动参加者身上，通过风险自负原则保护正处于发展时期的户外运动产业。”②

2. 户外运动领队的法律责任

Sandy Allen - Craig 认为“不论是从道德还是法律的角度，户外领队都必须能管理并最小化风险”，且“（澳大利亚维多利亚州）法律要求户外领队能提供高标准的护理”。③

三、对国内外体育旅游研究现状的评析

（一）研究时间和阶段的对比

国外体育旅游研究于20 世纪60 年代起步，1960 年到1978 年，国外体育旅游研究处于零星探索阶段，文献量很少，但是这一阶段具有开创意义，基本构建了体育旅游的框架。1978 年到2000 年，国外体育旅游研究迎来了第一次跳跃式发展，论文篇数开始逐渐增加，达到了一定的数量，研究领域也开始从单纯的赛事旅游向多个体育旅游领域发展。2000 年以后，体育旅游领域的研究出现了第二次

① JOHN SPENGLER，DANIEL CONNAUGHTON. A quantitative approach to assessing legal outcomes in reported sport and recreation negligence cases involving assumption of risk［J］. Entertainment law，2003，2（3）：112 - 129.

② 刘雪芹，黄世席. 美国户外运动侵权的法律风险和免责问题研究：兼谈对中国的借鉴［J］. 天津体育学院学报，2009，24（3）：253 - 254.

③ SANDY ALLEN - CRAIG. Current initiatives legal responsibilities and risk management strategies in outdoor recreation［EB/OL］.（2010 - 12 - 21）. http：//www. ausport. gov. au/_ data/assets/pdf_ file/0018/114606/Allen - Craig. pdf.

跳跃式发展，各类文献篇数已经超过3 000篇，并呈逐年增加的态势。

我国体育旅游研究目前正处于起步阶段，主要研究成果集中在2000年以后，体育旅游的发展潜力将带动更广泛、更深入的研究。

（二）研究领域和深度的对比

国外体育旅游研究不仅对各类实际个案进行研究和分析、对同质现象进行归类思考，并且对理论的探索研究也较多。理论研究的论文或者论文集反映出，既有借鉴其他学科的相关理论为分析框架，也有对本学科理论是否成立以及如何成立的深度思考。

我国目前针对体育旅游的研究，不论是体育研究者对体育旅游主题的关注，还是旅游业研究者对探险旅游主题及其相似概念的关注，都呈现出几个特点：一是对这一研究必要性的认可，并且对这一研究领域可探究的内容充满信心。二是研究的类别主要在体育旅游概念、体育旅游资源开发、体育旅游消费者行为、体育旅游产品营销方面，深入探究其管理问题并提出建构性框架的研究较少，总体来说研究层次较浅。三是缺少对体育和旅游关系的深入剖析，以及对体育旅游风险评估的框架构建。在论述较多的安全保障问题上也多是建议性的倡议，缺乏深入的研究。从法律角度来分析体育旅游问题的研究更是凤毛麟角。

（三）对体育旅游法律问题的研究对比

对比国内外体育旅游法律问题的相关研究，可以发现：①体育旅游专属领域的法律问题研究有其自身的特点，在技术性问题如安全保障的措施方面可以借鉴国外旅游业、探险旅游业等的相关研究，受我国管理体制影响的问题如市场准入、竞争问题等方面则需要根据本国国情探究法律问题。②国外体育旅游专门的法律问题研究不多，国外多数著作只在管理部分对此略有提及，涉及法律问题的文章则比较零散，研究问题不够系统。国内涉及体育旅游法律问题的专门研究则更是鲜见。

第三节　理论基础

作为交叉学科，体育旅游研究的基础建立于社会学、文化学、经济学、心理学等诸多学科的理论基础之上。西方学者在体育旅游专属理论研究分类上作出了开创性划分。最有代表性的是Heather Gibson在《体育旅游概念与理论》一书中，对体育旅游的代表性理论研究作出了尝试性分类：

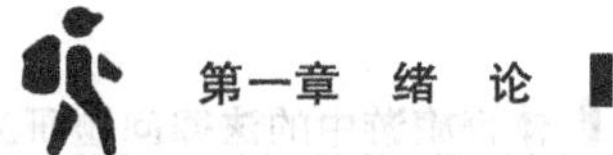

第一大类即体育旅游社会文化学类研究理论，主要代表为：①以 Jackson 为代表提出的休闲研究的“约束框架”（constraints framework）；②休闲研究中延伸出的“严肃休闲”（serious leisure）的概念也可以运用于体育旅游研究；③过去十几年间社会学研究者强调的“怀旧追求”（the quest for nostalgia）也适用于体育旅游研究。

第二大类：有关体育旅游中体育旅游不同角色的相关理论，主要代表为：①运用社会学“角色理论”（role theory）构建旅游者角色类型学，来区分和理解不同类型的旅游者；②“旅游目的地形象或目的地品牌”（destination image or destination branding）理论，指各国政府普遍认为的通过举办大型体育赛事旅游可以提升本国形象以及促进后续经济发展；③“季节性”（seasonality）理论，指体育旅游目的地受气候变化的影响产生季节性波动；④旅游地社区居民认为体育赛事旅游的经济效应被高估了，因为其还会产生负面影响，对此，Elizabeth Fredline 构建了赛事主办城市旅游影响的研究模型；⑤为了吸引游客的“城市景观再生”（regeneration of the urban landscape）理论。

第三大类：有关商业体育旅游的概念和范式，主要代表为：①“体育旅游语境中的市场营销组合概念”（the concept of the marketing mix in the context of sport tourism），构建了体育旅游的市场营销组合框架；②Thwaites 和 Chadwick 反对常规地通过实物产品来评价服务质量的做法，提出体育旅游类的“体验”式市场营销的服务质量问题，提出了体育旅游背景下的服务质量评价方法；③体育旅游的经济影响理论，尤其是体育赛事旅游的经济影响；④Mike Weed 从英国政府对体育旅游政策的研究出发，构建了一个新的分析模式，该模式产生于对体育旅游政策的纵向研究，以及政府部门如何作出决策支持体育旅游的发展、促进各种形式体育旅游的发展；⑤Mary Deery 和 Leo Jago 分析澳大利亚体育旅游决策，研究“协作和战略规划”（collaboration and strategic planning）问题，来验证国家性旅游战略是否能带来成功。

另外，Mike Weed 在另一本体育旅游理论研究著作《体育和旅游读本》中，将体育旅游代表性文章分为四大类：①体育旅游研究方法；②对体育旅游参加者的理解；③体育旅游影响研究；④体育旅游政策和管理建议。

Mike Weed 在 2009 年又选取 1990—2008 年体育旅游研究回顾类的文章或著作章节 18 篇，以此为对象进行分析，得出体育旅游研究的主要类别有：①核心概念的研究（包括方法论、分类、本质）；②主要研究领域（包括体育赛事旅游研究、从影响到利用的趋势研究、不良习惯研究、旅游目的地市场与媒体研究、居民接受度研究）；③各支撑学科对体育旅游研究作用的程度；④对体育旅游的未来预期，尤其是体育旅游管理、体育旅游知识、体育旅游本质、批判和挑战这几方面的未来预期。[①]

从上述西方学者对体育旅游研究的分类看，本书的选题更倾向从两个角度研究我国体育旅游：一是从体育旅游本质的角度重构体育旅游的概念及分类；二是从体育旅游管理的角度梳理问题的症结。与西方的研究颇有不同的是，本书的核心命题都是从法律的角度展开。这一角度在我国和国外现存同类研究中都颇少。结合体育旅游作为体育产业的经济特性，本书涉及的主要理论基础包括体验经济理论、保险理论、安全保障义务理论和安全责任承担理论。

一、体验经济理论

1970年，著名未来学家阿尔文·托夫勒在《未来的冲击》一书中预测了体验经济的到来，提出体验经济是继农业经济、制造经济、服务经济等浪潮后的新的经济形态。托夫勒预测“当人们开始富裕，短暂性也开始兴起，人们不再有旧日的占有冲动时，消费者将和过去一样收集实物般开始热烈收集‘体验’”。这时候工业生产的产品“不只是制造品或一般性的服务，而是预先设计的‘体验’。这种体验工业势必成为超级工业主义的重要一环；这种体验工业最后将变成‘后服务经济’的基础”。[②]

体验经济理论由美国经济学家B. 约瑟夫·派恩二世和詹姆斯·H. 吉尔摩于1998年在《哈佛商业评论》中首次系统阐释，确认体验经济这一“第四经济体”[③] 已经到来。后在其《体验经济》一书中系统论证，将体验定义为企业以服务为舞台，以商品为道具，以消费者为中心，创造能够使消费者参与，值得消费者回忆的活动。体验经济是满足人们各种体验需求的一种全新的经济形态。他们认为人类的经济生活，自诞生之日起，经历了农业经济、工业经济、服务经济和体验经济四个发展阶段，分别创造了四类不同的经济提供物——产品、商品、服务、体验。B. 约瑟夫·派恩二世和詹姆斯·H. 吉尔摩延续了托夫勒的观点，认为“体验是使每个人以个性化的方式参与其中的事件”。[④] 并将体验经济有别于传统经济形态的特性进行比较分析，见下表。

---

① MIKE WEED. Progress in sports tourism research? A meta-review and exploration of futures［J］. Tourism management, 2009, 30（5）: 615－628.

② 阿尔文·托夫勒. 未来的冲击［M］. 蔡伸章，译. 北京：中信出版社，2006：123.

③ B JOSEPH PINE II, JAMES H GILMORE. Welcome to the Experience Economy［J］. Harvard business review, 1998, 76（4）: 97.

④ B. 约瑟夫·派恩二世，詹姆斯·H. 吉尔摩. 体验经济［M］. 夏业良，等译. 北京：机械工业出版社，2002：19.

经济形态区分表①

经济提供物	产品	商品	服务	体验
经济	农业	工业	服务	体验
经济功能	采掘提炼	制造	传递	舞台展示
提供物的性质	可替换的	有形的	无形的	难忘的
关键属性	自然的	标准化的	定制的	个性化的
供给方法	大批储存	生产后库存	按需求传递	在一段时期之后披露
卖方	贸易商	制造商	提供者	展示者
买方	市场	用户	客户	客人
需求要素	特点	特色	利益	突出感受

针对体验经济在发展中国家的发展，B. 约瑟夫·派恩二世主张“所有国家都必须通过按序排列的持续经济形态进行转换，他们必须从农业经济转化为工业经济，接着从工业经济转化为以服务为导向的经济，然后从服务经济转化为体验经济（不发达国家经常陷入农业经济之中，实现每一变动至少需要几十年的时间）。但是这些国家可以通过适当的政策来加速这一进程”②。

体验经济要满足人的“体验需求”，它的核心是消费与生产的合一，以消费者作为价值创造的主体，在消费过程中产生“愉悦”“难忘”“酷”“爽”等体验。由美国心理学家马斯洛提出的“高峰体验”或“高潮体验”，又被称为“flow”，有人译成汉语“畅爽”，是让人感受到一种发自心灵深处的战栗、欣快、满足、超然的情绪体验。

体验经济，实际上就是经营者利用消费大众对亲身体验的渴求心理，将原来不需消费者亲力亲为的生产或服务过程，以一定的价格卖给消费者的经济活动。它追求的是消费和生产的个性化，寻求一种消费者在参与过程中的“情感共振”。这种“情感共振”型的经济消费行为就是体验消费。这种将“体验”作为一种经济物品进行买卖的新经济类型就是体验经济。在体验经济中，企业主要研究的不是产品，而是研究如何提供舞台；体验要素依附在产品和服务之

① B. 约瑟夫·派恩二世，詹姆斯·H. 吉尔摩. 体验经济［M］. 夏业良，等译. 北京：机械工业出版社，2002：13.

② B. 约瑟夫·派恩二世，詹姆斯·H. 吉尔摩. 体验经济［M］. 夏业良，等译. 北京：机械工业出版社，2002：256.

中，消费只是一个过程，消费者也成为这一过程中的产品；当过程结束后，体验记忆会长久地保存在消费者的脑中。体验经济创造了一种独特的“体验消费”，它的基础与载体表面上与传统的产品和服务没有太大区别，只不过是为特定层次的消费者精心设计的凝聚了“体验价值”的产品与服务，如娱乐因素、文化因素等。体验经济的浪潮，以发达的服务经济为基础，在信息时代，迅速波及工业、农业、计算机业、旅游业、商业、服务业、娱乐业（影视、主题公园）等各行业。①

体验经济理论为体育旅游奠定了重要的理论基础。体育旅游就是面对现代社会人们工作、生活压力过大的情况，为了消费者身心的健康，使其暂时脱离工作，在设计的特定的时空内活动，以身体活动的形式，使其能够达到全身心的放松，寻求愉悦、难忘和酷爽的一种体验，从而达到人的身心、人与自然的和谐发展。体育旅游可以满足人们内心追求快乐的心理体验，还可以通过运动项目使人的身体变得更加健康。所以体验旅游的项目开发和相关制度也需要从体验经济的理论去考虑如何完善。

尽管体验经济论 2002 年才导入我国，但是它的某些理念，如服务企业主题化的问题，在我国已有多年探索。王兴斌认为，体验经济并非单独存在于农业、工业和服务业之外，而是依托于传统的农业、工业与服务业产品上，并赋予这些传统产品以新的内涵、形态和价值。②

二、保险理论

保险，系出 Sigurare 一词，源自 14 世纪意大利商业用语，本义为抵当、担保、保护、负担，至 14 世纪后半期扩充为保险之义。③ 保险是危机管理体系的组成部分。保险作为经济补偿措施的重要组成部分，“既防患于未然，又有效补偿于危险发生之后，变被动为主动，避免了一味依赖盲目的物资储备的弊端。保险即保险人根据对危险的科学计算，设计和经营相应的保险险种，以收取的保险费建立起集中的保险基金，用于补偿因保险事故发生所造成的经济损失的经济补偿制度”④。

国际通行的保险法的原则主要有四条⑤：

---

① 朱水根．以“体验经济”理论引导餐饮业发展［J］．旅游科学，2003（3）：17.

② 王兴斌．“体验经济”新论与旅游服务的创新：《体验经济》读书札记［J］．桂林旅游高等专科学校学报，2003，14（1）：20.

③ 袁宗蔚．保险学［M］．北京：首都经济贸易大学出版社，2000：64.

④ 贾林青．保险学［M］．北京：中国人民大学出版社，2006：15.

⑤ 李玉泉，邹志洪．保险法学：理论与实务［M］．北京：高等教育出版社，2007：46，69，85，92.

（一）诚信信用原则

要求民事活动的当事人在行使权利和履行义务时，遵守诚实信用的道德准则。

（二）保险利益原则

保险利益是保险合同的特殊效力要件，其对保险合同的效力影响甚深，并且是贯穿整个保险法的核心理论，与保险法的诸多问题息息相关。

（三）损失补偿原则

指在补偿性的保险合同中，当保险事故发生造成保险标的毁损致使被保险人遭受经济损失时，保险人给予被保险人的经济赔偿数额恰好弥补其因保险事故所造成的经济损失。

（四）近因原则

危险事故的发生与损失结果的形成之间须有近因关系，保险人才对损失负补偿责任。

我国的保险合同除了遵循国际通行的保险原则，还确立了我国特有的保险原则：①自愿原则：从事保险活动，必须遵循自愿的原则。②境内投保原则：在中华人民共和国境内的法人和其他组织需要办理境内保险的，应当向中华人民共和国境内的保险公司投保。③保险专营原则：经营商业保险业务，必须是依照《中华人民共和国保险法》设立的保险公司。其他单位和个人不得经营商业保险业务。④公平竞争原则：保险公司开展业务，应当遵循公平竞争的原则，不得有不正当的竞争。上述原则都写进了《中华人民共和国保险法》。

三、安全保障义务理论

体育旅游是一种具有风险性的活动。为了降低风险，保障安全，安全保障义务理论和相关法律规定可以为制定更加合理的体育旅游法律和相关制度提供理论基础。

法律上的义务是指人们必须实施的、为或不为一定行为的必要尺度。法律上的义务是强制履行的，权利可以放弃，但义务必须履行。

安全保障义务是一种法律在综合考虑了调整商业活动的秩序中设立这种义务的社会经济价值及道德需要后依据诚信及公平原则确立的法定义务，具体是指经营者在经营场所对消费者、潜在的消费者和其他实际进入该服务场所的任何人之人身、财产安全依法承担的安全保障义务。其义务主体为服务场所的经营者，包括服务场所的所有者、管理者、承包经营者或者对该场所具有实际控制力的公民、法人或其他社会组织。与此相对应的权利主体是：①消费者；②潜在的消费者；③其他实际进入该服务场所的任何人。该权利义务的主要内容是：在特定的服务场所，权利人的人身和财产安全应当得到保障，义务人应当对这种人身和财产安全履行相应的积极作为或者消极不作为义务。[①]

安全保障义务是管理人、组织者所应承担的一种法定义务，是在管理人、组织者与相对人之间进行风险分配的法定机制。它是相关人员必须履行的行为。

任何一项法律制度的形成与发展，都离不开理论的基础。传统的侵权责任法强调的是行为人仅对积极作为所导致的损害承担责任，而对不积极的行为或未加以阻止的行为不承担责任。然而安全保障义务强调的是义务人对积极作为所导致的损害承担责任，而对不积极的行为或未加以阻止的行为也要承担责任。针对传统的侵权法理论模式，安全保障义务的理论依据何在？法学界对此众说纷纭，主要有以下几种观点：

（一）获利报偿理论

获利报偿理论是指谁享受利益谁就承担风险，此理论是基于法理的公平价值理念衍生出的利益与风险一致性的原则，那些从风险中获利的人应当承担防止风险发生的义务。但是此种理论也存在不足，不是所有的危险行为都会带来某种利益，也可能仅仅只是带来一些生活情感方面的便利。

（二）危险控制理论

危险控制理论是指行为人从事了具有一定潜在危险性的活动，对危险的了解要超过一般人的行为人，他离危险源越近则越容易控制危险，所以要求行为人承担安全保障义务。此理论主要是从最大限度地控制危险、降低危险造成的损害的角度出发，为安全保障义务提供理论的基础。

（三）社会总成本理论

社会总成本理论是指应当将防止损害发生的义务分配给那些能够以最低成本避免损害风险的人。此理论是根据经济学原理，从更有效减少社会总成本支出的角度出发的。

---

① 安全保障义务［EB/OL］．［2014－01－26］．https：//baike. baidu. com/item/% E5% AE% 89% E5% 85% A8% E4% BF% 9D% E9% 9A% 9C% E4% B9% 89% E5% 8A% A1.

（四）诚实信用原则

诚实信用原则作为民法的最基本原则，其要求民事主体在从事民事活动的过程中，应该讲诚实，守信用，正当地行使权利和履行义务，共同维持双方民事活动中所产生的信赖关系。

（五）先前行为理论

先前行为理论是指由于行为人先前行为给他人带来了危险，基于当事人约定或法律规定原因除外，例如道德伦理，其必须承担预防、避免或消除该危险的义务。对于不作为侵权行为人而言，先前行为理论是使其负有特定义务的理论基础，也是安全保障义务的理论基础。

上述五种理论，从不同角度为安全保障义务存在的合理性提供了理论基础。前四种理论分别从公平、危险最小化、成本最小化、维持信赖关系基础的角度对安全保障义务进行阐述，先前行为理论则是对不作为侵权行为应当承担安全保障义务的一种补充。①

总之，安全保障义务理论可以为体育旅游中的风险分配、权利与义务、合同制定等方面提供重要的理论基础。

四、安全责任承担理论

2009 年 12 月 26 日我国通过的《中华人民共和国侵权责任法》第三十七条规定："宾馆、商场、银行、车站、娱乐场所等公共场所的管理人或者群众性活动的组织者，未尽到安全保障义务，造成他人损害的，应当承担侵权责任。""因第三人的行为造成他人损害的，由第三人承担侵权责任；管理人或者组织者未尽到安全保障义务的，承担相应的补充责任。"从而正式将违反安全保障义务的行为纳入侵权责任法中。2010 年 7 月 1 日起《中华人民共和国侵权责任法》正式实施，安全保障义务正式纳入法律。安全保障义务人未尽合理的注意义务，在不同情况下，所承担的责任也不同。

法律层面的责任是指人们（包括自然人和法人、其他组织）由于违反法律、违反约定，或虽然没有违反法律和约定但法律有规定其应承受某种不利后果。其特点是具有国家强制性。法律责任包括：刑事责任、民事责任、行政责任、经济法责任、违宪责任、国家赔偿责任。

① 李珩．对安全保障义务理论基础的探讨［J］．金田，2012（8）：113.

在体育旅游安全责任承担问题的探讨上，有以下几种不同的理论：

（一）经营者安全责任承担理论

安全责任承担是指责任主体在提供商品或服务时，因为经营活动项目的安全未能达到保障消费者人身、财产安全的法定要求或者合同约定的标准，导致消费者人身、财产遭受损害，从而应当承担的责任。其责任范围包括时间、空间、对象三方面，安全责任随着服务延伸而扩展。①

（二）公司社会责任理论

公司作为“社会人”的重要组成部分，其发展不可能离开社会而孤立存在。公司目标应是营利性与承担社会责任并重，在追求利润最大化的同时应该兼顾社会效益。出于强化公司社会责任的目的，应当规定经营者对其服务场所的安全保障义务。

（三）风险自负理论

风险自负也被称为“自承风险”或“自甘风险”。这一理论产生于英国早期的普通法，是英美侵权行为法的一个基本的抗辩理由。我国在实际的审判中已经运用，但在法律法规中没有明文的规定。②《美国侵权法重述（第二次）》第496A条对风险自负理论定义如下：“原告自愿承担由于被告过错或者鲁莽行为而可能造成伤害的风险。”风险自负可以适用于如下情形：原告明确同意免除被告对原告应当履行的注意义务；原告自愿参加某些涉及风险的活动并因此默示免除被告的义务，也即碰碰运气（例如棒球比赛的观众可能会被认为自愿承担被坏球击中的风险）；面对被告过错而可能带来严重危险的情形，原告选择继续自愿承担该风险；原告表示自愿承担自身不合理但是众所周知的风险，禁止原告以默示同意承认该风险以及共同过错为自己辩护。③

---

① 汤啸天．经营者场所安全责任的合理边界［J］．法律科学，2004（3）：121.

② 王宁，郑旗．公众户外运动中伤害事故归责研究的述评［J］．体育科技文献通报，2012（1）：100.

③ 刘雪芹，黄世席．美国户外运动侵权的法律风险和免责问题研究：兼谈对中国的借鉴［J］．天津体育学院学报，2009，24（3）：253.

第四节 研究设计

一、研究导向

基于前文论及的研究目的，本书试图从体育旅游安全相关法律问题的角度出发，梳理问题的现状，找寻问题的症结。同时，对体育旅游安全的法律问题进行系统的研究，对完善我国相关法律法规提出参考建议。希冀本书能对体育旅游及安全保障相关法律问题提供建议，在下述几方面作出研究贡献：

首先，对体育旅游的法律问题相关法制的完善提供具体的建议。

其次，梳理体育旅游主体制度，推动体育、旅游、工商等核心部门明确职能，让体育旅游的准入制度规范而不流于形式。

再次，保险作为安全保障机制的重要环节，推动保险制度的完善以有效减少安全事故和纠纷带来的损害。

最后，与国际接轨是其他体育旅游产业先行国家的经验，开发我国体育旅游未来的广阔市场必须借鉴国际优良经验。

二、内容模块

本书的内容将包括下列模块：体育旅游安全保障概述、体育旅游安全保障主体、高危险性体育旅游市场准入制度、体育旅游保险问题、体育旅游中安全保障责任承担法律问题。

三、研究方法

（一）文献分析法

文献分析法主要指搜集、鉴别、整理文献，并通过对文献的研究，形成对事实科学认识的方法。本书拟通过国内大学图书馆搜集相关中英文著作，并通过网络数据库搜集中英文文献，主要使用的数据库包括中国知网、JSTOR 过刊数据库、Cambridge Journal Online 数据库、Lexis 法律文献库、Google 学术搜索。参考的主要文章来源包括：体育旅游专门期刊 *Journal of Sport and Tourism* 以及 *Entertainment and Sports Law Journal*、*Tourism Management*、*Annals of Tourism Research* 等体育和旅游管理类电子期刊库的国外相关研究论文。除此之外，国内外涉及体育旅游领域的政府官方网站公文、法规，正规企业的官网，国家森林公园等体育旅游场地的官网数据都是本书资料的来源。本书将运用文献分析法对上述文献进行分析。

（二）规范分析方法

规范分析方法是以法律规范体系为研究对象，其主要内容包括对法律规范和法律体系、法律体系的效力与范围、法律概念、法律推理机制等方面的分析，目的在于获得以法律规范为核心的法律知识。规范分析方法主要是以法律规范和法学原理为分析工具对案件事实所进行的评价，是法律方法中最为重要的分析工具。本书中，规范分析方法将主要应用于对现有法律规章相关条款的分析判断，通过对体育旅游安全保障相关的主体问题、准入问题、保险问题、责任承担问题的法律规范分析，以达到完善立法的目的。

（三）实证分析法

实证分析法着眼于当前社会或学科现实，通过事例和经验等从理论上推理说明。本书中的实证分析主要应用于案例研究，通过对典型法律案例的分析，来辅助论证安全保障的相关法律问题。本书涉及的实证研究包括两个案例：一是关于体育旅游保险实施的案例，通过对该案例的分析，说明体育旅游保险现存的问题和不足；二是关于体育旅游安全保障纠纷的案例，通过对具有典型性的“户外第一案”的分析，引发对体育旅游安全保障责任承担法律问题的探讨。

（四）比较研究法

比较研究法是根据一定的标准，对两个或两个以上有联系的事物进行考察，寻找其异同，探求普遍规律与特殊规律的方法。由于体育旅游在我国的发展和研究都刚起步，因此西方发达国家的体育旅游发展和研究经验值得参考和借鉴。比较研究法在本书中得以大量运用，对每一个体育旅游的核心法律问题都同时进行对比，从中吸取国外的先进经验。对于与国外特点不一致的地方，建议合理采纳符合我国国情的做法，以资借鉴。

四、流程架构

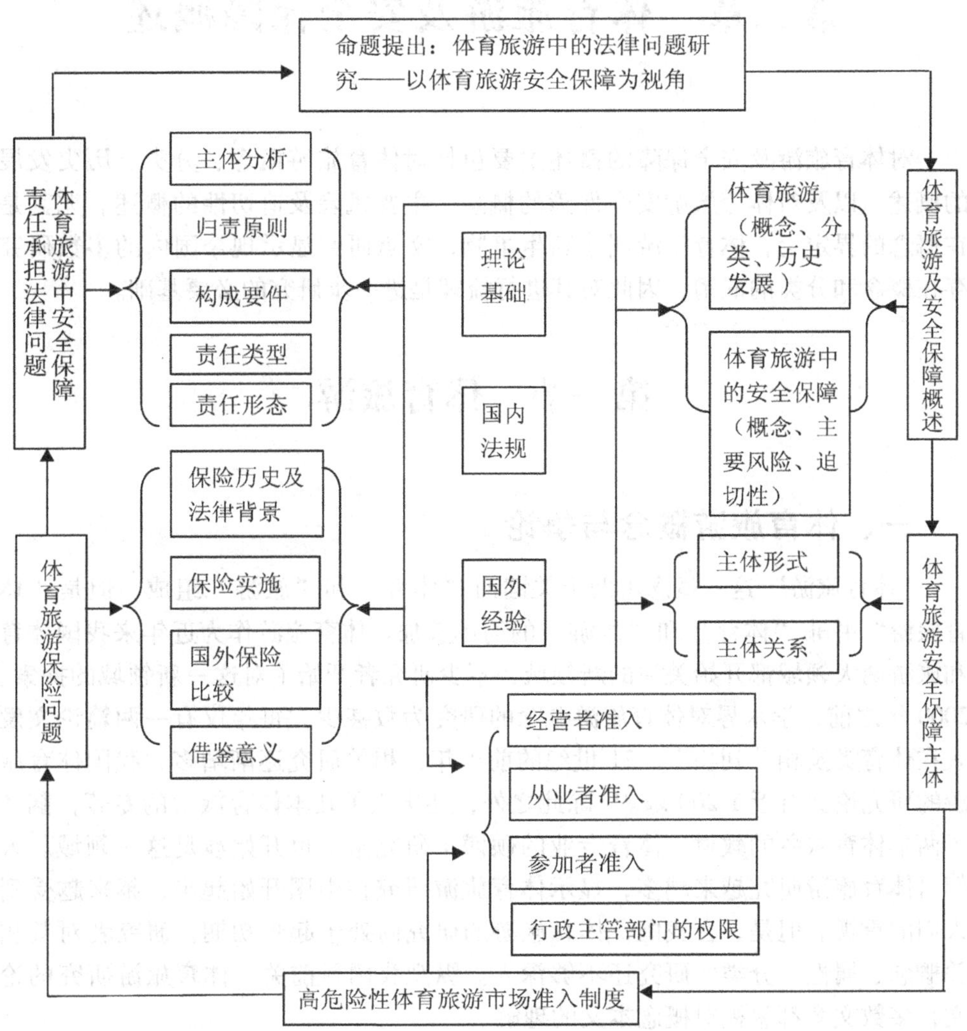
命题提出：体育旅游中的法律问题研究——以体育旅游安全保障为视角
体育旅游中安全保障责任承担法律问题
主体分析
归责原则
构成要件
责任类型
责任形态
理论基础
国内法规
国外经验
体育旅游（概念、分类、历史发展）
体育旅游中的安全保障（概念、主要风险、迫切性）
体育旅游及安全保障概述
体育旅游保险问题
保险历史及法律背景
保险实施
国外保险比较
借鉴意义
主体形式
主体关系
体育旅游安全保障主体
经营者准入
从业者准入
参加者准入
行政主管部门的权限
高危险性体育旅游市场准入制度

第二章　体育旅游及安全保障概述

对体育旅游及安全保障的概述主要包括对体育旅游概念、分类、历史发展的概述，以及对体育旅游安全保障的概念、主要风险及迫切性的概述。尤其是在概念的界定上，体育旅游属于新生事物，文献研究显示现今国内的多数研究存在概念和分类的混淆，因此对其进行梳理是进一步研究的必要基础。

第一节　体育旅游

一、体育旅游概念与争论

“体育旅游”这一概念由两个关键词“体育”和“旅游”组成，但是“体育旅游”并非“体育”和“旅游”的简单叠加。体育旅游作为近年来我国体育和旅游两大领域都开始关注的新领域，不少研究者开始了对这一新领域的探索。2000年之前，学术界对体育旅游概念的研究为数甚少，每年仅有一两篇论文发表在体育类及相关刊物上。21世纪的前十年，相关研究逐渐增多，我国体育旅游的研究论文有近1 200篇。① 除此之外，还出版了几本体育旅游的专著，翻译了两本体育旅游的教材，体育专业的硕博士研究论文也开始涉足这一领域。人们对体育旅游研究越来越多，显示体育旅游研究在中国开始起步，越来越受到人们的重视。但是，在我国，体育旅游的研究尚处于起步初期，研究者对其相关概念、属性、分类的研究还不够深入。纵观我国目前关于体育旅游研究的论文，多数文章都忽视对概念本义的理解。

因此本节拟在对国内外体育旅游概念的发展进程进行梳理分析的基础上，重新审视体育旅游的概念，并在对体育旅游的本质分析中运用逻辑学的方法对其概念进行重构。

---

① 根据2010年1月27日中国期刊网“体育旅游”篇名索引的入库数据统计。

（一）体育旅游概念溯源

1. 西方体育旅游概念溯源

通过体育运动方式开展旅游的做法可以追溯到几千年以前，诸多西方学者的研究已经论证，公元前 776 年即古代奥林匹克运动会举办伊始就出现了最早的有关通过体育运动开展旅游的文字记载。然而学术上对体育和旅游两者关系的研究则是近几十年才逐步建立起来。

近些年，国外陆续出版了一批体育旅游的著作，这些著作进一步将体育旅游概念研究推向争鸣。例如 1999 年，Joy Standeven 和 Paul De Knop 出版了 *Sport Tourism*；2002 年，Turco 等出版了 *Sport Tourism*；2003 年，Simon Hudson 出版了 *Sport and Adventure Tourism*；2004 年出版的论著较多，包括 Rithie 等的 *Sport Tourism*：*Interrelationships*，*Impacts and Issues*、Mike Weed 等的 *Sport Tourism*：*Participants*，*Policy and Providers*、Hinch 等著的 *Sport Tourism Development* 和 Gibson 的 *Sport Tourism*。在这些著作中，研究者们从不同的角度给体育旅游定义了不同的概念。以下所列为西方国家体育旅游代表性概念：

表 2－1 西方国家体育旅游代表性概念

作者	概念
Michael Hall（1992）	体育旅游是为了参加或参观体育活动，而离开日常生活范围的、非商业性的旅游①
Joy Standeven & Paul De Knop（1999）	体育旅游是所有与体育有关的、积极的或消极的，由于非商业的或商业、贸易的原因，离开居住或工作地，偶然或有组织参与的活动②
Simon Hudson（2003）	体育旅游是旅游的一个分支，包含多种旅游的下位概念，例如冒险旅游、康复旅游、自然旅游、观看比赛旅游、竞技旅游、娱乐或休闲旅游、教育性旅游和商业旅游③
Mike Weed & Chris Bull（2004）	体育旅游是不同的人在特殊场所的相互交往过程中衍生的一种社会、经济和文化现象④

① 柳伯力，陶宇平．体育旅游导论［M］．北京：人民体育出版社，2003：1.

② JOY STANDEVEN，PAUL DE KNOP. Sport tourism［M］．Illinois：Human Kinetics，1998.

③ SIMON HUDSON. Sport and adventure tourism［M］．New York：The Haworth Hospitality Press，2003：3.

④ 维德，布尔．体育旅游［M］．戴光全，朱竑，译．天津：南开大学出版社，2006：48.

（续上表）

作者	概念
Heather Gibson（2006）	体育旅游是指人们暂时离开常规的生活社区，去参与体育运动（主动体育旅游）、观看体育比赛（比赛体育旅游），或参观体育运动有关的旧景点（怀旧体育旅游）的休闲为本的旅游①

除此之外，日本学者对体育旅游概念的研究也较有代表性。1995 年原田先生根据体育旅游的目的将体育旅游分为“以参观体育活动为目的”和“以参加体育活动为目的”两大类。1996 年长积先生把这两点结合起来提出“体育旅行，是指将参加体育活动或参观体育活动作为目的的人们从暂时离开日常生活范围起到返回日常生活范围止的这样一个活动”② 的观点。

回顾体育旅游概念的研究历史，研究体育和旅游相互关系的第一篇论文是 1966 年 Don Anthony 为大不列颠身体娱乐中心会议撰写的《体育和旅游》一文，该文简要回顾了体育在假期旅游中扮演的角色。随后，从 20 世纪 70 年代开始，更多西方学者开始关注体育旅游。但是直到 1982 年，Sue Glyptis 对欧洲五国体育旅游的研究才被视为体育旅游研究的开端。Glyptics 提出的一个重要的观点是：在体育旅游的参加者、经营者和地方当局三者的观念中，都认为体育和旅游之间缺乏真正的融合。Heather Gibson 提出“真正融合”的观念，指出与体育和旅游有关的政策、研究和教育三者之间也存在难以融合的问题。至今，在“体育”和“旅游”两个概念的真正融合问题的研究上，西方学者的研究呈现的两大趋势特征是：一是建立体育和旅游之间真正的内在联系；二是将体育和旅游两者的关联进行量化。③

虽然 20 世纪 80 年代以来国外对体育旅游概念的研究越来越多，但是由于多数研究者缺少专业的知识或研究方法，所以这些研究多数只是简单将体育和旅游联系在一起，鲜见从深层理论上进行论证。这导致了学术界逐渐对体育旅游研究的价值产生怀疑，也有人提出体育和旅游没有必要成为一个独立的问题来进行研究。有鉴于此，2005 年《欧洲体育管理季刊》就“体育旅游理论与方法”这一特殊问题展开了系列论述，主要由体育旅游领域的著名研究学者牵头，引领深入地对体育旅游展开研究。Gibson 倡导体育旅游的学术研究应该采用社

① HEATHER GIBSON. Sport tourism：concepts and theories［M］. New York：Taylor and Francis Group Ltd，2006：2.

② 吴畏．秦皇岛地区体育旅游发展研究［D］．北京：北京体育大学，2004.

③ MIKE WEED. Sport & tourism：a reader［M］. London：Routledge，2008：2.

会学、社会心理学、地理学和人类学等母学科已成熟发展起来的方法理论。[①]由此可见，21 世纪初期国外对体育旅游概念的研究重点转移到通过提升研究方法来加强研究的理论性和推进观念的深入研究上。

从上述学术界对体育旅游半个世纪的研究历程可以看到，体育旅游是一个新的研究领域，因此它的概念仍处于动态变化过程中。其概念的核心要义取决于对其研究的不断深化，尤其是对其研究方法和理论基础的进一步研究。

2. 体育旅游概念的中国化移植

国内对体育旅游概念研究的广泛关注是从2000 年左右开始的，目前大部分的研究者是体育院校的教学研究人员，他们引领了中国体育旅游研究的起步发展。以下是国内学者对体育旅游概念较有代表性的一些观点。

韩鲁安等（1998）从广义与狭义两个层次对体育旅游进行了解释：广义的体育旅游指，旅游者在旅游过程中所从事的各种身体娱乐、身体锻炼、体育竞赛、体育康复及体育文化交流活动等与旅游地、体育旅游企业及社会之间关系的总和；狭义的理解为，为了满足和适应旅游者的各种体育需求，借助多种多样的体育活动，并充分发挥其诸种功能，使旅游者的身心得到和谐发展，从而达到促进社会物质文明和精神文明发展、丰富社会文化生活的目的的一种社会活动。[②] 闵健（2002）把体育旅游定义为：体育旅游是人们以参与和观看体育运动为目的，或以体育为主要内容的一种旅游活动形式。[③] 柳伯力、陶宇平（2003）提出：体育旅游是人们以参与和观看体育运动为目的，或以体育为主要内容的一种旅游活动形式。[④] 吴畏（2004）提出："体育旅游首先是一种旅游活动，其次才是一种旅游方式。"还强调，"体育旅游活动本身也应该是一种消费行为"。[⑤] 于素梅（2005）把体育旅游定义为：体育旅游是旅游者较长时间离开生活地，以旅游和体育为主要目的，以休闲、娱乐、健身、探险等为动机，以欣赏、观看或参与体育活动为主要形式的旅行游览活动。[⑥] 石岩等（2007）认为，体育旅游是以参与或观赏体育活动为目的，或以体育为内容而产生的一种短暂性的生活方式，是旅游者在旅游和暂时性停留中所引起的一切与体育有关的现象和关系的总和。曲天敏（2009）认为，体育旅游是旅游者在休闲时间暂时离开居住地，在此过程中，以游览观光为主要内容，以欣赏、参与或观看

---

① MIKE WEED. Sport & tourism：a reader［M］. London：Routledge，2008：3.

② 韩鲁安，杨养青. 体育旅游学初探［J］. 天津体育学院学报，1998，13（4）：61 - 64.

③ 闵健. 体育旅游及其界定［J］. 武汉体育学院学报，2002，36（6）：4 - 6.

④ 柳伯力，陶宇平. 体育旅游导论［M］. 北京：人民体育出版社，2003：9.

⑤ 吴畏. 秦皇岛地区体育旅游发展研究［D］. 北京：北京体育大学，2004.

⑥ 于素梅. 体育旅游资源开发研究：以河南省为例［D］. 开封：河南大学，2005.

体育活动为次要动机或部分内容，从而促进身心和谐发展，丰富社会文化生活的旅游活动形式。宋杰等（2010）认为，体育旅游是游客在旅行过程中，依赖旅游地的自然环境、人文环境完成体育体验的一种社会文化活动。①

根据国内相关研究给出的主要定义，多数研究者都认同体育旅游的本质是旅游的一种，体现为以多种体育活动为内容，以休闲娱乐或者康复、交流为目的的旅游活动（谭白英，2002；闵健，2002；刘凯，2004；朱竞梅，2000）。柳伯力和陶宇平在专著《体育旅游导论》中也赞同体育旅游的本质是一种旅游活动，认为体育旅游是人们以参与和观看体育运动为目的，或以体育为主要内容的一种旅游活动形式。有少数研究者认为体育旅游本质是借助旅游形式开展的体育活动（杨红伟，2002；李香华，2003）。还有一种观念认为体育旅游本质上是一种经营性项目群，是以体育资源和一定的体育设施为条件，以旅游商品的形式，能为旅游者在旅行游览过程中提供融健身、娱乐、休闲、交际等各种服务于一体的经营性项目群（汪德根，2002）。

（二）体育旅游概念重构

1. 体育旅游概念重构的相关学说

经过近二三十年的研究，国外学者从多个方面提出对体育旅游概念的相关理论论证。

从社会文化的角度分析体育旅游概念，有代表性的是将休闲研究的制约原则运用于体育旅游研究。体育旅游的制约主要体现在三个方面：①从参加者的角度来看，体育旅游活动种类分为观看比赛型、参与活动型和怀旧型。②从吸引因素角度来看，首先吸引人开展体育旅游的是人的因素，表现为人在离开家出行的过程中寻求休闲体验；其次是休闲体验产生的地点因素，表现为休闲地对体育活动带来的吸引。③从体育和旅游的相互制约因素来看，体育和旅游缺少系统性的合作是主要的制约因素，主要体现在旅游是一种系统的经济运作现象，而体育则介于经济现象和非经济现象之间，这导致了体育旅游的发展受限于缺少系统的培训和管理。②

体育和旅游已经是两个相对成熟的学科，因此对于借鉴母学科的研究来分析体育旅游，国外学者也提出了一些观点。借鉴社会学的角色理论来分析体育旅游参加者的角色分类，Green 和 John 论证了旅游者参与体育旅游是对常规生

---

① 杨强．中国体育旅游研究20年：述评与展望［J］．中国体育科技，2011，47（5）：92.

② HEATHER GIBSON. Sport tourism：concepts and theories［M］. New York：Taylor and Francis Group Ltd，2006：12－13.

活不满意的补偿或替代。也有学者从市场化的角度审视体育旅游，主要关注的是体育旅游的服务质量，以及体育旅游政策的制定。

2. 体育旅游概念的逻辑分析

结合上述学者对体育旅游概念的相关学说，本书采用逻辑学的方法对体育旅游的概念进行分析。

（1）体育旅游概念的定义规则。

金岳霖在《形式逻辑》一书中说道："在分类规则中，一个大类中包含了几个小类，这个大类就叫属，这些小类就叫做种。"[①] 根据形式逻辑的下定义规则：把被定义的概念放在它最邻近的属概念里，并且指出它和同一个属概念下的其他种概念之间的差别，即"种差"。事物属的概念反映了该事物的本质，而种差的概念则反映了该事物种概念的本质属性。这个分类规则可以表达为：

（被下定义的）概念＝种差＋邻近的属

（2）体育旅游概念的本质。

要运用形式逻辑的规则来定义"体育旅游"的概念，首先需要明确的是它最邻近的属。由于"体育旅游"这一名词本身就是"体育"和"旅游"两个独立的词汇构成，因此在确定其属的时候也存在不同意见。从前面列出的国外的概念列举和中国的概念归纳，我们可以看到认为邻近的属为"旅游"的占多数，认为邻近的属为"体育（运动）"的也有一些。另外，还有第三种观念，即更多强调"体育"和"旅游"两者共同的东西。例如，Mike Weed 等认为体育旅游是不同的人在特殊场所的相互交往过程中衍生的一种社会、经济和文化现象。国内研究者汪德根认为体育旅游是以体育资源和一定的体育设施为条件，以旅游商品的形式，能为旅游者在旅行游览过程中提供融健身、娱乐、休闲、交际等各种服务于一体的经营性项目群。汪德根提出的"经营性项目群"实质上是一种经济现象。

纵观上述多种概念，主要矛盾指向体育旅游到底是"体育为形式的旅游"还是"旅游为形式的运动"的争论，这一点在中外的情况是比较一致的。很多研究者试图划清"体育""旅游""体育旅游"三者之间的界限。但是，Mike Weed（2008）提出了不同的看法，他指出"应该审视体育和旅游的共同特征，从这些特征中建立对体育旅游的理解"[②]。这一观点和笔者确定"体育旅游"的

---

① 金岳霖，等．形式逻辑学简明读本［M］．北京：中国青年出版社，1979：19.

② MIKE WEED. Sport & tourism：a reader［M］．London：Routledge，2008：16.

属概念的意愿不谋而合。体育被广泛认为是普及度最高的社会现象，而世界旅游组织认为旅游是最广泛的社会经济活动。[①] 因此，要找到两者的关联性，本书倾向于认同其属概念应为“社会、经济、文化现象”。

（3）体育旅游概念的本质属性。

在界定了属的基础上，要区分的是种差。种差反映了该事物即种概念的本质属性。

在综合西方学说研究成果的情况下，可以归纳出在社会、经济、文化现象中体育旅游区别于其他种的特性：①异地性。从地点来看，参加者需要离开常规的生活方式和地点。②体育活动的相关性。从参与形式来看，所有活动都须与体育活动相关。③休闲体验性。从精神层面来看，参加者能获得休闲的体验。④从参与目的来细分，可分为观看比赛型、参与活动型、怀旧型的体育旅游。⑤参与的过程中可能涉及商业行为，也可能不涉及商业行为。

（4）体育旅游概念的界定。

综上所述，本书将体育旅游概念定义为：体育旅游是人离开常规的生活方式和地点，以观看体育比赛或参与体育活动或体育怀旧为目的，在商业或非商业行为中获得休闲体验的社会、经济、文化现象。

（三）相近概念辨析

1. 探险旅游

探险旅游的英文是“Adventure Tourism”，Buckley（2006）将其定义为：“探险旅游是有人引导的商业旅游，它的主要吸引物是依托自然环境特征的、需要特殊体育或者类似设备支持的、令游客激动的室外活动。”[②]

Paul Beedie（2003）认为学术界对探险旅游的定义探讨过少，于是抛砖引玉，提出个人的看法，认为探险旅游应该包括下述内涵：①有游客的亲身参与；②有企业的参与。[③] 他理解的探险旅游按照资源可以划分为五大类（详见图 2-1 所示），其中山体探险旅游推动探险旅游向深度发展。

---

① SIMON HUDSON. Sport and adventure tourism [M]. New York: The Haworth Hospitality Press, 2003: 3.

② 邹统钎，高舜礼，等．探险旅游发展与管理［M］．北京：旅游教育出版社，2010：2.

③ SIMON HUDSON. Sport and adventure tourism [M]. New York: The Haworth Hospitality Press, 2003: 208-209.

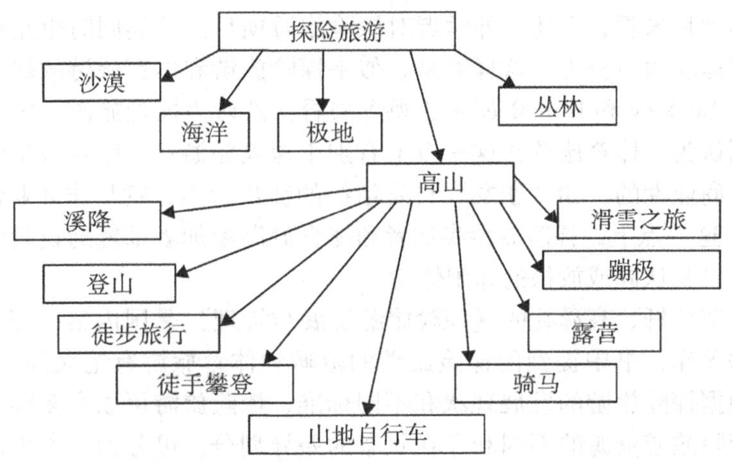

图2-1 探险旅游分类（Paul Beedie，2003）①

威尔士旅游局于2002年发布的《行动中——威尔士探险旅游发展策略》报告中对探险旅游的分类如下：①登山、攀岩、岩降、抱石横移、渡海、沙滩跑；②探洞和山洞探险；③非机动水上项目：航海、风帆冲浪、（微风时使用的）高而轻的帆冲浪、划船、皮艇、漂流、冲浪；④机动型水上项目：气滑板、滑水、滑水板、花样滑水；⑤潜水；⑥机动车运动：四驱越野、摩托车越野、四轮车越野；⑦空中运动：悬降、滑翔伞、机动滑翔伞、速降；⑧山地自行车：自行车越野、下山骑行；⑨山地健走/跋涉；⑩其他陆地活动：旷野徒步、溯溪、滑雪、雪橇、陆地游船、四轮赛车、蹦极、彩蛋球游戏、射箭、飞镖、空中绳索锻炼。②

Fluker和Turner认为探险旅游是主动式体育旅游的一部分，虽然有人对此观点存在质疑，但Brent W. Ritchie和Daryl Adair赞同从宏观的角度来定义体育旅游。③ Lisa Delpy Neirotti更是直接将探险旅游划为体育旅游的下位概念。Paul Beedie则认为探险旅游具备两个特征：一是探险旅游包含游客的亲身参与，二是探险旅游是由企业规划。④

---

① SIMON HUDSON. Sport and adventure tourism [M]. New York: The Haworth Hospitality Press, 2003: 204.

② 维德，布尔. 体育旅游 [M]. 戴光全，朱竑，译. 天津：南开大学出版社，2006：3，228.

③ BRENT W RITCHIE，DARYL ADAIR. Sport tourism：interrelationships，impacts and issues [M]. Bristol：Channel View Publications，2004：9，11.

④ SIMON HUDSON. Sport and adventure tourism. [M]. New York：The Haworth Hospitality Press，2003：208-209.

从活动项目来看，上述国外学者对探险旅游项目的分类同时也是体育旅游论及的常规运动项目分类，这样看来，似乎探险旅游和体育旅游的研究对象十分接近。从 Buckley 和 Paul Beedie 的观念来看，都认为探险旅游一定是商业性的。本书则认为，体育旅游在这一点上有别于探险旅游——体育旅游既有商业性的也有非商业性的，如“驴友”自发组织的徒步行为，就是非商业性的。而在“体验”这一点上，探险旅游参加者和体育旅游参加者都能通过身体活动获得或激动或自我认同或放松的休闲体验。

另外，邹统钎、高舜礼的《探险旅游发展与管理》是国内第一部系统研究探险旅游的著作，书中提到的探险旅游的范畴和体育旅游有绝大部分的交集。该书认为根据探险旅游的发展现状和不同标准，探险旅游可以有多种分类。例如，根据探险旅游资源的不同和存在状态的差异划分，可分为：①山体探险旅游（如登山探险、峡谷探险、攀岩探险、崖降探险、徒步探险、滑雪探险、雪地驾驶探险等）；②水体探险旅游（如海洋探险旅游、海底探险旅游、冲浪探险旅游、环球航海探险旅游、漂流探险旅游、湖泊探险旅游、潜水探险旅游、独木舟探险旅游、海底潜水艇探险旅游等）；③生物探险旅游（如原始森林探险旅游、观鸟探险旅游、观鲨鱼探险旅游、狩猎探险旅游、垂钓探险旅游等）；④洞穴探险旅游（如喀斯特洞穴探险旅游、古墓探险旅游、水下洞穴探险旅游、树洞探险旅游、雪屋探险旅游等）；⑤沙漠探险旅游（如徒步穿越沙漠探险旅游、沙漠自驾车探险旅游、沙漠骆驼竞赛旅游等）；⑥空中探险旅游（如热气球环球探险旅行、空中跳伞探险旅游、滑翔伞探险旅游、太空探险旅游等）；⑦其他探险旅游。[①]

从上述概念的划分中不难看出，探险旅游和体育旅游的概念有重合部分，尤其是涉及身体活动或以体育为载体开展的活动。

2. 户外运动

从广义上来讲，“在非人工的自然环境中的空间位移”都可以称为户外运动。狭义的户外运动是指“在自然场地（非专业场地）开展的体育活动”。因此足球、高尔夫等在人工专门场地上举行的室外运动不在户外运动之列。根据这个定义，户外运动可划分为陆地户外运动、水上户外运动和空中户外运动。[②]马志冰认为目前普遍开展的户外运动项目，大体可以分为山地运动（包括登山、攀岩、攀冰、登山滑雪、绳降、山地纵走、山地自行车、探洞、山地越野等）、峡谷运动（包括漂流、溯溪、溪降、攀瀑等）、各种地形的穿越、野外生存及

① 邹统钎，高舜礼，等．探险旅游发展与管理［M］．北京：旅游教育出版社，2010：5－6.

② 陶宇平．户外运动与拓展训练教程［M］．成都：电子科技大学出版社，2006：1－2.

野外拓展等几大方面。[①]

李红艳对户外运动的相邻概念进行了区分[②]，具体内容见下表。国内外对于这些概念都存在不同的定义和分类，其中一些概念含有重合部分，例如体育旅游、户外运动和探险旅游，因此简单认定其活动具有组织性本身就带有主观色彩，通过一两种定义就判定某一定义的核心内涵也是以偏概全的做法。但是李红艳对户外运动和体育旅游概念的区分具有一定的说服力："①户外运动更强调身体力行或者参与性，而体育旅游也可以是被动性参加活动。②户外运动是以运动为主，强调活动的效益性，即身体锻炼效果，而旅游多以观光和娱乐为主。"[③]但是第三条论断则缺少信服力："③户外运动需要一定的专业知识、技能以及装备。"因为在参与性体育旅游中知识、技能和装备都是不可或缺的条件，因此这一条并非户外运动和体育旅游的差别。

表 2－2　户外运动相近几个概念之间相关因素的比较分析

	与自然资源的关系	活动组织性	活动条件要求	活动体验
户外运动	有密切联系	不明确	有一定专业要求，包括装备、技术、身体条件	具有一定的冒险性和挑战性
自助旅游	一般	参加者有充足的自主性	一般	一般
极限运动	一般	不明确	有较高的身体和心理条件要求	高刺激性、强烈的体验性
探险运动	一般	不明确	需要一定的挑战和技巧	较高的挑战性和冒险性
体育旅游	不一定有联系	有一定组织性	一般	一般
拓展训练	不明确	严格的组织性	专门的活动设置	体验目的性明确

从管理的实践看，国家体育总局下属的登山运动管理中心发布了登山及户

① 马志冰．户外运动俱乐部的研究［EB/OL］．(2006－11－22)．http：//www. sport. gov. cn/n16/n1152/n2523/n377568/n377613/n377703/392618. html.

② 李红艳．户外运动的理论和实践研究［D］．北京：北京体育大学，2006.

③ 李红艳．户外运动的理论和实践研究［D］．北京：北京体育大学，2006.

外运动分类，如表2－3所示。

表2－3　登山及户外运动分类表

类别	分类
第一类	初级户外运动，包括户外旅游、远足徒步、健身登山、露营、山地越野
第二类	登山户外运动（3 500米以下），包括自行车旅行、骑马、划船、游泳、拓展运动、人工场地攀岩、山地穿越
第三类	技术型户外运动（3 500米以下），包括定向越野、帆船、帆板、皮划艇、漂流、溯溪、轮滑、绳降、自然场地攀岩、野外生存、山地自行车、场地滑雪
第四类	高海拔户外运动（3 500～6 000米），包括自行车赛、山地自行车、冬季户外运动、攀冰（包括低海拔地区）、沙漠穿越
第五类	高山探险（6 000米以上），包括登山滑雪、极地探险、洞穴探险

我国目前的现实情况是国家体育总局下属的登山运动管理中心成立户外运动部，专门负责户外运动的竞赛和行业规范的制定。而国家体育总局下设专门的水上运动管理中心，是赛艇、皮划艇、帆船、帆板、潜水、滑水、摩托艇等极限运动项目全国性单项运动协会的常设办事机构，具有对其运动项目全面管理的职能。这个划分是否有利于户外运动的管理和规范，需要进一步探讨。

对于水肺潜水和冲浪等活动是否属于户外运动，德国则给出了不同的界定。根据德国联邦自然保护局下属的户外运动和环境部（Federal Nature Conservation Agency，the Institute of Outdoor Sports and Environment）于2004年的统计，新增的项目中风筝冲浪属于户外运动项目的一种。在对传统户外运动的分析统计中，皮划艇和独木舟、水肺潜水、冲浪、航海都被列为户外运动类别。2008年欧洲户外运动从业者联合会（the European Confederation of Outdoor Employers）在一份汇报中就户外运动从业者开展工作的问题进行了专门的阐述，其中涉及滑竹筏侵权事件的分析。由此可见，户外水上运动在欧洲不仅是户外运动的一种，而且它的风险和争议还归属于户外运动管理部门的管理范畴。

对比国内外的分类，不难发现，国家体育总局分设登山运动管理中心和水上运动管理中心，这种机构设置便于分类管理，但是机构名称容易引发认识偏差，如将户外运动等同于登山运动的民间机构或民众就不在少数。搜索民间户外组织的网站，经常看到挂着“户外运动”的旗号，但是只开展登山、徒步等和山体有关的户外活动，这是由我国目前体育旅游市场培育还在进行中的现实状况决定的，但是也容易引发普通民众对户外运动的定义认知模糊或者简单化理解。

另外，“驴友”也是户外领域常见的网络用语，其产生于21世纪初，从“旅友”的谐音引申而来。这是一种约定俗成的称谓，但是究其本意，“驴友”并非泛泛指代旅游者，而是通过户外组织或者网络结伴开展户外探险运动的人。

3. 极限运动

从1986年尧茂书等的“长江第一漂”开始，至今极限运动在中国已存在二十多年，但是学术界对其定义的研究乏善可陈。

斯迪虎定义极限运动是“一种强调人与自然的融合，通过对运动器械的掌握和控制，最大限度地发挥生命潜能，在挑战自我和自然的过程中，获得身心健康愉悦、满足新鲜刺激感、实现个人价值的新兴休闲运动”①。而且极限运动没有固定或专门的场地，主要在城市街区和大自然环境中进行。

从极限运动的鼻祖追根溯源，它产生于二十世纪五六十年代的美国，英文名称为extreme sports，也被称为free sport（自由运动）、action sport（行为运动）或adventure sport（探险/冒险运动）。维基解密基于三本字典（*Webster's New Millennium Dictionary of English*、*The Nathan Kramer Heritage Dictionary of the Japanese Language*、*The Oxford Pocket Dictionary of Current English*）的辞源对其定义，综合分析认为“极限运动是一项流行称谓，指那些具有很高潜在危险性的运动的总称”②。

极限运动虽然自产生后经历了几十年发展，积聚了越来越多的爱好者，但直到1995年被商业化运作，通过电视转播极限运动比赛现场才在欧美受到热捧。转播的极限运动比赛主要分三类，如表2－4所示。

表2－4　极限运动分类表③

类别	项目
夏季赛季	极限摩托、拉力赛车、滑板、小轮车
冬季赛季	滑雪、单板滑雪、雪地摩托
其他	登山、道路雪橇、雪铲比赛、冬季自由式极限摩托、冲浪、急速下山滑雪、滑水、天空冲浪、蹦极、摩托越野、赤脚滑水跳跃等

① 胡小明，虞重干．体育休闲娱乐理论与实践［M］．北京：高等教育出版社，2004：238.

② Extreme Sport［EB/OL］．［2012－03－11］．http：//en. wikipedia. org/wiki/Extreme_ sport.

③ 根据http：//en. wikipedia. org/wiki/X_Games所列美国电视转播的极限运动赛事项目进行归纳。

结合前面对体育旅游的分析，极限运动和体育旅游的差别有三：①从运动项目来区分，极限运动被包含于体育旅游运动项目中，体育旅游运动项目还包含非极限运动。②从地点来区分，极限运动没有地点限制，家门口的街道就可以是开展极限运动的场所，如道路雪橇。而体育旅游必须是在异地，有旅游的性质。③从运动体验来区分，极限运动带来的是高危险下的刺激感受，而体育旅游的体验根据项目的不同而不同，不仅有高危险下的刺激体验，也有放松的休闲体验。

（四）本书研究对象的确立

从运动项目来说，体育旅游涵盖的运动项目包括户外运动、极限运动、休闲运动的部分项目。从运动的异地性来说，体育旅游强调了异地，而探险旅游、户外运动、极限运动、休闲运动也包括了在常规生活地开展的运动。从参与形式来说，体育旅游不仅包括主动参与的运动项目，也包括被动参与的运动形式如观看体育赛事等。体育旅游的类别与特性可以通过下图表示：

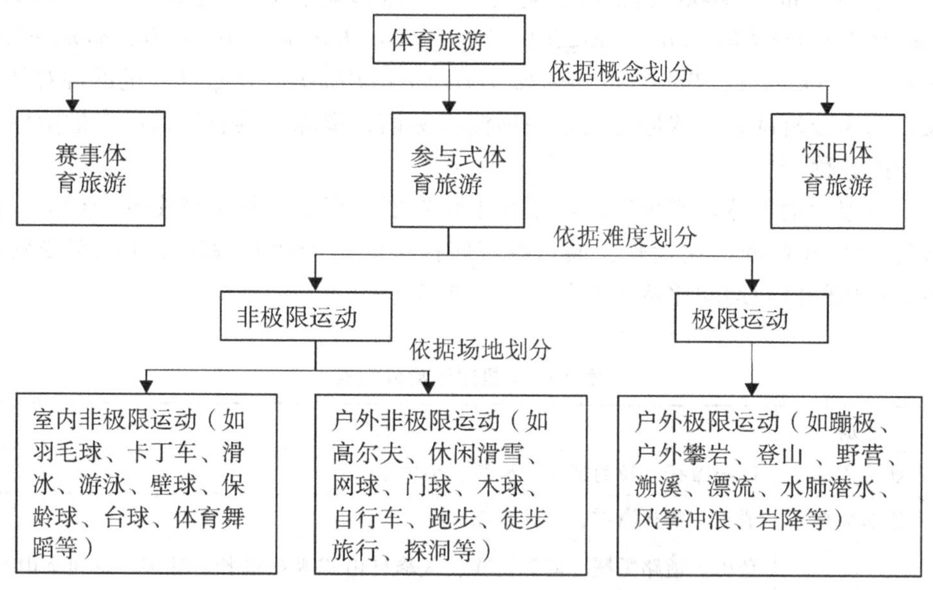

图 2－2　体育旅游与相近概念的包含关系

对此图有必要补充说明：①此图只针对体育旅游研究中最容易混淆的相关概念来进行划分。②依据上文定义，体育旅游参加者要能获得休闲体验，而运动员参与异地体育赛事的行为不是为了获得休闲的体验，故不属于体育旅游范畴。

③极限运动更多是在室外利用自然场地并运用运动器械所进行的运动，很少有在场馆内开展，因此极限运动多为户外开展的运动。④参与式体育旅游即前文所指主动型（Active）体育旅游，赛事体育旅游即被动型（Passive）体育旅游。

从此关系图分析来看，体育旅游包含的运动项目繁多，这些运动项目有的产生时间已久，有的诞生时间不长。作为单一的运动项目，人们研究更多的是有关其历史、体验性、项目开发等问题，但是作为体育旅游来讲，其旅游的本质决定了对其合理的管理规制是其发展的根本。目前国内对体育旅游开发的关注者颇多，体育旅游的长远发展也有赖于市场的规整。

因此下面的章节将着重从体育旅游的核心法律问题入手开展研究。如何界定体育旅游的核心法律问题？这里将分别对体育旅游的三大类进行说明：①参与式体育旅游：此类体育旅游近年来在我国逐年升温，伤亡人数也有很多，其管理规范和责任承担等都是亟须关注的问题。②赛事体育旅游：在我国，随着2008年北京奥运会的顺利举行，学术界也开始关注赛事体育旅游的相关法律问题。但是据体育旅游专刊 *Journal of Sport and Tourism* 的一篇研究报告指出，学术界目前研究的关注点主要在针对国际体育赛事旅游的“风险认知”和“暴力事件风险”等“社会心理风险”的研究。[①] 对赛事体育旅游暴力事件防范机制的研究较为鲜见，如赛事体育旅游管理专论 *Strategic sports Event Management: An International Approach* 也只是重点论述管理策略和财务问题，对安全和责任承担等问题没有重点介绍。[②] 况且赛事体育旅游多为跨国性事件，非目前我国体育旅游发展初级阶段的研究重点。③怀旧体育旅游：其法律问题尚不突出。故本书涉及的体育旅游法律问题研究主要针对第一类，其他两类本书不作论述。

对于体育旅游的三大类别——赛事体育旅游、参与式体育旅游和怀旧体育旅游，本书的研究对象为参与式体育旅游，不涉及赛事体育旅游和怀旧体育旅游。

二、体育旅游分类

中国学界研究体育旅游的时间不长，1991 年出现第一篇以体育旅游为主题的文章[③]，2000 年至 2017 年间相关研究成果数量阶段性递增（相关研究数量在 2000 年之前每年仅为个位数，2000—2004 年每年几十篇到 100 篇，2005—2010

---

① MIKE WEED. Global trends and sports tourism [J]. Journal of sport and tourism, 2009, 14 (1): 3 –4.

② GUY MASTERMAN. Strategic sports event management: an international approach [J]. Journal of sport and tourism, 2007 (2): 53 –56.

③ 刘杰. 论体育旅游 [J]. 哈尔滨体育学院学报, 1991 (9): 28.

年每年在300篇到600篇，2011—2016年每年在700篇到800篇，而2017年数量增加到1 015篇）。虽然十几年来研究论文数量呈上升趋势，但学术界对其认识和接受度仍旧处于起步状态。其概念、分类、理论等基础研究尚比较模糊，具体哪些社会、经济、文化现象属于体育旅游的范畴也尚未有定论。这就造成了目前其分类和相近概念的混乱不清。本书从中西比较的角度展开对体育旅游分类标准的研究，在分析我国体育旅游特性和分类问题的基础上，借鉴西方体育旅游分类研究的经验，以推进我国体育旅游分类的跨学科整合及细化。

（一）体育旅游国外分类

英国、美国、加拿大、澳大利亚等国研究者对体育旅游分类的研究始于20世纪90年代。基于不同的分类标准，他们对体育旅游进行了以下几种不同的分类：按体育旅游参与度进行分类、按体育旅游供给进行分类、按“三分法”进行分类。

1. 按体育旅游参与度进行分类

英国研究者Gammon和Robinson倾向于将体育旅游参加者分为“硬性”参加者和“软性”参加者。前者指旅行者或主动或被动地参加竞技运动的旅行，旅行的主要动机就是运动。后者指旅行者主要是体验娱乐和休闲，而不是为了竞技运动。①

英国研究者Joy Standeven和比利时研究者Paul De Knop则认为体育旅游包括参与“被动性”体育节假日活动，如体育事件或体育博览，也包括参与“主动性”体育节假日活动，如水肺潜水、自行车运动、高尔夫，以及介于体育和旅游之间的主题活动。②

上述两种不同的体育旅游分类，都是以参与度作为分类依据，“主动性”“被动性”的体育旅游是以是否参与身体运动为标准，而“硬性”“软性”体育旅游是以运动体验参与度为标准。1999年美国研究者Pitts也将体育旅游分为两种，同Joy Standeven和Paul De Knop的分类类似，以是否参与作为标准，但是名称上更直观。Pitts将体育旅游分为两类：参与式体育旅游（Sports Participation）和观赏式体育旅游（Sports Spectatorial Travel），分类依据是旅游的目的是参与还是观赏运动、娱乐、休闲或健身项目。

---

① BRENT W RITCHIE，DARYL ADAIR. Sport tourism：interrelationships，impacts and issues［M］. Bristol：Channel View Publications，2004：8.

② BRENT W RITCHIE，DARYL ADAIR. Sport tourism：interrelationships，impacts and issues［M］. Bristol：Channel View Publications，2004：8.

Joy Standeven 和 Paul De Knop 根据游客对体育活动的爱好程度形成了对体育旅游的概念性分类，主要分为以下类别，如表 2 – 5 所示。

表 2 – 5 体育旅游活动分类①

分类	例举
体育活动节假日： 单一项目的体育活动节假日 混合项目的体育活动节假日	滑雪、自行车、徒步旅行、体育野营、假日俱乐部（如地中海俱乐部②）
节假日体育活动： 有组织的节假日体育活动 独立的节假日体育活动	高尔夫、漂流、邮轮体育活动、探险活动（如蹦极）
节假日开展的被动体育运动： 鉴赏型观众 休闲型观众	奥运会、高尔夫大师锦标赛、温布尔登网球公开赛、肯塔基赛马、博物馆、名人堂、球场之旅、爱尔兰曲棍球、泰拳、西班牙斗牛
非节假日开展的主动性体育运动	训练营、商业及会议旅游中的娱乐体育运动
非节假日开展的被动性体育运动	观赏香港商业性龙舟锦标赛

这种分类仍然是按参与度分类，不过不是单纯的运动参与度，而是同时引入了参与时间的因素。

上述分类法的贡献在于在 20 世纪 90 年代开了关于体育旅游深度研究的先河，对体育旅游的基础问题之一——体育旅游分类作出了探讨，其倡导通过参与度来划分体育旅游的分类标准体现了运动参与方式在旅游中的重要作用。不足之处在于，在西方国家，竞技运动和大众运动是体育运动的两个核心，而体育旅游却是包括了竞技运动观赏和休闲运动参与两种类型的综合性旅游方式。因此，上述划分中竞技运动和非竞技运动的区分并不明显。

2. 按体育旅游供给进行分类

加拿大体育旅游国际协会的 Joseph Kurtzman 给出了更为详尽的分类，详见表 2 – 6。他的分类纵向上从体育旅游供给类型出发进行分类，横向上则考虑了

① THOMAS HINCH，JAMES HIGHAM，Sport tourism development [M]. Bristol：Channel View Publications，2004：38.

② Club Méditerranée，俗称“地中海俱乐部”，为法国在世界各地建立的连锁度假型俱乐部，1950 年由前比利时水球冠军 Gérard Blitz 建立，该俱乐部以一站式度假和涵盖各种体育运动项目而闻名。

体育旅游目的地因素，以及体育旅游参与形式的因素。

表2－6　体育旅游分类和例证①

景点旅游	度假胜地	游轮旅游	观光旅游	赛事旅游
体育博物馆/名人纪念馆	钓鱼/狩猎度假胜地	体育名人主题的游轮旅游	高尔夫/网球/水肺潜水观光旅游	区域性/全国性/国际性体育赛事
国际性运动项目	露营装备店	高尔夫主题的游轮旅游	遗址观光旅游	冠军赛/冰壶比赛/交锋赛
体育遗址	滑雪/高尔夫/水肺潜水/网球度假胜地	网球主题的游轮旅游	体育学习观光旅游	马拉松/橄榄球邀请赛
国际体育代表大会	健康/健身水疗中心	浮潜主题的游轮旅游	登山观光旅游	职业联赛、锦标赛
体育集会	可举办体育研讨会或会议的度假胜地	以多种运动项目为主题的游轮旅游	设备/营地观光旅游	友谊赛
体操展示	体育梦想度假营	运动景点探访	狩猎游戏	世界杯
运动冰雕/运动艺术	体育诊所/度假营	钓鱼运动	参与多样化运动的观光旅游	帆船赛/汽车拉力赛
主题公园	培训度假营	深海钓鱼	篮球参与旅游	赛马
蹦极	排球度假营	摩托艇比赛	足球参与旅游	体育节
白水漂流	篮球学校	划船/航行	培训旅游	奥运会/亚运会/泛美运动会
高尔夫球场	足球学校	包游艇旅游	自行车/步行旅游	英联邦运动会/欧洲运动会
滑雪设施	夏季运动营	租赁空船	滑雪游览	世锦赛
水滑梯	多种运动项目度假胜地	纸牌主题的游轮旅游	户外游览	单一运动赛事/比赛

① JOSEPH KURTZMAN. Sports tourism categories［J］. Journal of sport and tourism，2005，10（1）：20.

（续上表）

景点旅游	度假胜地	游轮旅游	观光旅游	赛事旅游
人造波浪池	娱乐/体育露营		徒步观光旅游	龙舟竞渡/赛骆驼/苏格兰长木桩投掷比赛
体育场/竞技场			探险考察活动	滑雪、驴跳车、极限篮球等休闲运动

Joesph Kurtzman 于 2000 年按照体育旅游的供给因素，进一步细化了体育旅游分类，将其划分为景点旅游、度假胜地、游轮旅游、观光旅游、赛事旅游、探险旅游六类，如表 2－7 所示。

表 2－7 体育旅游分类及项目列表①

体育旅游分类	自然或人工场地及运动项目
景点旅游	①喜马拉雅； ②澳大利亚蓝山； ③运动遗产场地（如位于大不列颠 Rugby 的英式橄榄球诞生地）； ④名人堂（如位于 Cooperstown 的棒球名人堂）； ⑤体育博物馆（如位于 Lausanne 的奥林匹克场馆）； ⑥体育馆（如位于 Twickenham 的 Lords 体育馆）； ⑦体育主题公园（如迪士尼环球体育主题公园）； ⑧独立的运动设施（如室内夏季溜冰场）
度假胜地	①冬季滑雪度假胜地（如加拿大的 Whistler 度假胜地）； ②夏季滑雪度假胜地（如澳大利亚的 Thredbo 度假胜地）； ③体育假日别墅、综合性的度假胜地、康体健身俱乐部； ④体育训练设施（如 Thredbo 高海拔训练设施）

① BRENT W RITCHIE，DARYL ADAIR. Sport tourism：interrelationships，impacts and issues［M］. Bristol：Channel View Publications，2004：10－11.

（续上表）

体育旅游分类	自然或人工场地及运动项目
游轮旅游	①通过海上航行参与体育旅游（如到大堡礁潜水）； ②甲板体育运动设施； ③举办体育界人士会议
观光旅游	体育馆、名人堂、体育主题公园、体育设施、体育赛事观光旅游
赛事旅游	①大型的、标志性的、主要的或当地的体育赛事； ②奥运会、温布尔登网球公开赛、伦敦马拉松赛、耐力赛事、各种大师赛、每周橄榄球联盟、英式和美式足球
探险旅游	①泛舟； ②自行车之旅； ③登山和徒步旅行； ④滑雪旅游； ⑤高尔夫旅游； ⑥水肺潜水

这一类综合型的分类法，其贡献是倡导按供给类型进行分类，全面梳理了体育旅游的外延，但也存在问题。首先，分类类型过于“综合”造成类型之间产生交集，如“观光旅游”和“赛事旅游”都包括了体育赛事观赛旅游。其次，小类的划分依据种属关系模糊。如 Joesph Kurtzman 的分类中，“景点旅游”和“度假胜地”两个小类是依据不同体育旅游的目的地来划分；而“游轮旅游”的移动特性使其很难归属目的地；“探险旅游”就更加与目的地无关，是依据感官体验类型来划分。

3. 按“三分法”进行分类

美国研究者 Gibson 认为体育旅游应分为三类：积极体育旅游、赛事体育旅游和怀旧体育旅游。Brent W. Ritchie 和 Daryl Adair 认同这种划分，并根据前人的研究成果，将参与式体育旅游划分为滑雪、自行车旅游、探险旅游、大师赛等主动参与的体育事件，将怀旧体育旅游划分为体育名人堂参观游、体育场馆和设施游、游轮或度假胜地等由体育专业人士参加的主题假日。赛事体育旅游即与大型体育赛事有关的旅游。①

---

① BRENT W RITCHIE，DARYL ADAIR. Sport tourism：interrelationships，impacts and issues［M］. Bristol：Channel View Publications，2004：9 – 13.

体育旅游研究的权威杂志 *Journal of Sport and Tourism* 也认可“三分法”，只是西方研究者将研究重点放在赛事体育旅游上，另两类研究偏少。Mike Weed 在 2008 年就指出西方体育旅游研究的偏重行为，并在 2012 年重新强调要重视体育旅游经验研究，即倡导对参与式体育旅游的研究。①

这一分类法在前人基础上化繁为简，既解决了按“参与度”分类中参与和观看竞技运动赛事难以并存的困惑，也使按“供给”分类中各个项目之间的矛盾得到化解，且这一分类法能囊括所有的体育旅游项目，算是目前体育旅游分类研究中得到较多认可的分类法。

（二）体育旅游国内分类

西方国家体育旅游的研究者一般来自“体育、休闲和旅游（三者顺序可能因校而异）”学院或者专业，因而体育和旅游学科的合作更紧密，使得对体育旅游的分类研究更容易从两者的关系入手进行分析。而国内体育和旅游是两个分别独立的不同的学科群，彼此之间的学科关联度不够。体育旅游的研究者一般也具有不同的母学科背景，因此较之西方研究，我国体育旅游的分类结果既受研究者个体差异影响，也存在学科影响。研究者倾向于以自身专业的角度作为标准，如旅游学者比较倾向于从资源的角度进行分类，而体育学者倾向于从参与方式的角度进行分类。

1. 按体育旅游参与目的和形式进行分类

吴必虎将体育旅游分为一般体育旅游项目和专门体育旅游项目，把“游泳、网球、保龄球及各种健身器械等经常附加于旅游宾馆和度假胜地的体育活动称为一般体育旅游项目，而高尔夫、滑雪等可以独立开展的活动则作为专门体育旅游项目”②。这种分类中所说的一般体育旅游项目和专门体育旅游项目实际上都是指游客亲身参与程度高的项目，类似上述“三分法”中参与式体育旅游的范畴。而如环青海湖自行车赛、奥运会、亚运会、马拉松等赛事带动的旅游则没有囊括其中。

汪德根等对体育旅游的分类以“休闲、健身、观战、刺激、竞技、其他”为分类标准（参见表2－8）。这种分类标准按照参与的目的和形式进行了体育旅游项目的划分。但是其市场产品的举例则存在矛盾之处。矛盾一是“休闲”和“健身”体育旅游项目的界定不是绝对的。休闲和健身是运动的两种不同的

---

① MIKE WEED. Researching experiences of sport and tourism［J］. Journal of sport and tourism，2012，17（2）：79.

② 吴必虎. 区域旅游规划原理［M］. 北京：中国旅游出版社，2001：277.

目的，但是也存在交集，例如下表中潜水属于健身体育旅游，但潜水既包括难度大的水肺潜水，也包括难度低的浮潜。浮潜的参与门槛低，参加者众多，很多游客并非出于健身的目的，而是视其为运动休闲项目。还有三亚的水肺潜水，即便是没有基础的游客，也可以在简短培训后由教练带领下到几米深的水下进行水肺潜水，这种类型的潜水也不是出于健身的目的。矛盾二是“其他”类别的划分和前面存在交集。例如徒步旅游也是休闲体育旅游的一种、热气球邀请赛旅游也属于竞技体育旅游。矛盾三是表中所列竞技体育旅游项目也可以是非竞技目的。例如滑翔伞和滑雪，除了以竞赛为目的参与其中，国内也有滑翔伞俱乐部、滑雪场地提供非竞技性的体育旅游选择。综上所述，这一分类法大体是按参与程度划分，但是在产品市场分类上则存在太多矛盾之处，有些项目不能简单划分在相应归属上。这是其主要的问题。

表2-8　体育旅游市场细分①

体育旅游细分市场	细分市场产品
休闲体育旅游	钓鱼、登山、冲浪、骑马、打高尔夫球、跳舞、游泳等
健身体育旅游	打保龄球、打网球、健美、溜冰、打台球、潜水、打羽毛球等
观战体育旅游	观看奥运会旅游、观看亚运会旅游、观看世界杯旅游、观看NBA旅游、观看其他大型球赛旅游、观看其他大型运动会旅游等
刺激体育旅游	探险旅游、海底旅游、沙漠旅游、狩猎旅游、激流旅游、攀岩旅游、高山探险、森林探险、秘境旅游等
竞技体育旅游	帆船、滑雪、射箭、滑翔伞等
其他	参加各种大型体育赛事旅游、武术旅游、徒步旅游、热气球邀请赛旅游、冰雕雪橇旅游、沙漠汽车拉力赛旅游、骑骆驼旅游等

闫立亮（2010）认为体育旅游可分为五类：观光型体育旅游、竞赛型体育旅游、度假型体育旅游、健身娱乐型体育旅游、拓展型体育旅游。② 方洪（2012）持类似观点，认为体育旅游应分为四类：一是观光型体育旅游；二是

① 汪德根，陆林，刘昌雪．体育旅游市场特征及产品开发［J］．旅游学刊，2002（1）：50.

② 闫立亮．环渤海体育旅游带的构建与大型体育赛事互动的研究［M］．济南：山东人民出版社，2010：29.

竞赛型体育旅游；三是度假型体育旅游；四是拓展型体育旅游。①

2. 按体育旅游资源进行分类

袁书琪、郑耀星（2003）按照体育旅游资源的特征进行分类。他们认为，体育旅游是一大类旅游的总称，明确体育旅游的特性，是研究体育旅游资源和分类的前提，而其特性主要体现在观光性与参与性的区分、专项性与综合性的整合、生态性和人文性的统一。依据此特性，体育旅游资源可以划分为自然和人文两大类，如表2-9所示。

表2-9 体育旅游资源分类体系②

大类	主类	亚类
自然体育旅游资源	地文体育旅游资源	体育活动山地；体育活动沙石泥地；体育活动洞穴；体育活动岛礁；地质突变探险地
	水域体育旅游资源	体育活动峡谷；体育活动水体
	生物体育旅游资源	体育活动林地；体育活动草地；狩猎场
	自然现象体育旅游资源	体育旅游气候；体育旅游水文
人文体育旅游资源	体育遗迹旅游资源	体育历史事件发生地；体育用品生产地遗址；军事体育遗址；体育教育文化遗址；体育遗物
	体育建筑与设施旅游资源	军事体育设施；宗教礼制体育活动场所；体育艺术和纪念建筑；体育名人归葬地；体育旅游交通设施；传统体育特色聚落建筑；体育教育科学文化场所；体育用品工厂；体育游憩场所；体育旅游健身运动场所；体育旅游购物场所
	体育旅游商品	地方体育旅游商品
	人文活动体育旅游资源	体育人事；体育团体机构；民间体育习俗；现代体育节庆

注：本表在原表基础上进行了简化。

3. 按体育旅游客源市场进行分类

刘河川于2004年提出从体育旅游业客源市场因素的角度进行分类，如表2-10所示。

---

① 方洪．我国体育旅游分类及可持续发展对策研究［J］．赤峰学院学报（自然科学版），2012（16）：117-118.

② 袁书琪，郑耀星．体育旅游资源的特征、涵义和分类体系［J］．体育学刊，2003，10（2）：35-36.

表 2－10　体育旅游业客源市场因素下的体育旅游分类①

客源市场因素	分类
按体育旅游资源划分	山地项目型：登山、攀岩、越野、高山速降、高山探险、秘境探险、自驾车等； 水上项目型：冲浪、滑水、潜水、帆板、漂流、溯溪、溪降、钓鱼等； 空中项目型：滑翔伞等； 冰雪项目型：滑雪、溜冰、冰帆、雪橇、冰雪雕塑等
按运动强度及危险性划分	休闲健身型、技术竞赛型和冒险刺激型
按体育旅游参加者年龄段划分	老年体育旅游参加者、成年体育旅游参加者、青年体育旅游参加者、少年儿童体育旅游参加者
按体育旅游参加者消费能力划分	豪华型、标准型、经济型
按参与的性质划分	参与性体育旅游参加者、观赏性体育旅游参加者

综上所述，袁书琪、郑耀星等旅游学科的研究者从资源的角度进行划分较具代表性。但分类过细不利于宏观研究的开展。而闫立亮等体育学科的研究者更擅长从运动项目参与方式的角度来进行划分，但是标准的评判力度不够。从本质上看，参与方式的分类侧重从内涵的角度考量，资源的分类侧重从外延的角度考量。而从客源市场进行分类的研究成果则比较小众，只适用于客源市场相关研究而不利于从资源、参加者、管理者等多个角度进行解读。

我国目前体育旅游分类亟须进行整合，首先要面对两个实际问题：首先，是体育和旅游学科间的理解侧重点不同导致的分类标准和体育旅游项目混杂。尽管两个学科的研究者都对参与方式进行划分和探讨，但是，对体育和旅游二者之间关系不能全面地理解，导致划分都有前后矛盾或者分类不清之处。其次，是分类标准过细导致类别之间产生矛盾，难以把握最主要的类别之间的特征和区别。

① 刘河川．对体育旅游业客源市场因素的分类研究［J］．成都体育学院学报，2004，30（1）：34－35.

（三）本书研究的分类

我国体育旅游的分类目前比较混杂，赵志荣看待这一现象时认为“我国对体育旅游的定位过‘杂’，对体育旅游的分类过‘乱’，对体育旅游项目的归属过‘泛’现象较为突出。产生以上现象的主要原因是认识上的感性化明显及缺乏探究精神”①。

我国目前体育旅游分类研究存在的主要问题有：一是对学科的不同认识导致国内分类标准零散杂乱，缺少整合。从2000年以来发表的文章和近年来出版的相关著作来看，研究者来自不同的学科群，母学科的影响导致研究者分类的依据不同。固然，对学术研究来说，差异性能提供不同的角度和观点，促进百家争鸣，但是目前经过十几年的研究，分类这一基础研究的成果仍旧缺少系统的甄别。二是研究者水平参差不齐，对体育旅游概念及分类的研究方法不当，缺少科学合理的研究方法。三是学术环境和态度造成体育旅游研究不能达到理论研究和实践研究共同推进。主要表现在对体育旅游概念、内涵、分类、理论的基础研究都甚少，理论不能用于实践指导。2000年至今，大量标记有地域特色的“某地体育旅游开发研究”的论文、课题层出，但不少研究缺乏合理的理论指导。这也导致研究中以偏概全，以赛事体育旅游或参与式体育旅游的现状简单替代为我国整体体育旅游的现状。

实际上，体育旅游作为国内新兴的体育或旅游学科研究对象，其作为独立领域的学科特征尚不明显，和旅游学科的研究热点“度假旅游”“节事旅游”，还有体育学科的研究热点“运动休闲”“社会体育”之间都存在交集。随着我国休闲时代的逐步到来以及后奥运时代的开启，体育和旅游的联姻带来了我国体育和旅游发展的新契机，值得我们开展更深入的研究。体育旅游研究的对象是包含着众多性质迥异的项目的一个群体，对其细化研究亟须确立科学的分类标准，进行深入的分析。

Gibson主张的“三分法”——积极体育旅游、赛事体育旅游和怀旧体育旅游，这一分类法在国际体育旅游研究群体中的认可度很高，被权威体育旅游研究杂志 *Journal of Sport and Tourism* 所采纳。这一分类法的内涵和外延不存在交集，具有清晰的区分度。

本书选择参与式体育旅游作为研究对象是出于下列考量：①参与式体育旅游安全研究的迫切性。参与式体育旅游的市场已经形成近二十年，其中的安全

---

① 赵志荣．体育旅游认识上的“杂”“乱”“泛”现象及其原因分析［J］．体育学刊，2011，18（4）：60.

隐患问题近年来得到越来越多的关注，也有越来越多盲目涉险的人群加入其中，因此对参与式体育旅游的安全保障进行研究，完善相关的法制化管理制度迫在眉睫。②赛事体育旅游正处于起步中，市场经营比安全问题更引人关注。赛事体育旅游在我国兴起的时间很短，从2008年北京奥运会开始逐渐受到关注。相比安全问题，其市场运作问题更值得研究。虽然大型赛事带动了旅游行为，但是毕竟不像赛事体育旅游已经市场化的国家那样形成成熟市场，普遍意义上的赛事体育旅游市场尚未形成。③我国缺少怀旧体育旅游的文化背景。因此无论是在西方国家还是在我国，对怀旧体育旅游的研究都不是体育旅游的研究重心。上述三个原因即为本书选择研究参与式体育旅游安全问题的出发点。

按照“三分法”的分类来研究我国目前的参与式体育旅游有两方面益处：

1. 有利于深入研究体育旅游的代表性法律问题

参与式体育旅游中，安全保障制度和责任承担制度，是最核心的问题。对主体和准入制度的研究，是为了确立合理的法律主体关系和市场运作规范，这也是和安全保障制度以及责任承担制度息息相关的法律问题。而赛事体育旅游虽然也存在安全的问题，但是它的核心问题为赛事的运作、场馆的维护利用、经济效益的分析、赛事的后续影响等，显然不同于参与式体育旅游的研究重点。对于怀旧体育旅游来说，虽然研究和关注甚少，但是怀旧体育旅游明显不存在前两类体育旅游所涉及的主要问题。因此，按照“三分法”分类，选取参与式体育旅游作为研究对象，有利于深入研究体育旅游的代表性法律问题。

2. 有利于对繁杂的体育旅游项目进行共性研究

体育旅游项目众多，从项目的角度分别研究不无裨益，国内也有少数研究者开始从登山体育旅游的角度进行细化研究。然而就目前国内对体育旅游的总体研究进展而言，对基本的分类存在混淆。赛事体育旅游的研究者没有标示自己的研究属于“赛事体育旅游”，怀旧体育旅游还基本未起步，对户外运动的研究，则在逐渐从赛事体育旅游向参与式体育旅游转向。这种分类的混淆，导致难以对诸多体育旅游项目的共性进行归纳性研究。因此，本书确立参与式体育旅游这一类别为研究对象，强调民众参与体育活动会涉及的主要法律问题，有利于对这一类活动的共性进行概括性的研究。

三、体育旅游历史发展

（一）西方国家体育旅游发展历史

1. 前工业社会时期的体育旅游发展

前工业社会时期指工业革命之前的古希腊、古罗马到中世纪的漫长发展时期。这一时期的体育旅游特点包括：一是在宗教对运动制约的解除中缓慢萌芽，逐渐产生以赛事观赏为主要形式的体育旅游活动；二是早期的体育旅游是仅属于贵族或特权阶层的娱乐活动。

体育旅游在19世纪中叶之前，经过一个漫长的观念变化期。在古希腊，只有贵族才有机会获得体育娱乐。在古罗马，民众参与娱乐则被视为巩固统治的工具。到了中世纪，尽管体育受到宗教的强力压制，但还是得以延续下来。到了工业革命前，游憩行为仍然不能光明正大地传播。对观念的彻底改变，是从工业革命以后贵族阶层对代表积极娱乐和休闲方式的体育赛事的逐渐热衷开始。

在美国殖民时期和拓荒时期，美国人就热衷欣赏业余摔跤比赛、赛跑、射击比赛和赛马。到了19世纪前半叶，"许多体育项目第一次呈现出了强劲的发展趋势"，这一时期的体育旅游主要体现为赛事体育旅游，如"19世纪20年代，出现了多达5万人参加的赛舟会，以及专业的赛跑选手参加5公里和10公里比赛的盛况"。①

这一阶段，到异地亲身参与体育活动获得休闲体验的行为在19世纪中叶之前还没有被广为接受，组织者和参加者更乐于通过组织或观赏体育赛事的方式来体验休闲。

2. 工业革命时期的体育旅游发展

从18世纪英国开始工业革命，到19世纪传播到北美地区，工业革命逐渐发展兴盛，带来的直接影响是资产阶级的工作时间减少、工资福利增加、休闲时间增多。与此同时，殖民时期对游戏的抵制也开始消失。随着工业革命的影响，体育和旅游也逐渐向新的殖民地和新国家扩散。北欧的滑雪，德国的体操，苏格兰高地的体育项目、登山等在不同地区的传播加速。这一时期的体育旅游特点包括：一是伴随着工业革命对社会的改变，参与式体育旅游项目逐渐获得发展；二是随着国家间的交流和传播，地区性体育旅游项目获得广泛传播。

1886年，美国国会立法通过了八小时工作制。随后，19世纪80年代到90

---

① 麦克林，赫德，罗杰斯．现代社会游憩与休闲［M］．梁春媚，译．北京：中国旅游出版社，2010：70.

年代，教会领袖认识到教会不能再武断地惩罚所有形式的游戏。[①] 为提供“神圣的娱乐和游憩”，教会也开始建立体育馆。在这一背景下，美国的参与式体育旅游获得更多人的关注，“19 世纪 50 年代，特别是在上层社会，滑雪成为一种时尚，划船和帆船运动也越来越受关注”[②]。并且，“在 19 世纪的最后几十年中，室外活动成了一种时尚。美国人开始喜欢徒步旅行、爬山、垂钓、狩猎、在国家森林和州立公园里露营”[③]。

从 19 世纪中期到 20 世纪初期，“公共游憩运动”对美国乃至欧洲地区的休闲方式都产生了巨大的影响。“公共游憩运动”中国家公园的建立对参与式体育旅游的发展具有重要意义。当时，为了对抗工业革命带来的自然资源的流失，美国率先发起了自然资源保护行动，并同时开始建立国家公园，第一个指定建成的是黄石公园（建于 1872 年）。在保护自然资源的过程中，也开始发展公共游憩。“1892 年，一位苏格兰裔的自然资源保护论者约翰·缪尔成立了塞拉俱乐部，他和西奥多·罗斯福鼓励大众参与户外运动并成立了国家公园管理局。”[④]

随后，其他国家也纷纷效法建立国家公园，或者划分出保护区域。如加拿大 1911 年成立公园局，19 世纪 80 年代末建立班夫和幽鹤国家公园。爱尔兰 1932 年建立国家公园，英国在“二战”后开始建立国家公园。国家公园的建立为后来体育旅游的发展提供了优良的场地。

3. 后工业社会时期的体育旅游发展

工业革命带来了生产力的变革、推动了城市化的发展进程，但同时也带来了污染、交通等问题，影响到人们的生活方式。尤其是“二战”后，体育旅游作为生活质量的重要体现，更对其合理制度提出了要求。这一阶段，西方国家体育旅游发展的特点体现为：一是以商业化的形式推动赛事体育旅游和参与式体育旅游发展；二是战争对户外探险运动的推进；三是体育旅游的管理逐渐规范化发展。

首先，是以商业化的形式推动赛事体育旅游和参与式旅游发展。20 世纪

---

① 麦克林，赫德，罗杰斯．现代社会游憩与休闲［M］．梁春媚，译．北京：中国旅游出版社，2010：71.

② 麦克林，赫德，罗杰斯．现代社会游憩与休闲［M］．梁春媚，译．北京：中国旅游出版社，2010：71.

③ 麦克林，赫德，罗杰斯．现代社会游憩与休闲［M］．梁春媚，译．北京：中国旅游出版社，2010：72.

④ 麦克林，赫德，罗杰斯．现代社会游憩与休闲［M］．梁春媚，译．北京：中国旅游出版社，2010：75.

后，现代奥林匹克运动会的进一步发展带动赛事体育旅游的发展。同时大众旅游和大众体育的发展开始形成体育旅游进一步融合的沃土。20 世纪商业化的发展方式，也让体育旅游的运作开始产生。经营体育旅游的俱乐部、旅行社增多，各类体育项目的协会也开始组织非商业性的体育旅游活动。经济发展下对健康的关注也成为体育旅游发展的动因之一，一些有经验的体育旅游者开始出现。政治环境的平稳、经济的发展、社会的需求和技术的进步，共同促成了体育旅游在 20 世纪的发展。

其次，战争对户外探险运动的推进。“二战”期间，英国特种部队开始利用自然屏障和绳网进行障碍训练，其目的是为了提高野外作战能力和团队合作能力，这是人类第一次系统地把户外活动有目的地运用到实际中。“二战”后，随着战争的远离和经济的发展，户外活动开始走出军事和求生范畴，成为人类娱乐、休闲和提升生活质量的一种新的生活方式。1989 年新西兰举办首次越野探险挑战赛后，各种形式的户外活动和比赛在全世界如火如荼地开展起来。

再次，体育旅游的管理逐渐规范化发展。随着体育旅游的发展，其管理问题逐渐受到关注，因为它牵涉到社会发展的相关问题。在澳大利亚和新西兰，体育旅游的发展带来经济效益的同时，其安全性影响着它的持续发展，为此，两国共同制订风险管理方案，并通过立法让体育旅游行为规范化。在美国，体育旅游成为解决社会冲突的方式之一。20 世纪美国中产阶级开始出现，休闲的可选择性增加，然而从管理者的角度考虑，休闲时间和类别的增加导致潜在的不安定因素增多，例如酗酒、青少年犯罪等。为此，管理机构开始致力于推动积极的休闲方式的发展，体育旅游因此成为积极推广的休闲娱乐方式之一。除此之外，20 世纪 30 年代美国的经济萧条导致失业率增加，联邦政府启动了许多和游憩相关的紧急项目，拨款建造露营地、游泳池等户外设施，并资助许多没有公园的州纷纷建立公园体系。①

西方国家体育旅游的发展历史体现了如下特点：首先，经济的发展必然是体育旅游发展的基础条件，但是更加需要观念的变革在社会环境中自然发酵，只有度过这一阶段，体育旅游才能获得蓬勃生机。其次，赛事体育旅游的发展先于参与式体育旅游的发展，参与式体育旅游的发展更加需要政策环境的引导。再次，参与式体育旅游中管理的变革遵循从无序到有序的转变，管理的架构和措施变革势在必行。

---

① 麦克林，赫德，罗杰斯．现代社会游憩与休闲［M］．梁春媚，译．北京：中国旅游出版社，2010：90.

（二）我国体育旅游发展历史

从历史考证，“旅游”一词，始见于六朝。阶级社会的贵族阶层开展的游猎活动、汉代成为表演和比赛项目的蹴鞠、纪念屈原诞生的龙舟竞赛都是体育旅游最早的形态。中国近代体育旅游从带有偶然性的行为中诞生，代表性事件是1930年浙江人潘德明骑自行车环球旅行。毛泽东《体育之研究》倡导的体育精神在学校教育中的实践，也带动了体育旅游的早期发展，“20世纪30年代的中、小学课程标准中，将诸如远足、登山等旅游项目纳入课表。如1934年小学体育教授细目中，有‘远足、登山、游泳、划船、滑冰’等项目”①。

我国体育旅游是在新中国成立后，尤其是在改革开放后形成的稳定发展的社会经济局面下得以开始蓬勃发展的。新中国成立后，中国体育旅游发展历史短，可以大致分为三个阶段：

1. 新中国成立初期的体育旅游发展（1949—1978年）

从新中国成立初期到改革开放之前，体育旅游受经济和社会条件的制约，发展缓慢。

代表性的体育旅游案例有1956年7月31日，一支由31人组成的中国和苏联联合登山队登上了慕士塔格峰，这是中国人第一次登上海拔7 000米以上的高峰。在此之前，刚刚成立不久、缺乏经验的中国登山队仅攀登过海拔3 000多米的陕西太白山。1959年，中国男女混合登山队共33名队员攀登慕士塔格峰并全部登顶成功。②

这一时期，体育旅游还仅仅表现为专业运动员的体验活动。

2. 改革开放初期的体育旅游发展（1978—2001年）

改革开放后，经济发展逐渐起步，社会建设走向稳定发展，教育、文化、体育活动开始走上正常轨道，这一时期我国体育旅游的发展有如下几个标志：

（1）国际交流需求带动体育旅游发展。

在改革开放初期，体育旅游的组织机构更多带有政治使命，出于增进国际交流而设立。

1979年，广东省国际体育旅游公司成立，当时成立的初衷是“为满足日益增长的海外民间体育旅游团队来访的需要”以及“我国体育事业迅速发展，国

---

① 秦华奇，于素梅．我国体育旅游发展的历史回顾与思考［J］．福建体育科技，2005，24（1）：23-24.

② 李怡，慕峰．我们如何去登山——2011年慕士塔格峰商业攀登季综述［J］．山野（中国户外），2011（11）：28.

际上的体育往来与日俱增，为开拓日益繁荣的国际体育旅游市场，发展体育旅游业”。从1988年至1991年，该公司共接待了海外体育团队116个，共3 277人，9 401天；各省市出访团队62个，共1 483人。营业总额达400多万元，创汇300多万元（外汇券），支持了广东省体育团队出访、体育器材和科研所需的外汇。通过这些体育往来，增进了相互间的友谊和了解，并于1992年率先开辟了汽车、摩托车、射击、滑翔伞、跳伞等体育旅游。①

1986年，中国国际体育旅游公司创办，并广泛开展体育旅游业务，努力开发体育旅游资源。到1992年已经推出和开发的体育项目有摩托车旅游、汽车旅游、自行车旅游、潜水、骑马、骑骆驼、热气球、滑雪、狩猎、钓鱼、拳击、武术、健美、棋类、球类、体育舞蹈、高尔夫球、网球等。中国国际体育旅游公司多次成功举办了大型体育旅游活动，如1988年丝绸之路国际汽车旅游接力赛、1990年北京—巴黎伊塔拉老式汽车远征，以及同年的伦敦—北京汽车旅游等一系列大型体育旅游活动。②

1984年，广东中山成立了我国第一个高尔夫球场，当时的初衷是吸引外资，改善外商来华的生活条件。这一举措随后带动了广东其他地区高尔夫球场的发展。到了1997年，在北京和沿海地区已经建起50多个高尔夫球场。③

（2）国内各大赛事的举办带动赛事体育旅游初步发展。

改革开放之初，发展经济成为中国各级政府的主要任务，主要是借举办体育比赛之机，开展各种经济贸易活动，如商品交易会、投资洽谈会、产品展示会等。④尽管当时体育赛事的初衷并非倡导体育旅游，但是各项赛事的举办，尤其是在体育赛事中不断取得成绩激发了人们对赛事的热情。虽然在当时的经济条件下比赛并非纯商业性赛事，但对于赛事体育旅游的发展来说，是一个良好的开端。1980年10月在广州举办的国外职业运动员参加的“万宝路广州网球精英大赛”、80年代中期在北京举办的国际马拉松比赛、1988年在杭州举办的“中国国际武术节”，以及1987年第六届全运会、1990年北京亚运会等一系列赛事，推进了赛事体育旅游的早期发展。

（3）民间参与式体育旅游的孕育。

如果说前两类是依靠政策的“外力”推动体育旅游发展的话，那在这一阶

---

① 郑中辉．乘改革开放“骏马”广东省国际体育旅游公司［J］．体育文化导刊，1993（1）：63.

② 曹缔训．体育旅游初探［J］．武汉体育学院学报，1992（1）：7.

③ 杨秀丽，杨松．体育旅游市场的发展对体育旅游专业人才的要求［J］．沈阳体育学院学报，2003（4）：35.

④ 周进强，吴寿章．中国体育赛事活动市场化发展道路的回顾与展望［J］．体育文化导刊，2001（6）：9.

段，因民间交流和经济条件提升而产生的内在需求的“内力”也推动了参与式体育旅游在民间的自发发展。

代表性的事件有1985年西南交大电教室摄影员尧茂书的“长江第一漂”。得知美国漂流者肯·沃伦要来华首漂长江，为抢在美国人之前，他只身划着橡皮船单漂，不幸在金沙江通迦峡翻船遇难。此后，1986年的中国长江漂流探险活动掀起多支队伍竞争的热潮。1990年初，一些公司着手开发和经营短程大众休闲旅游漂流。1998年开始有“雅漂”“珠漂”“女子长江源漂流”。①

在登山体育旅游方面，“1957年至2000年这一阶段参加者多是专业登山人员，1994年以后开始有业余登山遇难事件发生。2001年至今，户外运动迅速兴起发展。高海拔登山参加者逐步以民间登山者为主，高山探险逐渐平民化”②。伴随登山的发展，徒步、溯溪等参与式体育旅游活动也逐渐有参加者。

3. 改革开放深化期的体育旅游发展（2001年至今）

（1）奥运会带来的北京赛事体育旅游高潮。

2001年，为配合北京申奥，国家旅游局推出“体育健身游”主题旅游年。在“体育健身游”中，国家旅游局推出了两类体育旅游产品：其一是各地方具有代表性的大型体育旅游活动，共60项，如吉林长春国际冰雪节、北京万人登长城比赛等；其二为80多个专项体育旅游产品，如登山、阳光沙漠探险等。政府的这些举措不仅是对申奥的支持，同时也在中国掀起一股体育旅游热潮，有利于推动我国的体育旅游朝健康、稳定的方向快速发展。以体育旅游支持北京申奥，以申奥推动体育旅游，这就是2001年“体育健身游”主题促销的目的。③

据统计，2001—2010年，第29届奥运会为北京吸引入境旅游者20.67万人次，国内旅游者1 644.49万人次；增加入境旅游收入22 211.23万美元，国内旅游收入为126.62亿元。④ 赛事体育旅游借北京奥运会的契机得到快速的发展。

（2）奥运后效应带动赛事体育旅游发展。

奥运会的成功举办给我国其他地区带来积极影响，随后广州亚运会、深圳大运会的举办就是最好的体现。然而，国家行为下的大型赛事投入庞大，这种

---

① 小毛驴．走过三十年——中国皮划艇历史［J］．山野（中国户外），2011（11）：91.

② 李舒平．2012年中国大陆山难事故报告［EB/OL］．(2013-07-06)．http://cmasports.sport.org.cn/zt/aqjy/sgbg/2013-07-06/404573_2.html.

③ 陈金华．浅论中国体育旅游：兼论奥运热对中国体育旅游的影响［J］．北京第二外国语学院学报，2002（1）：38.

④ 赵承磊．基于旅游本底的第29届奥运会对北京旅游效应评估［J］．体育科学，2012，32（10）：27.

模式的长期发展受到一定的质疑。

2013 年广州恒大足球俱乐部在亚冠联赛中夺得冠军，让人们对商业俱乐部运作再次产生强烈兴趣，这对赛事体育旅游的发展来说同样是一个新的契机。亚冠决赛主场门票收入突破 5 500 万元。① 这意味着赛事体育旅游由外部政策推动开始逐渐转到依靠自身吸引力发展的道路上。

（3）商业性体育旅游企业增加。

2001 年之后，为应对市场需求，一部分经营观光旅游的旅行社开始将体育旅游作为主打项目经营，推出高尔夫旅游、潜水旅游、登山旅游等项目。同时，户外俱乐部逐渐兴盛，除了主营户外设备，也有不少户外俱乐部开始组织户外活动。在各类商业性体育旅游项目的发展中，之前少有人问津的滑翔伞、潜水都拥有越来越多的参加者。到 1999 年全国“有各类旅游企业 8 737 家，其中绝大多数的企业经营体育旅游项目”②。到 2003 年“全国各地共有 100 多个体育赛事或旅游节日，并有十几个体育旅游业专项产品”③。

（4）网络非商业性体育旅游速增。

2000 年左右开始，个人电脑的快速普及产生了大量的网民。网络的快速发展同时也促进了攀岩、徒步、单车等户外运动的大发展。在参与人数增加后，户外运动也逐渐发展到对装备和技术的提升上来。以皮划艇为例，2005 年以前多以国内代工的低劣橡皮划艇为工具，2005 年以后，国内一些皮划艇者从平水皮划艇起步，基于互联网及日益发达的户外商业用品体系，渐渐在装备、线路信息、国外皮划艇漂流知识教材、图文视频等方面，有了飞跃发展。④

总体说来，我国体育旅游的发展不同于西方国家的自然发展演变而来，它在我国是依靠政策的“外力”起步，随着改革开放后经济的发展，逐渐过渡到由民众需求推动发展。随着近两年体育和旅游行政主管部门合作的开启，我国将迎来体育旅游更好的发展契机。

---

① 恒大亚冠决赛主场门票售罄 收入已突破 5 500 万元［EB/OL］.（2013 - 10 - 24）. http://sports.sohu.com/20131024/n388837935.shtml.

② 韩鲁安，韩丁，崔继安，等. 社会体育专业增设体育旅游专业方向的必要性和可行性［J］. 天津体育学院学报，1999（1）：41.

③ 杨秀丽，杨松. 体育旅游市场的发展对体育旅游专业人才的要求［J］. 沈阳体育学院学报，2003（4）：35.

④ 小毛驴. 走过三十年——中国皮划艇历史［J］. 山野（中国户外），2011（11）：92.

第二节 体育旅游中的安全保障

一、安全保障概念

国内目前针对旅游安全的研究主要提及“旅游安全”“旅游安全管理”“旅游安全保障”三类概念。国内旅游安全代表性著作《旅游安全学》中认为旅游安全从广义上指旅游现象中的一切安全现象的总称，从狭义上指旅游活动中各相关主体的一切安全现象的总称，包括安全观念、意识培育、思想建设与安全理论等“上层建筑”，也包括旅游活动中安全的防控、保障与管理等“物质基础”。而旅游安全管理指为了达到安全的目的，有意识、有计划地对旅游活动中各种安全现象进行各种安全教育、防范与控制活动的总称。这些活动既包括安全宣传与教育，安全管理方针、政策、法规、条例的制定与实施，也包括安全防控、管理措施的制定与安全保障体系的构建和运作。[①] 现有立法主要从旅游安全管理的角度制定，如《旅游安全管理暂行办法》《漂流旅游安全管理暂行办法》。

旅游安全保障属于旅游安全管理的下位概念，近年来的相关研究论文主要集中在这一领域。旅游安全保障体系是由政策法规系统、控制系统、预警系统、施救系统和保险系统五个子系统组成的一个开放性系统。[②] 从安全保障的角度出发，近年来也扩展关注“旅游风险教育”[③]“旅游保险”[④]“高危险性旅游项目安全保障”[⑤]“山地旅游安全预警与应急救援体系的构建”[⑥]“极高山旅游安全保障”[⑦] 这些安全保障的分支问题的研究。

---

① 郑向敏．旅游安全学［M］．北京：中国旅游出版社，2003：1.

② 郑向敏，卢昌崇．论我国旅游安全保障体系的构建［J］．东北财经大学学报，2003（6）：16－19.

③ 李萌．旅游风险教育：意义、内容与途径［J］．国际商务研究，2008（2）：27.

④ 厉新建，魏小安．中国旅游保险的改革与创新思考［J］．江西财经大学学报，2008（4）：32.

⑤ 齐兴田，徐淑梅．我国高危险性旅游项目安全保障系统构建研究［J］．佳木斯大学社会科学学报，2007（3）：54.

⑥ 岑乔，魏兰．山地旅游安全预警与应急救援体系的构建：以四川省山地旅游为例［J］．云南地理环境研究，2010，22（6）：80.

⑦ 岑乔，黄玉理．极高山旅游安全保障体系研究［J］．成都大学学报（自然科学版），2011，30（1）：93.

旅游危机管理也是和旅游安全相关的概念，但是危机管理强调的是危机发生后如何应对。从旅游安全保障的角度看，相关研究主要和旅游救援、旅游安全预警略有交集。如邹统钎《旅游危机管理》从政府对策和协会对策两方面，以2003年SARS为案例分析旅游产业应急机制。李锋《目的地旅游危机管理——机制、评估与控制》则以2008年汶川地震为例，对旅游危机形成机理、预警机制、危机评估、危机后恢复管理等展开研究。

综合比较分析，旅游安全以及旅游安全管理都是从全面宏观的角度来分析旅游安全。而从体育旅游市场所涉及的不规范流程、不确定外力因素以及高风险性来看，对体育旅游的安全保障制度进行专题研究，是目前体育旅游安全管理的重中之重。

而从外文文献的相关表述看，较多提倡的是旅游安全管理和旅游风险管理。在风险管理的概念中，风险（risk）与危险（hazard）的含义是不同的。危险是导致伤害或损害的潜在东西，而风险是指这种伤害或损害发生的可能性。彼得·桑曼（Peter M. Sandman）认为，“Risk = Hazard + Outrage，即风险的大小取决于危险本身的大小和人们对此危险的反应程度”。“体育风险管理”一词大约在20世纪70年代初出现于美国。其内涵主要包括两方面：一是准确预测体育相关领域可能存在的风险；二是最大限度地控制这些风险的发生或使风险的不利影响程度降到最低。共识的概念为：“体育风险管理是指规划、管理和控制一个体育组织或体育机构的资源，以使由于该组织或机构举行的体育活动造成对他人、社团实体、社会和它自身造成的伤害和损失降低到最低限度的过程。”① 但是国外鲜见与安全保障直接对应的语汇。因此，本章在采纳国内惯用说法和相关分类的基础上，直接以安全保障作为研究对象，同时基于概念的相似性，在国外经验部分采纳国外安全管理和风险管理的相关理论和实践经验。

二、体育旅游中的主要风险

旅游安全分类有多个标准。从旅游活动环节和旅游活动特点看，旅游安全贯穿于旅游活动的六大环节，可分为饮食安全、住宿安全、交通安全、游览安全、购物安全、娱乐安全。从旅游安全学的研究对象看，旅游安全可分为旅游主体安全（旅游者安全）、旅游媒体安全（交通安全和旅游从业者安全）和旅游客体安全（旅游资源的安全）。从旅游安全学的学科角度理解，旅游安全既

① 张大超，李敏．国外体育风险管理体系的理论研究［J］．体育科学杂志，2009（7）：45.

包括旅游安全的现象（本质、特征与发生规律）、旅游安全的基础理论和旅游安全认知，也包括旅游安全管理与旅游安全保障等方面的内容。①

从广义上看，体育旅游安全范畴与旅游安全范畴是一致的。从狭义上看，体育旅游因其高风险的特性，体育旅游安全与其他类型旅游安全比起来，更强调游客娱乐休闲过程中的生命安全。常规的观光旅游、节事旅游、会议旅游的安全风险多发生在交通、酒店、导游服务方面。且旅游业危机管理相关研究的关注点也集中在市场营销方面，主要研究地震、疾病这些外力导致的安全问题。

而体育旅游安全事故，有别于常规安全管理重点，参加者、组织者、救援者的生命安全保障是体育旅游安全研究的核心命题。

体育旅游项目众多，开展的场地多样复杂，体育旅游参加者水平各异，且风险认知度低，教练或向导资质参差不齐，诸多因素综合作用之下，致使安全事故频发。

（一）山地体育旅游的主要风险

根据附录对近年来山地体育旅游伤亡案例的统计，登山、徒步、溯溪、溪降等山地体育旅游的伤亡原因主要有：高原反应、失温、滑坠、坠崖、迷路、山洪、雪崩、冰崩、山体滑坡、身体病痛、体力透支等。事故主要表现为死亡、摔伤、残疾等。

体育旅游项目中，登山体育旅游事故最为密集，也集中了国家体育总局登山运动管理中心、中国登山协会、中国紧急救援联盟、蓝天救援队等多家官方组织和民间机构的参与。从山难的历史看，中国大陆的山难史始于1957年贡嘎山，与中国首次自主攀登7 000米以上山峰的时间同步。根据中国登山协会登山户外事故调查研究小组李舒平的报告："1957—2000年，共计13起事件，遇难33人。这一阶段的参加者多是专业登山人员，1994年以后开始有业余登山遇难事件发生。"按照中国登山协会的划分标准，将民间的登山遇难划为户外运动，而将专业的登山遇难划为高山探险，该报告列举遇难人数如下："2001年后至今，户外运动迅速兴起发展，户外运动遇难人数很快超过高山探险遇难人数，并持续增长。2009年41人，2010年27人，2011年23人，2012年41人。2001—2011年累计190人。高海拔登山参加者逐步以民间登山者为主，高山探险逐渐平民化。高山探险年度遇难者数量基本保持稳定，其中没有专业运动员。1957—2012年累计74人。"②

① 郑向敏．旅游安全学［M］．北京：中国旅游出版社，2003：2.

② 李舒平．2012年中国大陆山难事故报告［EB/OL］．(2013－07－06)．http：//cmasports. sport. org. cn/zt/aqjy/sgbg/2013－07－06/404573_2. html.

可以看出，虽然民间参与户外登山（即本书定义的登山体育旅游）2001 年才开始迅速发展，但短短 10 年间的遇难人数，已经远远超过 55 年来专业登山运动员遇难人数，因此，保障登山体育旅游参加者的安全显然刻不容缓。从附录列举的近十年代表性的登山体育旅游安全事故来看，风险的因素比较多样，参加者经验缺乏、地形高危、天气恶劣、参加者体能耗尽、组织者失责、领队资质未达标、救援中伤亡都是常见的致险原因。

（二）航空体育旅游的主要风险

根据附录对近年来航空体育旅游伤亡案例的统计，热气球、滑翔伞、动力伞、三角翼等航空体育旅游的伤亡原因主要有：设备故障、遭遇强气流、触碰高压线、操作不当等。

航空体育旅游代表性项目如热气球、滑翔伞，因为其普及程度不及登山体育旅游，因而安全事故远少于登山体育旅游。

（三）水上体育旅游的主要风险

根据附录对近年来水上体育旅游伤亡案例的统计，潜水、游泳、摩托艇等水上体育旅游的伤亡原因主要有：气体供应问题、紧急上升、心脏问题、失温、溺亡、压力、撞击、设备故障、翻船等。事故主要表现为死亡、撞击受伤等。

开展比较多的水上体育旅游项目为潜水和漂流。漂流、激流皮划艇等水上体育旅游项目因为管理不够规范，事故时有发生。而浮潜、水肺潜水等水上体育旅游项目在我国沿海地区发展较为成熟，潜水执证教练多在不同的国际性潜水组织备案，就目前的发展情况来说，事故发生概率略小。

按照事故的类别划分，伤亡原因可分为设备质量、设备操作、个人健康、天气或地理意外事故、向导不专业导致迷路等原因。因而，体育旅游中面临的主要风险分别来自组织者的不专业（如设备的质量和操作培训不过关、缺乏安全预警方案、组织机构没有经过审批）、向导的不专业（没有合格的证书、没有按照规程带队）、游客的自身问题（对健康情况没有说明、缺乏体能、没有购买相关意外保险）、场地的问题（景区没有对危险地段的标示、没有对危险性体育旅游的安全提醒）等。

三、完善体育旅游安全保障制度的迫切性

（一）保障消费者人身安全的迫切性

从各类网络论坛的交流记录看，近十几年来各类体育旅游事故已经引起不

少体育旅游组织者、参加者对安全问题的重视。从国家安监、旅游、体育、林业等多部门的相关会议和发文来看，也给管理者敲响了警钟。体育旅游者的人身安全保障，是维护人的基本权益的体现。虽然体育旅游的安全涉及预警、法规、教育、保险、救援等多个因素，但保险市场的规范在体育旅游实际操作中最能直接降低组织者和参加者的风险，减少伤亡、救治、救援等多方面损失。但是保险的效用也必须和准入结合，辅助以法规、教育，才能更大限度地完善安全保障。

（二）规范发展体育旅游市场的迫切性

体育旅游作为新型体育产业形态或者新型旅游休闲方式，已经逐渐发展成为更加壮大的市场群体。规范体育旅游市场，是协调体育市场发展的组成部分。高危险性体育旅游项目的准入法律问题，更是需要体育部门承担重要角色。高危险性体育旅游准入的条件和程序设定，关系到体育旅游组织者的资质和把控风险的能力。而我国目前的体育旅游事故多数是由没有资质的俱乐部引发的。因此，对目前我国高危险性体育旅游准入问题的系统研究，是从体育旅游活动组织的基础入手，进行对游客和向导的安全保障。

（三）公开、公平、公正价值体现的迫切性

为了保障体育旅游信息对游客的公开、体育旅游市场主体的公平竞争，以及事故纠纷解决的公正，都亟须完善体育旅游的相关法律问题，展现我国体育旅游市场发展中的核心价值观，满足宏观决策服务市场发展的需求。从 2006 年户外第一案发生以来，全国对相关案件中责任承担的不同判决提出了质疑，引起了法律界和户外运动俱乐部的大震动。因此，对体育旅游责任承担机制进行研究，是由解决行业发展中存在矛盾的必要性决定的。

（四）经济效益与社会效益并重的迫切性

透过我国体育发展历史可以看出，社会效益一直占据主流，而随着体育产业的发展，体育的经济效益也逐渐引起关注。拓展体育旅游的经济价值固然是市场发展的规律，但行政调控也要运用看不见的手，通过法规、政策来平衡体育旅游的经济效益与社会效益，满足不同类群体的需求。另外，救援机制等安全保障机制也要考虑公安等公共安全部门社会角色，调整救援等安全保障市场规则。

总之，对体育旅游安全保障的机理进行研究，梳理现存问题，提供解决方案，是减少安全事故发生的有效路径。德国人帕布斯·海恩提出一个在航空界

关于飞行安全的法则——“海恩法则”，每一起严重事故的背后，必然有29次轻微事故和300起未遂先兆以及1 000起事故隐患。该法则强调两点：一是事故的发生是量的积累的结果；二是再好的技术、再完美的规章，在实际操作层面，也无法取代人自身的素质和责任心。按照海恩法则分析，当一件重大事故发生后，我们在处理事故本身的同时，还要及时对同类问题的“事故征兆”和“事故苗头”进行排查处理，以防类似问题的重复发生，及时解决再次发生重大事故的隐患，把问题扼杀在萌芽状态。①

① 海恩法则［EB/OL］.（2013－07－30）. http://baike.baidu.com/view/1561089.html.

第三章　体育旅游安全保障主体

前一章已经明确了本书选取参与式体育旅游的安全保障机制作为研究对象，因此，本章重点对这一类体育旅游市场中的相关主体进行分析，探究其中的关系和存在的问题，并借助对国外相关特点的分析，探寻我国体育旅游主体的完善机制。对安全保障主体的研究是为接下来厘清体育旅游安全保障的市场准入、保险、责任承担法律问题作铺垫。

第一节　体育旅游安全保障主体概述

体育旅游既具备旅游的属性，也具备体育的属性。因此，其主体也具备旅游和体育的相关主体特性，但又不直接等同于“体育主体”或“旅游主体”。

从主体形式类型上说，体育旅游归属于旅游，其主体蕴涵于旅游的各项主体之中：旅游者、旅游相关企业、旅游相关组织以及各级旅游相关的行政管理部门。从主体的具体体现形式而论，体育旅游衍生出一些新兴的、特殊的主体形式。因此，对体育旅游的相关主体进行研究，厘清其法律关系，是开展后续相关法律问题研究的基础，也是探究体育旅游管理问题的重要一环。

旅游安全保障的主体大致可分为参加者、组织者、管理者。然而经过相关的资料研究发现，体育旅游作为新兴的经济体，与其相关的行政管理部门和协会等也在部分地参与市场。在这种发展上升阶段，其经营形式非常多样，并且处于动态变化中。基于对体育旅游项目群的分析，目前我国体育旅游安全保障涉及三类主体：体育旅游参加者、体育旅游组织者、体育旅游管理者。这三类主体形式具体分析如下：

一、体育旅游参加者

根据前面对概念的界定和分类，体育旅游主要分为三类，因此体育旅游参加者也相应包括：进行参与式体育旅游项目的人、到比赛现场观看比赛的人，以及带着怀旧目的开展体育旅游体验的人。体育旅游参加者可以是个体，亦可以是团体。

近年来随着户外运动的逐渐风靡，诞生了一些网络新词，如“驴友”，它由“旅游”谐音而来。从意义上看，这一人群不同于常规通过旅游社开展旅行的游客，有不同的群体归属感，特指通过个体或团体自定线路，或参加俱乐部等机构的相关户外线路等形式，以获得畅爽体验的人。

从本书的研究对象来看，主要是进行参与式体育旅游项目的人，这一类的参加者既包括有组织的活动参加者，也包括个体活动的参加者。

二、体育旅游组织者

（一）组织体育旅游活动的俱乐部

俱乐部的概念源自17—18世纪的欧美国家，《体育科学词典》给出的定义是：“具有以下五个特点，即会员自愿加入、运作不依靠政府、定位于会员的兴趣、民主的决策机制和大量兼职人员的社会组织。”① 其概念经由日本传播到中国后，其意义发生了转变。日本侧重于强调俱乐部的主体——人群，中国侧重于强调俱乐部的载体——场所，而双方共同强调的是活动内容。因而马志冰认为俱乐部的定义是：具有共同兴趣的人们，为了达到特定的体育目标，以某一相对固定的场所或设施为中心，自发或人为结合而成，在组织者的指导下，按照计划进行体育活动的一种组织形式。②

国家体育总局于1999年颁发了《国家体育总局关于加快体育俱乐部发展和加强体育俱乐部管理的意见》，其中对我国目前的体育俱乐部作出如下分类：“我国的体育俱乐部大致有几种类型：按俱乐部的任务划分，有以开展竞技体育、提高运动技术水平为目的的职业、半职业俱乐部，有以开展群众健身活动为主的健身俱乐部，有以培养体育后备人才为主的青少年业余体育俱乐部；按投资渠道划分，有政府与企业合办的俱乐部，有企业与事业单位合办的俱乐部，有个人独资或企业独资创办的俱乐部；按所开展的运动项目划分，有足球、篮球、乒乓球等项目的俱乐部；按俱乐部的性质划分，有社团型俱乐部，有企业型俱乐部，有民办非企业型俱乐部等。”

我国的体育俱乐部处于发展的初级阶段，发展时间短，经验不足，因而多数时候需要行政管理部门的引导，共同摸索。因此现阶段我国体育俱乐部不仅有企业开办，也有企业与政府行政管理部门或者事业单位合办等多种形式。

---

① 刘波．德国体育俱乐部建制探析［J］．体育与科学，2007，28（3）：57.

② 马志冰．户外运动俱乐部的研究［EB/OL］．(2006－11－22)．http：//www.sport.gov.cn/n16/n1152/n2523/n377568/n377613/n377703/392618.html.

除了实体俱乐部外，还有一种目前在户外体育旅游中很常见的方式，即以网络为交流主体的非实体俱乐部，通过论坛开展体育旅游的召集和反馈，多为非营利性组织。

以登山俱乐部为例，我国最早的类似俱乐部成立于1989年，截至2006年我国正式注册的登山俱乐部已有600多家。据国家体育总局登山运动管理中心主办的专业杂志《山野（中国户外）》2008年的一次调查统计，62%的俱乐部（以参加第四届户外俱乐部工作会议的俱乐部为基数）在2003年到2006年成立，这也在一定程度上呼应了中国户外运动在近年来的发展轨迹。成立时间在5年以上的俱乐部，主要集中于四川、北京等户外运动发展较早的地方。大部分的俱乐部都是多种经营并存，以商业活动、户外用品销售、拓展培训为主要业务。商业活动扮演着双重角色，一方面是盈利，另一方面是推广户外运动方式，扩大会员规模，提高社会知名度。① 由于户外运动俱乐部还有网络平台这种方式，有的活动就直接在论坛中发起。根据新疆财经大学徒步协会对户外俱乐部和户外店的统计，目前我国户外俱乐部和户外店多达870家，其中在北京、四川、云南、上海、广东、江苏、浙江、新疆分布较多。

航空体育旅游项目在西方国家产生的历史较短，如滑翔伞在欧洲产生于20世纪70年代，传播到我国后因设备昂贵、操作欠缺专业化等制约因素使其在发展水平上滞后于水上、山地体育旅游项目。对比其他航空体育旅游项目，滑翔伞作为入门较易、费用略低的项目，其市场培训多于其他项目。总体而言，航空体育旅游组织者以营利性俱乐部居多，也有社会公益团体参与市场运营。

表3－1　体育旅游俱乐部例举

性质	组织者例举	备注
营利性俱乐部	天津天海风水上休闲运动俱乐部（2006年）	国家体育总局水上运动管理中心认定
	厦门风&水海上运动俱乐部	
	三夫户外运动俱乐部（1998年）	
	北京军都山滑雪场	

① 全国户外俱乐部调查［EB/OL］.（2008－04－07）. http：//www.pingtandao.com/thread－5448－1－1.html.

（续上表）

性质	组织者例举	备注
营利性俱乐部	广州飞吧滑翔伞运动俱乐部	广州市唯一工商登记注册，有关主管部门授权合法资质的实体专业机构
	惠州大鹏飞行俱乐部（1999 年）	广东省内首个正式注册的滑翔伞运动俱乐部，国家航协授权颁发滑翔伞运动员证书
	北京飞人天地滑翔伞俱乐部	
	北京大羽滑翔伞俱乐部	
	沈阳棋盘山冰雪大世界、白清寨	
	北京南山滑雪场	
	中瑞合资塞北滑雪度假区	
	PADI 国际潜水公司（1966 年）	
	Atlantis Diving 潜水中心	组织世界各地潜水旅游
	上海华银航空飞行俱乐部有限公司（1999 年）	
	温州市航空运动俱乐部（1995 年）	逐步发展成为中国规模最大、项目最多的民间航空运动组织及中国最大的高端户外运动组织和平台
	温州滑翔伞俱乐部（2004 年）	
	中精飞行会（2007 年）	在上海、江苏、安徽、福建、江西等地成立航空俱乐部组织，并相继成立中精热气球俱乐部、中精三角翼俱乐部、中精旋翼机俱乐部、中精飞机俱乐部
非营利性俱乐部	烟台市赛林水上运动俱乐部	与荷兰皇家游艇协会合作举办暑期青少年 OP 帆船培训活动。举办帆船帆板夏令营活动以及 NOCSP 计划的制定与推广
	城市野人户外极限运动网（野人极限水上运动俱乐部）	网络俱乐部
	户外资料网下设“水上”版块	网络俱乐部

（二）组织体育旅游活动的旅行社

体育旅游是在我国不断深化改革，经济环境提升的背景下产生的。21 世纪初期我国步入休闲时代，体验经济开始盛行，体育旅游越来越受到关注。因此经营的企业类型和我国经济发展密不可分。

常规旅游以旅行社为主导，旅行社为旅游主体的代表。而体育旅游因其必须有体育活动的参与，而且往往存在较高的风险性，旅行社为规避责任一般避免设计含高风险体育旅游项目的线路，但是也会有一些体育活动的穿插。因此旅行社可以算作体育旅游企业。但更大数量的企业代表为直接的体育旅游活动项目的经营者，如滑雪场、高尔夫球场、海滩等体育活动场地的相关运营企业。

通过旅行社开展的体育旅游项目主要有三种类型：

1. 普通旅行社隐性的体育旅游项目

受制于经济基础、认识水平、政策保障等客观条件，改革开放后的二三十年，我国的旅游形式多为由旅行社策划的观赏式的旅游，虽有游客可参与的体育活动项目，但是数量不多，如旅游线路中可能包含潜水、登山、溯溪、漂流等体育旅游形式，也并未冠以体育旅游线路之类的称谓，如海南旅游就没有被称为“海南体育旅游”。

所谓隐性的体育旅游项目，是指旅行社没有公开标榜体育旅游线路，但旅游线路中可能会涵盖体育旅游项目，如我国海南岛旅游就包含了潜水等水上体育旅游项目。但是总体来说，作为商业机构，旅行社没有大力开发体育旅游线路，尤其是高风险体育旅游线路，有其自身的衡量。参与式体育旅游项目存在较高的风险性，多数旅行社都选择尽量回避这类风险项目。

2. 旅行社经营的体育旅游项目

旅行社经营的专门的体育旅游项目近年来逐渐成为一股新生力量。其中一类是赛事体育旅游，这股风潮是随着一系列国际体育赛事在中国的举办而涌现的，如自 2002 年始每年一届的环青海湖自行车赛、2008 年北京奥运会。

赛事体育旅游既可以把观看体育比赛和观光结合在一起，也可以把观看体育赛事和亲身体验体育活动结合在一起。例如旅行社组织的出国观看高尔夫球赛，而和打高尔夫球结合的高端体育旅游项目于 2005 年也已经推出。这和我国正在进入体验经济时代有着密不可分的联系。随着 2009 年高尔夫“入奥”，高尔夫体育旅游也开始成为旅行社的新导向，业内对高尔夫体育旅游的前景看好。

3. “体育旅行社”主打的赛事体育旅游

我国有一类旅行社冠名为“体育旅行社”，这是我国的一种由行政管理部门开办的产业的特殊形式，也是旅游行业经营体育旅游的主要机构。国家级别的体育旅游公司代表有“中国国际体育旅游公司”“中旅体育旅行社有限公司”（行政管理部门与企业合作开办）。除此之外，还有省级的体育旅游公司，如广东省国际体育旅游公司、贵州省国际体育旅游公司（隶属于贵州省体育局）、辽宁省国际体育旅行社，也有地方的体育旅游公司，如2018年3月无锡市体育产业发展集团旗下设立本土首家“星御动”体育旅游公司等。

下文将通过个案搜集（见表3－2），来探析体育旅行社的性质和体育旅游项目的实质。

表3－2　“体育旅行社”分类例举

性质	主体例举	行政管理归属	组织的体育旅游项目
国家体育总局直属企业	赛事体育旅游、户外运动及探险活动	中国国际体育旅游公司	国家体育总局直属企业
	中旅体育旅行社有限公司	国家体育总局所属中体竞赛管理集团（中体产业股份公司）和中国旅行社总社合作投资组建	赛事体育旅游、探险旅游、其他休闲旅游
省体育局直属企业	辽宁省国际体育旅行社	辽宁省体育局	组织大型体育活动及参观活动
	青海省国际体育旅行社	青海省登山运动管理中心（隶属青海体育局）	各类体育旅游
	甘肃省国际体育旅行社	甘肃省体育局	以组织接待海内外团体、个人来华开展汽车、摩托车、自行车、滑翔伞、登山、冰川沙漠探险、体育比赛等旅游为主，并开展丝绸之路观光旅游
	山西省体育旅行社	山西省体育局	山西省唯一以体育旅游为特色的旅行社

（续上表）

<table>
<tr><th>性质</th><th>主体例举</th><th>行政管理归属</th><th>组织的体育旅游项目</th></tr>
<tr><td rowspan="2">省体育局直属企业</td><td>江西省体育旅行社</td><td>江西省体育局</td><td>以经营体育特色旅游为主同时兼做常规旅游。主要开展与体育相关的旅游活动（如户外徒步旅游、野营、登山、攀岩、速降、野外生存训练、水上运动、汽车旅游等），组织青少年、体育专业队伍、协会组织进行国内体育交流并组织观摩各种体育赛事</td></tr>
<tr><td>新疆国际体育旅行社</td><td>新疆登山运动管理中心、新疆汽车运动管理中心（隶属新疆体育局）</td><td>经营登山、探险、特种旅游、观光旅游、体育旅游等活动</td></tr>
<tr><td>市体育局直属企业</td><td>苏州国际体育旅游有限公司</td><td>苏州市体育局</td><td>自行车旅游、体育夏令营、徒步登山旅游等。目前经营项目多为普通观光线路，非体育旅游</td></tr>
<tr><td rowspan="2">私营企业</td><td>成都新新体育旅行社有限责任公司</td><td>无行政管理归属</td><td>以探险、摄影、穿越、登山、漂流、露营为主题的各条旅游线路</td></tr>
<tr><td>盐城市凯越体育旅行社有限公司</td><td>无行政管理归属</td><td>国内体育赛事观摩、素质拓展培训、户外探险等活动</td></tr>
</table>

通过上述个案的例举，可以对我国冠名“体育旅行社”的机构有基本了解。从企业性质看，我国专门的“体育旅行社”主要为事业单位下属企业，参与市场经营活动。

从体育旅游的业务特点来看，我国境内大型国际赛事体育旅游主要由隶属于国家体育总局以及各省体育局的“体育旅行社”来举办。在体育旅游资源丰富的省份和自治区，如青海和新疆，更是直接成立登山运动管理中心，进行体育旅游的专业指导。青海省国际体育旅行社、新疆国际体育旅行社都直接由登山运动管理中心进行直接管理。私营企业的“体育旅行社”，从成立时间来看，多为2000年以后兴起，独立经营常规体育旅游项目或与地方体育资源相关的休闲体育旅游项目。这类“体育旅行社”都是经国家旅游局批准、工商行政管理部门核准，足额缴纳质量保证金，具有独立法人资格的旅行社。

（三）组织体育旅游活动的其他组织

体育旅游的组织者除了上述俱乐部和旅行社外，还有其他的组织者，如体育事业单位、体育旅游行业协会。

体育事业单位参与市场，作为体育旅游活动的组织者，代表性的如国家体育总局下属的青岛航海运动学校，作为海上项目的训练学校，下设青岛风帆国际航海俱乐部和黄山摩托艇训练基地，在开展专业运动员训练之余，也进行商业运作，推广休闲体育旅游。同样属于这种情况的还有湛江潜水运动学校，该校下设滑水、潜水、蹼泳三个运动处，各处同时负责相关的体育产业创收工作。

从行业协会性质看，行业协会应该是相对独立的部门，但目前我国的行业协会仍然依附于行政管理机构而存在。英国协会管理专家斯坦利·海曼认为“行业协会是由独立的经营单位组成，用来保护和增加全体成员既定利益的非营利组织”。行业协会组织的共同特征有：①成员有共同的目标；②组织的经费不必仰仗官方；③其组织目标靠会员自身难以达到；④首要目标不在于获取最大利润；⑤组织成员有随时退出的自由。[①] 我国研究者认为“行业协会是指介于政府与企业之间，商品生产业与经营者之间，并为其服务、咨询、沟通、监督的公正、自律、协调的社会中介组织”。行业协会是一种民间组织，它不属于政府的管理机构，是政府与企业之间的桥梁和纽带。行业协会属于我国《中华人民共和国民法通则》规定的社团法人，是我国民间组织社会团体的一种，即国际上统称的非政府机构，又称NGO，属非营利性机构。[②] 其职能主要包括八个方面：①代表该行业企业的共同利益；②协助政府制定政策法规，向政府传递企业诉求；③制定行业标准，协调企业经营行为；④监督服务质量，鼓励公平竞争；⑤受政府委托进行市场准入资格认证；⑥对本行业的基本情况进行统计、分析，并发布结果；⑦开展研究，提出建议；⑧提供教育培训、咨询、展览、会议等服务。

---

① 李连宇．转型时期中国旅游行业协会模式研究：以北京、青岛为例［D］．北京：北京第二外国语学院，2006.

② 行业协会［EB/OL］．［2012－08－01］．https：//baike. baidu. com/item/% E8% A1% 8C% E4% B8% 9A% E5% 8D% 8F% E4% BC% 9A.

表 3－3　体育事业单位和体育旅游行业协会参与体育旅游市场例举

性质	组织者例举	管理归属
体育事业单位	湛江潜水运动学校（国家体育总局直属机构；以竞技水上运动为主、发展休闲潜水项目为辅）	国家体育总局水上运动管理中心
	青岛航海运动学校（国家体育总局直属机构；以竞技水上运动为主，并设立青岛风帆国际航海俱乐部和黄山摩托艇训练基地）	国家体育总局水上运动管理中心
	北京万佛国际滑雪场有限公司	北京石景山区政府
	桃山滑雪场	桃山林业局
体育旅游行业协会	西藏圣山探险有限公司（西藏唯一一家能为进藏登山队提供向导的公司）	西藏自治区登山运动管理中心（协会）
	新疆乔戈里高山探险服务有限公司	新疆登山运动管理中心（协会）
	三亚潜水技术培训中心	三亚国家跳水训练基地

在我国，依附于行政管理部门的体育旅游行业协会也会涉足体育旅游活动的组织。除了非商业性的活动，也会参与商业运作。例如，新疆和西藏的登山运动管理中心和协会都是一套人马，两块牌子。另外，在体育旅游产业发展的进程中，成立了附属于管理中心（协会）的商业项目运作公司，即新疆乔戈里高山探险服务有限公司和西藏圣山探险有限公司，由管理中心和协会统一管理。又如国家体育总局直属的三家机构中的三亚潜水技术培训中心借助三亚良好的旅游市场和体育旅游前景，与国际专业潜水教练协会 PADI 合作开展了潜水资质培训，并和三亚众多酒店合作经营水上体育旅游项目。三亚潜水技术培训中心，其对自身的宣传介绍是“中国潜水运动协会批准成立，由三亚国家跳水训练基地、三亚潜水运动协会融为一体的合属经营企业；是中国潜水运动协会在我国南方地区授权考核签发国际星级潜水员证书的专业潜水培训机构，公司是世界水上运动组织 CMAS、国际专业潜水教练协会 PADI、国际水肺潜水学校 SSI 认证的具有潜水员签证资格的专业从事旅游休闲潜水运动的股份制经济实体；是行业内第一家在 2008 年 10 月率先通过了 ISO9001 质量管理体系标准认证的企业”。从角色职能来分析，该中心结合了一部分潜水竞技运动的管理职

能，以及企业、协会三种社会组织角色。在这种运作模式下，该中心直接参与了市场经营，虽然有利于解决中心生存的经费来源困境，完善其运作的资金来源，有利于中心的发展需要，但是在中心直接参与体育旅游市场的运作中，也容易借助其技术优势和审批优势形成垄断，而没有行使其避免垄断、鼓励竞争的协会角色职能。

三、体育旅游管理者

体育旅游属于体育产业的新领域，虽然已经有初步的发展，并且未来的发展趋势需要职能部门的重视，但是目前尚未成立专门的管理部门。从发展现状来讲，体育旅游管理规制已经和国家相关管理部门产生了实际的联系。体育旅游管理者在我国有四类：第一类是体育行政管理部门；第二类是旅游行政管理部门；第三类是肩负管理职责的第三方组织；第四类是工商管理部门。

（一）体育行政管理部门

国家体育总局尚未专门设立体育旅游的主管部门，但是下设若干和体育旅游项目相关的管理部门。这些相关部门的名称和职责如下：①登山运动管理中心。作为登山和户外运动体育旅游项目的主管部门，下设攀岩攀冰部、户外运动部、高山探险部。登山运动管理中心的主要职责为培养竞技运动员和组织竞赛等工作，同时负责“对外开放山峰登山活动的统一管理”与“开展和本项目有关的经营和服务活动”。登山体育旅游类管理工作包括登山活动的行政许可、户外运动指导员的培训、户外俱乐部的管理等。②社会体育指导中心。该中心是负责全国社会体育指导的机构。钓鱼、放风筝等社会体育活动，一旦形成当地特色，也可以成为城市体育旅游的开展项目。因此该机构也属于体育旅游管理架构的一部分。③冬季运动管理中心。下设大众冰雪部。滑雪体育旅游的开展场地、器材、装备、标准的规范工作归属该机构管理。④水上运动管理中心。负责水上项目的注册管理工作。

除了国家行政管理部门，还有省级和市、县级别的体育管理部门，形成对体育旅游市场的垂直管理。

（二）旅游行政管理部门

国家旅游总局是国务院主管旅游工作的直属机构。具体说来，其与体育旅游项目运作有关的职能包括：①研究拟定旅游业发展的方针、政策和规划，研究解决旅游经济运行中的重大问题，组织拟定旅游业的法规、规章及标准并监督实施。②协调各项旅游相关政策措施的落实，特别是假日旅游、旅游安全、旅游紧急救援及旅游保险等工作，保证旅游活动的正常运行。③培育和完善国内旅游市场，研究、拟定发展国内旅游的战略措施并指导实施，监督、检查旅游市场秩序和服务质量，受理旅游者投诉，维护旅游者合法权益。④组织、指导旅游教育、培训工作，制定旅游从业人员的职业资格制度和等级制度并监督实施。

（三）肩负管理职能的第三方组织

现代社会学理论把社会组织分为政府组织、营利性组织和非营利性组织三大类，它们分别是政治领域、经济领域和社会领域的主要组织形式，其中非营利性组织即所谓的“第三部门”。① 按照这个分类，体育行业协会不应该划归于管理部门，应该归属于非营利性组织，扮演咨询、协调等社会角色。然而，我国体育行业协会因其成立过程的特殊性，与行政管理部门有着密切联系，因而承担了一定的管理职能。

我国的体育行业协会主要为官方体育行业协会。《全国性体育社会团体管理暂行办法》第二条规定：“国家体育总局是社团的业务主管单位，机关各厅、司、局、直属机关党委是社团相关业务管理的职能部门；社团所在单位是受国家体育总局委托负责对社团进行日常管理的挂靠单位；国家体育总局管理的社团与省、自治区、直辖市同类体育社团的关系是业务指导关系。”受此规定的约束，我国基本不存在民间的体育行业协会。从体育总局下设的协会分类表来看，目前协会的划分依据是按是否为奥运项目来分类（参见附表4）。这也间接说明，现阶段在我国涉及体育旅游的诸多项目，其协会发展尚不完善。就算是被划分为非奥运项目，其协会网站的信息传递也表现为以赛事运作为重点。中华全国体育总会是全国体育行业协会的总领导，下设若干项目的分会。各个协会制定相应章程对其项目进行管理。从各个协会的职能看，竞技运动项目的人员培训、赛事交流等是其主要工作核心。随着体验经济对中国民众生活方式的影响，有些体育行业协会也顺应体育休闲运动服务市场，拓展相关的培训和活动组织，成为体育旅游的重要组织者。

刘次琴等的研究认为，“我国行业体协机构设置是在计划经济体制下参照苏联的模式设置，各个行业分级成立国家级、省级、市级、区县级行业体协，使用垂直的管理模式开展职工体育活动。根据调查，我国行业体协的主管部门是其所属的各个部、集团总公司，人员、编制是由其主管部门决定，业务方面由

---

① 刘次琴，金育强．第三部门理论视野下的行业体育协会［J］．体育文化导刊，2007（3）：12.

国家体育总局群体司、中华全国体育总会主管，但实际管理业务的是国家体育总局群体司。市场经济条件下的社会体育管理模式有了一定的改变，但行业体协的改革不明显。行业体协的战略决策与活动计划的制订采取的方式不一致，大多数由理事会或全体会议等正式决策机构决定或者全体成员协商决定，但由业务主管部门下达也占了一定的比例，这说明我国行业体协依靠行政管理还比较严重，难以跟上经济改革的步伐。而且由负责人决定的比例占46%"①。事实上，体育行业协会一般与政府相关职能管理部门合二为一运作。虽然定义为相关运动项目的协会，但是从职能的行使来看，很大程度上依附于管理部门，不具备独立的第三方机构属性。有的体育行业协会的组织架构和班子成员甚至和相关行政领导部门相同。这使协会的协调职能直接被行政职能替代。

（四）工商管理部门

工商行政管理局是政府主管市场监管和行政执法的工作部门。其和体育旅游相关的主要职责包括：①负责市场监督管理和行政执法的有关工作，起草有关法律法规草案，制定工商行政管理规章和政策。②负责各类企业、从事经营活动的单位、个人以及外国（地区）企业常驻代表机构等市场主体的登记注册并监督管理，承担依法查处取缔无照经营的责任。③承担依法规范和维护各类市场经营秩序的责任，负责监督管理市场交易行为和网络商品交易及有关服务的行为。④承担监督管理流通领域商品质量责任，组织开展有关服务领域消费维权工作，按分工查处假冒伪劣等违法行为，指导消费者咨询、申诉、举报并受理、举报处理和网络体系建设等工作，保护经营者、消费者合法权益。⑤负责垄断协议、滥用市场支配地位、滥用行政权力排除限制竞争方面的反垄断执法工作。⑥依法实施合同行政监督管理，负责管理动产抵押物登记，组织监督管理拍卖行为，负责依法查处合同欺诈等违法行为。⑦组织指导企业、个体工商户、商品交易市场信用分类管理，研究分析并依法发布市场主体登记注册基础信息、商标注册信息等，为政府决策和社会公众提供信息服务。⑧负责个体工商户、私营企业经营行为的服务和监督管理。

四、我国体育旅游主体关系

根据上述体育旅游主体形式分析，可以归纳我国体育旅游相关的主体关系，如图 3－1 所示：

---

① 刘次琴，金育强．市场经济条件下我国行业体育协会发展研究［J］．北京体育大学学报，2007，30（4）：453.

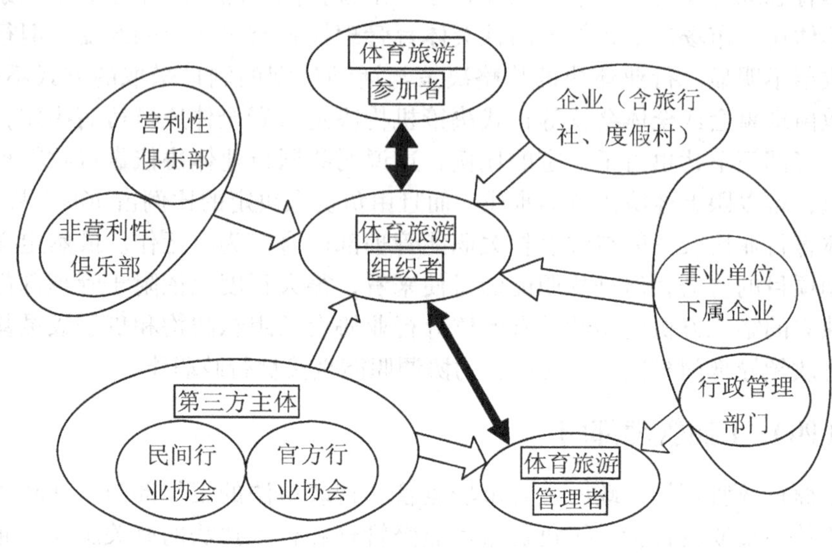

图 3－1　我国体育旅游主体关系图

体育旅游参加者既包括通过体育旅游组织开展活动的人，也包括个体出行的“驴友”。体育旅游组织者包括参与市场经营的营利性和非营利性俱乐部，旅行社、度假村等企业，以及涉足体育旅游活动组织的事业单位和行业协会。体育旅游管理者除了各类体育、旅游行政管理部门、工商管理部门，还包括和行政管理机构紧密结合的部分体育行业协会。

虽然体育旅游组织者中也包含一类特殊的机构——体育旅游相关的官方行业协会。然而，我国还有一类非官方的行业协会，多少行使着行业协会的职能。在图 3－1 中，将这两类特殊的群体，归为我国体育旅游主体中特色的“第三方组织”。其组织性质分为两类：对于大多数官方行业协会来说，主要依附于行政管理机构，行使管理的职能；对于少部分民间行业协会来说，基本独立于行政管理机构，不参与对市场的管理。

五、我国体育旅游主体特点

我国体育旅游主体特点主要包括：

1. 企业双轨制——事业单位和企业共同参与市场活动

事业单位从事生产经营活动主要是指有些体育主管部门直接或间接下设营利性机构，经营相关体育旅游项目的市场运作。例如青岛风帆国际航海俱乐部，属于国家体育总局青岛航海运动学校，既是事业单位，也经营市场运作项目。还有中旅体育旅行社也是官办企业的代表。

2. 行业协会双轨制——行业协会和行政部门共同介入协会发展

体育相关的主要行业协会虽然章程显示是非营利性机构，但是实际的组织架构包括产业运作部门，或者权利范围包括市场运作内容。例如三亚跳水运动中心和三亚潜水协会一起进行三亚潜水运动中心的商业运作，同时也是直接的管理部门。

3. 俱乐部双轨制——营利性俱乐部和非营利性俱乐部并存

工商注册的高尔夫俱乐部和户外俱乐部都属于营利性俱乐部，属于组织者。而同时存在的还有非营利性俱乐部，主要为以网络召集活动为主要形式的非营利性户外俱乐部。

第二节 国外体育旅游安全保障主体

为研究国外体育旅游主体，本章选取了美国、新西兰、马来西亚三个国家作为研究对象。选择这三个国家的体育旅游主体来研究，是基于下述考虑：

一，美国和新西兰是体育旅游发展时间较长、经验较丰富的发达国家。国民对旅游的参与度必然和该国的经济水平相关联，尤其是体育旅游强调身体体验，是更高层次的休闲活动，因此发达国家的体育旅游一般市场发育比较成熟，有经验参考价值。

二，马来西亚是体育旅游诞生时间不长，但是体育旅游资源丰富、体育旅游市场口碑良好的发展中国家，因此也应成为考察对象。在国际交流更灵活自由的当今社会，丰富的体育旅游资源可能成为一个国家或地区的经济增长点，吸引国际游客。

我国改革开放三十多年来经济发展迅速，近十年社会、经济、文化等环境有很大的变化，但仍属于发展中国家，且我国体育旅游才刚刚起步。因此，综合考察这两类国家体育旅游的主体关系，对我国的体育旅游发展有借鉴的价值。

一、美国体育旅游的主体

（一）体育旅游组织者

美国的体育旅游组织者主要由如下机构构成：①旅行社/旅游公司。美国有不少以“探险”命名的旅行社，开展各种类型的参与式体育旅游。还有专营某一类体育旅游项目的体育旅游公司，如 Bike Tours Direct 专营海外自行车旅游，Mountain Hiking Holidays 专营徒步旅行。另外，还有以“户外”为主题的体育旅行社，如 1976 年成立的 Northern Outdoors 是一家以漂流为特色的体育旅游公司。②（国家）森林公园。美国的森林公园中，有一部分为国家级森林公园。有的森林公园可以开展的体育旅游项目种类繁多。以森林公园分布较多的肯塔基州为例，那里的森林公园充分利用条件，开展体育旅游项目，如高尔夫体育旅游，登山、徒步、骑马等山地体育旅游项目，网球、排球、篮球等球类体育旅游项目，漂流、溯溪、游泳等水上体育旅游项目。[①] ③高尔夫球场。美国的高尔夫球场一般分为五类，以美国路易斯安那州为例，多类的高尔夫球场给高尔夫体育旅游带来很大的选择空间和灵活性：A. 私人高尔夫球场（4 家），是指付费加入高尔夫俱乐部才能打球的球场。B. 半私人高尔夫球场（8 家），是指既销售会员卡也允许非会员订场打球的球场。作为会员，能享受时间安排优先、果岭折扣和去其他俱乐部的相关优惠。C. 公众高尔夫球场（17 家），即面向公众开放的高尔夫球场，任何人都可以在里面打球。D. 面向游客开放的私人球场（1 家），又被称为日付费球场，是私人开设的更高档次的球场。旅游度假村球场也属于这一类。E. 市政高尔夫球场（3 家），这类球场的所有权归国家或省或市政府所有，作为地方居民福利而开设。可能会承包给高尔夫球场管理公司进行日常运作。其中，面向游客开放的私人球场和市政高尔夫球场属于公共高尔夫球场。[②] ④度假村。美国有一类可开展体育旅游的度假村，提供食宿以及体育活动用品出租。例如美国俄克拉荷马州的 Arrowhead 度假村，就提供伊利诺斯河水上体育旅游项目所需要的不同尺寸的皮艇、划艇和竹筏出租。[③] ⑤滑雪企业。美国滑雪运动产业协会发布的《2011 年滑雪运动参与报告》数据显示，美国滑雪运动的参与人数超过 3 100 万，其中超过 2 100 万人是滑雪运动的核心参加者。美国的滑雪场主要集中在 10 个州，一些久负盛名的滑雪企业已经开办了半个世纪，如 Aspen 滑雪公司是 1946 年就成立的私人企业。

（二）体育旅游管理者

从管理对象归属划分，美国体育旅游管理者可分为：①美国商务部国际贸

---

① Kentucky State Parks ［Z］. ［2013 -01 -20］. http：//parks. ky. gov/.

② Louisianatravel. Outdoors ［Z］. ［2013 -01 -20］. http：//www. louisianatravel. com/outdoor-adventure.

③ Arrowhead Resort ［EB/OL］. ［2013 -01 -20］. http：//www. travelok. com/listings/view. profile/id. 292.

易管理处下设的旅行和旅游产业办公室，其主要职责有：旅游数据系统管理、旅游出口活动的开发和管理、旅游政策的开发管理及战略宣传、国际旅游发展的技术支持和国内旅游发展的经济支持。②美国内政部下设的国家公园管理局，负责对国家公园、历史古迹等的保护工作。③美国农业部下设的美国森林管理处，负责对国家森林进行管理。鼓励公众在国家森林开展户外体育活动，并出台了安全管理的规范和指引。

从管理组织结构划分，美国体育旅游管理者又可分为：①联邦政府管理机构。即以上列举的管理机构。②州政府管理机构。美国50个州和华盛顿特区政府都设有专门发展旅游的政府机构，重要的旅游城市和郡政府也有专门的类似机构来管理和促进当地旅游业的发展。这些机构不仅要从事信息、广告、市场宣传等方面的活动，还要研究整个州的娱乐、风景、历史、公路和名胜古迹，以及参与产品开发、文化遗产保护、乡村开发、环境保护等。[①] 这些机构名称上略有不同，有的州设立旅游办公室，如 Kentucky Department of Travel Office；还有的州设立体育和旅游局，如亚利桑那州体育和旅游局是市政公司，致力于提高经济和社区的品质，通过发展专业和业余体育设施，开展生活、娱乐、体育和商务活动，促进旅游业的吸引力。

（三）体育旅游第三方主体

美国体育旅游市场有三类第三方主体：体育旅游协会、旅游咨询中心和商会。

第一类，体育旅游协会。美国是市场经济高度发达的社会，一般情况下，对企业经营没有任何行政强制的手段，靠的是各种协会间的沟通与协调。[②] 体育旅游协会既有全国性的组织，也有地方性组织。美国旅游行业协会是美国国家层面主要的非政府性质的旅游组织，它是一个非营利性机构，充当美国旅游行业各个部门的统一组织。[③] 和体育旅游密切相关的全国性组织还有1990年美国在西雅图成立的探险旅游行业协会，它是致力于协调关系、网络宣传、专业发展，以及负责任地推进探险旅游市场的全球性组织，目前已经拥有全球性会员600多家，包括旅游经营商、旅游目的地营销组织、旅游局、专业旅行社等。地方性的体育旅游协会如加州滑雪产业协会、大熊湖度假区协会等，致力于推广本地区的体育旅游产业。

---

① 于慰杰．从美国旅游业的发展看非政府组织管理［J］．东岳论丛，2009，30（2）：172.

② 蒲喜雄．从美国旅游营销管理看海南建设国际旅游岛［J］．热带林业，2011，39（3）：35.

③ 于慰杰．从美国旅游业的发展看非政府组织管理［J］．东岳论丛，2009，30（2）：172.

第二类，旅游咨询中心。美国各州都设立了大量的旅游咨询中心，这些旅游咨询中心为非营利性组织，主要职责是为政府分担旅游推广责任。各州有相关的制定部门对其进行管理。而内部管理采取董事会和会员制的形式运作。经费部分来自政府拨款，部分来自会员费、免税自主经营收入及社会捐款。

第三类，商会。商会代表美国企业和行业协会的利益，为非政府组织，其成员为政策专家、游说专家和律师。在体育旅游的推广运作中，地方商会也通过与地方旅游局的合作推进当地的体育旅游发展。例如加州北塔霍湖商会就和旅游局一起推广当地旅游。

二、新西兰体育旅游的主体

新西兰四面环海，海洋资源丰富。根据对新西兰体育探险旅游目的地的统计，全国可供开展的体育旅游项目中，场地资源最多的项目分别是：皮划艇、潜水和浮潜、骑马和徒步旅行、喷射快艇和水上摩托艇。[①] 水上、海上体育旅游资源的丰富使新西兰成为最负盛名的水上体育旅游目的地。

（一）体育旅游组织者

旅行社是新西兰体育旅游活动的主要组织者，旅行社也分为两类：第一类是专营体育旅游的旅行社。在新西兰旅游产业协会登记的体育旅游类专营旅行社、公司就有50家。[②] 以成立于1986年的Dive Fish Snow Travel体育旅游专营旅行社为例，经营项目包括潜水、钓鱼、滑雪三类。同时这家企业也是新西兰旅行社协会（TAANZ）和国际航空运输协会（IATA）的成员。也有开展体育旅游的探险旅游公司，如一家名为“Waitomo Adventurers Ltd”的探险旅游公司，将洞穴探险、黑水漂流作为主要经营项目。也有专门的高尔夫体育旅行社，新西兰高尔夫体育旅游在发展中创设了独立的品牌，如新西兰旅游局推介的主要品牌：“高尔夫球手梦想地”“GREENFERNZ”“新西兰高尔夫体验”“ANZ高尔夫”等。以高尔夫球手梦想地为例，这家高尔夫体育旅游旅行社成立于2000年8月，由新西兰职业高尔夫协会的成员雷·霍顿和他的妻子戴安创立并经营。其特色在于提供新西兰自驾，为个人、家庭和团体提供个性化高尔夫旅行套餐。除此之外，也有非专营高尔夫的旅行社会推出高尔夫旅游项目。第二类是非专

① New Zealand Tourism Guide [EB/OL]. [2012-07-30]. http://www.tourism.net.nz/attractions-and-activities/adventure/.

② Tourism Industry Association New Zealand [EB/OL]. [2012-08-01]. http://www.tianz.org.nz/main/searchresults_main/?realm=sport&listingtype=PROD&new=0&startRow=1#searchresults.

营体育旅游的旅行社，但是会迎合客户需求开设体育旅游项目。例如 Black Sheep Touring 旅行社，针对体育旅游爱好者客户群推出“南部探险者”体育旅游项目，游客在 11 天里可以体验到国家公园徒步、登山，以及海上皮划艇、洞穴漂流、冰川直升机远足等多种体育旅游项目。①

俱乐部是另一类体育旅游组织者。新西兰的体育旅游俱乐部分为营利性和非营利性两类，营利性俱乐部的性质接近企业，会针对顾客群体提供非常详尽的商业性服务。如 Global Dive Club 潜水俱乐部为游客提供潜水课程、开设潜水旅游项目以及装备销售。The Dive Guys 潜水俱乐部是更专业的潜水培训公司，为客人提供 PADI、SDI、TDI、NAUI 四种国际认可的潜水资格培训。

国家公园等机构也直接向商业团体提供体育旅游服务。新西兰的国家公园向社会公众提供木屋和野营地的租赁服务，除商业服务部门外，所有人都可以在新西兰保护部（Department of Conservation）官网进行预订。这种类型的旅游服务场所共 43 处。各个国家公园都设立了特许经营项目对商业服务进行限定。徒步、钓鱼、打猎、登山、滑雪、皮划艇、独木舟之类的群体活动是需要经过公园特许才能经营的。

国际潜水商业组织也是新西兰潜水体育旅游组织者的一个类型。潜水是新西兰的核心体育旅游项目，主要是国际性的专业潜水培训组织参与市场经营，办理全球标准化培训，代表性的国际潜水组织有 PADI、SDI、TDI、NAUI 等。

（二）体育旅游管理者

新西兰体育旅游管理者主要有以下几类：①设立独立的旅游局负责旅游市场的管理工作。②自然资源保护部负责木屋、野营地的预订。体育旅游场所如国家公园、海滩等受其管理。依照《资源管理法》（1991）行使沿海区域规划、对海滩活动的限制权等权利。自然资源保护部在各个国家公园设立自然保护署。③经济发展部下设公司办公室，负责旅游企业和体育俱乐部的注册管理。④2002年新西兰设立体育与休闲部（SPARC），负责新西兰休闲与健身事业的管理，后来更名为新西兰体育部（Sport New Zealand），体育俱乐部的开设和运营也归其指导。⑤官方事故赔偿公司（Accident Compensation Corporation），是为新西兰的居民和游客提供伤害预防、治疗和补偿的官方组织。⑥消费者事务部负责体育旅游产品安全服务管理。⑦新西兰移民局负责旅游签证工作。

除了上述中央政府部门，还有地方政府部门主办的网络推广平台，如新西

---

① Black sheep touring co. Take a walk on the wild side [EB/OL]. [2012-08-01]. http://www.blacksheeptouring.co.nz/thetours/adventuretoursoverview/thesouthernadventurer.aspx.

兰旅游产业协会推出了三家政府机构，包括一家地方性推广平台和一家标准认证机构。

（三）体育旅游第三方主体

新西兰体育旅游第三方主体的主要代表有非营利性体育旅游俱乐部和体育旅游协会。

第一类，非营利性体育旅游俱乐部。新西兰非营利性体育旅游俱乐部众多。从组织者角度看，大多数为体育旅游爱好者组织的，也有由高校组织开办的；从活动内容角度看，有只涉及体育旅游的，也有将体育旅游和环境保护结合的。据《新西兰和太平洋潜水杂志》的不完全统计，新西兰的潜水俱乐部已有101家，其中多数为非营利性俱乐部。

第二类，体育旅游协会。新西兰的体育旅游协会一方面促进行业内部的交流，另一方面为规范行业起作用。如背包青年和探险旅游协会（BYATA）是新西兰为宣传背包旅行、青年旅行和探险旅行而建立起的一个全国性组织。该组织作出的一系列决策也会对整个旅游行业产生深远影响。该协会认为，背包旅行业机构必须携手合作，共同促进新西兰国内的背包旅行、青年旅行和探险旅行的全球推广，并采取妥善的规管措施以确保行业中各个成员机构都能获得利润并可持续发展。该协会同时为整个旅游行业和相关政府机构提供反馈信息和联系途径。旅游行业成员也可通过网站分享观点、相互交流，并在行业内外宣传各自的观点看法。

相关的体育旅游协会主要可以分为三类：第一，旅游培训类协会。如航空业、旅游业、旅游培训组织，职业技能培训组织。第二，体育旅游类协会。如新西兰背包客、青年、探险旅游协会，新西兰登山导游协会，新西兰专业垂钓导游协会，新西兰海上划艇供应商协会，新西兰滑雪运动协会。第三，旅游类协会。如旅游产业协会，新西兰旅行社协会，新西兰青年旅社协会，新西兰旅游学会。

三、马来西亚体育旅游的主体

马来西亚海滩众多，还有超过50%的土地被森林覆盖，原始森林、山峰、国家公园都成为体育旅游发展的良好条件。徒步、丛林探险、登山、潜水、洞穴探险都有天然的场所。其中马来西亚的代表性体育旅游项目有潜水、登山、高尔夫三类。①

---

① 马来西亚旅游局．主题旅游［EB/OL］．［2013－08－11］．http：//www.tourismmalaysia.cn/.

（一）体育旅游组织者

马来西亚经营体育旅游项目的组织者主要有下述类别：①国家公园。国家公园能为探险类体育旅游项目提供广阔的场地。其国家公园主要有：东姑阿都拉曼国家公园、海龟岛海洋公园、尼亚国家公园、大汉山国家公园、姆鲁国家公园及姆鲁洞、巴哥国家公园、神山国家公园。②旅行社。马来西亚国家旅游部提供的3 696家旅行社中，命名为探险旅行社的有68家，命名为体育旅行社的有10家。[①] 这一类主营体育旅游的旅行社为体育旅游爱好者设立了一种或者多种体育项目结合的路线。以马来西亚婆罗洲生态探险旅行社为例[②]，它为游客提供的具代表性体育旅游线路有：A. 两天共7小时Kinabalu登山，以及Kiulu白水漂流；B. Maliau Basin自然保护区徒步；C. Danum峡谷和Borneo雨林徒步；D. Kiulu和Padas白水漂流；E. Kinabalu国家公园，Poring温泉和Tandem滑翔伞；F. Tunku Abdul Rahman公园开展的多种类型的潜水课程和沙滩活动。③私营和公立俱乐部。马来西亚有大约200个高尔夫球场，分布在马来西亚各地。高尔夫球场的性质各异，有的是私营企业，如The Datai bay高尔夫俱乐部，是由世界领先的高尔夫管理奢侈品牌Troon Golf进行管理运作、开发和市场营销。也有所有权归国家的高尔夫俱乐部，如Saujana乡村高尔夫俱乐部。[③] ④私营潜水公司。马来西亚的海滨有专门的潜水公司，配备潜水指导员，开展潜水指导服务。代表性的潜水公司有：婆罗洲潜水及水上运动公司（吉隆坡）、婆罗洲潜水及水上运动公司（沙巴）、拉央拉央岛度假村有限公司。

值得注意的是，马来西亚有一类行政管理部门参与体育旅游经营的情况和我国的情况类似。代表如马来西亚行政管理部门设立的潜水服务处。马来西亚的潜水服务，除了上面列举的旅行社、专业的潜水公司，还有一类就是行政管理部门设立的潜水服务处。马来西亚渔业局为政府部门，其在各州都设立了办事处，而彭亨州渔业局办事处和柔佛州渔业局办事处就提供潜水服务。[④]

（二）体育旅游管理者

马来西亚文化、艺术和旅游部负责授予旅行社经营权。2004年，旅游被独

---

① 资料来源：http：//www. tourism. gov. my/intl_ en/travel_ agent.

② 资料来源：http：//borneoeco－adventures. com.

③ Saujana乡村高尔夫俱乐部是马来西亚前首相Mahathir Mohamad的心血，1982年由政府牵头，为了吸引投资者和实业家而成立。资料来源：http：//www. saujana. com. my/。

④ 马来西亚观光局．潜水运动［EB/OL］．［2013－08－11］．http：//www. promotemalaysia. com. tw/hot_1_sub1. aspx？Hot_Activity_id＝1. http：//www. damaigolf. com/Reciprocal－Clubs. php

立出来，成立了马来西亚旅游部单独管理旅游。旅游局下设部门包括：总部办事处、地方办事处、海外办事处、销售代表和23个旅游咨询中心。

虽然设立了专门的旅游部主管旅游业务，但是马来西亚的体育旅游存在多头管理的现象。探险和体育类旅行社开展的体育旅游由国家旅游部主管。而潜水体育旅游的组织者则由渔业部门主管。

可以开展体育旅游的国家公园也受不同部门主管。《马来西亚联邦宪法》规定，有关国家公园的立法事务由联邦政府（中央）和州政府（地方）共同承担，因此州政府亦可依中央或地方法规独立划设国家公园或实际等级相当于国家公园的州立公园。目前马来西亚全国仅有一座根据《国家公园法》划建的国家公园，即槟城国家公园，其他冠名国家公园者实际上应为州立公园。马来西亚半岛的国家公园、州立公园均属陆地或海岸型保护地，半岛和纳闽联邦直辖区另有马来西亚海洋公园40座，由联邦天然资源与环境部海洋公园局主管。

（三）体育旅游第三方主体

马来西亚的体育旅游第三方主体有三类：体育旅游协会、地方社团组织和市场集群组织。其中市场集群组织的运作，有利于体育旅游企业之间的信息公开，也有利于同类企业之间的公平竞争。

第一类，体育旅游协会。马来西亚旅游和旅行社协会（Malaysian Association of Tours & Travel Agents）成立于1975年，由第一任总统设立。如今已有导游、当地旅游组织等超过2 800名会员，该协会扮演着国家旅游产业保护伞的角色。该协会在吉隆坡设总部全职秘书处，并在各地设办事处。其成立目标是保护旅行和旅游产业的利益。该协会和旅游部、旅游促进局密切合作，协助组织展览、研讨会，举办会议和讲习班，让会员收益的同时建立公众对旅游产业的认识。1996年该协会还成立了旅游学校，开设国内外认可的产业发展项目，按照国家职业技术标准开设课程。

高尔夫是马来西亚重点发展的体育旅游项目，马来西亚高尔夫旅游协会作为第三方组织，在推进马来西亚高尔夫的国际影响上起到了关键作用。该协会为非营利性组织，它与马来西亚旅游局、俱乐部、球场、媒体和企业密切合作开展工作。成立于2001年的马来西亚旅游教育者协会是一个为旅游教育者提供交流、研究、政策讨论等的协会。

第二类，地方社团组织。马来西亚的体育旅游企业会选择加入不同的地方社团组织。如前面例举的婆罗州生态探险旅行社，加入了沙巴的一个地方社团组织，该组织成员由对旅游相关产业发展、教育和自然野生濒危物种保护有多元化兴趣的公司组成。

第三类，市场集群组织。在马来西亚，比较典型的市场集群组织的做法体现在高尔夫体育旅游上。高尔夫俱乐部之间也有地方性或国际性的企业间的联盟，这种联盟达成一定的费用减免，目的在于推进球场之间的交流，例如马来西亚西部的达麦乡村高尔夫俱乐部会员也同时享有 Reciprocal Clubs 联盟会员的其他权力：①与马来西亚西部、沙巴、新加坡、泰国、新西兰、澳大利亚高尔夫俱乐部的互惠服务；②会员享有在全球阿诺德帕尔默设计的球场打球的特权。马来西亚西部共 31 家高尔夫俱乐部加入 Reciprocal Clubs 联盟。①

四、国外体育旅游主体特点

（一）体育旅游组织者特点

1. 以体育旅游组织者的专业化应对游客“散客化”

对新西兰、马来西亚、美国这三个国家的体育旅游市场分析可知，一方面体育旅游专营企业成为体育旅游市场经营的主要力量。专营企业在体育旅游市场推广、技术力量、安全保障上的系统设置给体育旅游参加者充分的选择空间。

另一方面，20 世纪 80 年代以来，世界旅游市场出现了散客化趋势，欧美各主要旅游接待国的散客市场份额达到 70% ~80%，有的甚至高达 90%，经营接待散客旅游的能力已成为衡量一个国家或地区旅游业成熟度的重要标志。②当散客逐渐成为体育旅游主流人群时，越来越多的体育旅游企业都开始重视旅游信息的发布和组织之间的交流，旅游目的地组织也以网络营销的方式吸引散客。

2. 体育旅游的本土发展和国际发展相结合

PADI 潜水培训创始于 1966 年，是世界知名的营利性潜水培训商业组织，受世界水下运动联合会的管理。该品牌基于教学的原则，设计出一套完整的教学系统，使潜水活动迅速兴盛起来。PADI 在世界各地拥有 25 000 多名教练，每年发出超过 500 000 张的潜水执照，这使得 PADI 成为世界上最大的潜水训练机构。

作为国际知名的体育旅游品牌，PADI 广泛与很多国家建立合作关系，通过授权成立潜水中心开展潜水培训。其总部设于美国加州，目前已在加拿大、日本、澳大利亚、新西兰、英国、瑞士、挪威、瑞典及新加坡等地设有办事处。

新西兰是潜水资源丰富、具有世界知名潜水教练培训服务的潜水体育旅游

① 资料来源：http：//www. damaigolf. com/Reciprocal-Clubs. php.

② 黄瑾，德村志成．中外旅游咨询中心比较分析：兼论我国旅游咨询中心的发展策略［J］．西南民族大学学报（人文社科版），2008（11）：212.

大国，其潜水企业除了开设 PADI 潜水资格培训服务，还有 SDI、TDI、NAUI 等品牌的服务。

（二）体育旅游管理者特点

1. 体育旅游分属多个管理部门分类管理

体育旅游作为体育产业或旅游产业的一个分支，新西兰、马来西亚、美国各国管理层面都未设立专门的管理部门。主要还是将体育旅游列为旅游活动进行管理。比较集中的是，森林公园内体育旅游活动的管理一般归属独立的部门，如由林业或自然保护部门单独管理。

2. 各国政府对体育旅游干预程度不同

新西兰、美国是企业主导旅游市场，管理机制比较稳定，政府主要行使监管权。

马来西亚则不同于这种情况，其高尔夫体育旅游官方俱乐部和民营俱乐部并存、潜水体育旅游官方服务处和民营企业并存的现状，决定了马来西亚的体育旅游管理者之间关系更加复杂，政府对体育旅游干预程度较大。

3. 重视体育旅游海外推广平台建设

对旅游特别重视的国家，政府机构会积极打造旅游品牌。例如马来西亚的政府部门马来西亚旅游局、马来西亚旅游部，其官方网站建设不是以官方政策为导向，而是以旅游市场为导向进行网页设计和推广。新西兰的 Tourism New Zealand 也是官网品牌，如今已经成为世界知名的旅游品牌。

4. 重视官方旅游咨询中心建设

体育旅游尤其是其中的户外体育旅游和户外探险旅游，在探险、体验的感官驱使下，散客成为体育旅游的游客主体的主要构成之一。在这种客源分散的状况下，西方很多国家纷纷设立了一种专门的旅游咨询中心（英文为 Visitor Center、Visitor Information Center、Tourist Information Center）负责为旅游散客提供旅游咨询服务。旅游咨询中心设立在地区景点、住宿地、机场、码头等地，还有的直接设立在地标、国家公园、森林公园里。①

从管理上看，旅游咨询中心一般划归地方政府或者商会。例如美国的旅游咨询中心一般为非营利性机构，由市政府（市政厅）下属的商会或旅游局直接负责。商会主席为总负责人，并由商会派 1~2 人为咨询中心的主管，主管对商会和旅游局负责，并间接对市政府负责；咨询中心所有的工作人员均为商会的

---

① Visitor center［EB/OL］.［2012-07-29］. http://en.wikipedia.org/wiki/Visitor_center.

雇员。美国的商会是市政府下设机构，其主要职能是为本城市的商业企业提供服务，因此商会与各企业保持着良好的关系，所以各旅游相关企业与旅游咨询中心基本都能保持良好的合作关系。美国旅游咨询中心的资金来源为市政府拨款，而市政府的财政收入又是来自下属企业，因此二者的关系是互惠互利的。①

（三）体育旅游第三方主体特点

1. 行业协会的独立程度和市场发展密切关联

对新西兰、马来西亚和美国三个国家的体育旅游协会样本进行比较，不难发现其协会的独立性和政治体制密切关联。对美国、新西兰这一类国家，相关政府机构行使监督管理职能，体育旅游协会独立运作，充分发挥了市场推广、安全保障、促进企业交流、协调和政府关系、提供发展建议等多方面的职能。而马来西亚作为发展中国家，政府对行业协会的介入很多，基本上体育旅游协会是依附于国家而存在的。国家成为市场的实际管理人，同时也是协调人，扮演了诸多的协会角色。

2. 建立产业集群组织行使市场推广职能

产业集群是指集中于一定区域内特定产业的众多具有分工合作关系的不同规模等级的企业和与其发展有关的各种机构、组织等行为主体，通过纵横交错的网络关系紧密联系在一起的空间积聚体，代表着介于市场和等级制之间的一种新的空间经济组织形式。② 产业集群组织扮演的角色虽然不像协会那样肩负多种职能，但它的重点在于促进市场合作和合理竞争，避免垄断。

国外体育旅游业也开始建立产业集群，通过这种方式更好地拓展市场和规范营销。在本书考察的三个国家里，马来西亚在产业集群的实践目前还不系统，例如前面提到的西部高尔夫俱乐部和国外相关联俱乐部的合作，还只是地区性的尝试。

新西兰最注重建立国家层面的产业集群，集中力量开展本国体育旅游品牌营销。代表性的体育旅游集群有：①高尔夫旅游产业集群。“新西兰最佳高尔夫”是新西兰高尔夫旅游市场集群的品牌名称。这一集群包括高尔夫旅游运营商、市场批发商、住宿供应商、高尔夫产业和旅游组织。②滑雪旅游市场网络。滑雪旅游市场网络由新西兰部分最佳滑雪度假村、滑雪运动场及其附近地区组

---

① 黄瑾，德村志成．中外旅游咨询中心比较分析：兼论我国旅游咨询中心的发展策略［J］．西南民族大学学报（人文社科版），2008（11）：213.

② 产业集群［EB/OL］．［2014－03－10］．http：//baike. baidu. com/link？url＝7mYKvmzRxM8lMnLJq6dLfA1FZP_uROx2AtCLnXKEGNOfzij9zApLcIe5P2K2wcej.

成。该网络集中了各种资源，以宣传冬季滑雪假日，并通过广告和公共关系工作增加客户的需求。成为该网络会员的滑雪度假村都是从事旅游行业多年的成熟企业。大多数情况下，它们都使用受旅游行业认可的价格模式。它们还拥有市场工具和信息，如图片和特殊旅游行业相关信息，以帮助销售产品。③背包旅客市场网络。背包青年和探险旅游协会（BYATA）是新西兰为宣传背包旅行、青年旅行和探险旅行而建立的一个全国性组织。该协会作出的一系列决策也会对整个旅游行业产生深远的影响。该协会认为，背包旅行业机构必须携手合作，促进新西兰国内的背包旅行、青年旅行和探险旅行的全球推广，并采取妥善的规管措施以确保行业中各个成员机构都能获得利润并可持续发展。BYATA 可为整个旅游行业和相关政府机构提供反馈信息和联系途径。旅游行业成员也可通过相关网站分享观点、相互交流并在行业内外宣传各自的观点看法。

3. 旅游目的地加入国际性旅游标准认定项目

不少西方国家体育旅游目的地加入国际性旅游标准认定项目，达到国际统一标准，以增加自身的旅游吸引力。代表性的如欧盟制定的“蓝旗项目”。该项目由非政府非营利性组织环境教育基金会运作，该项目目的在于通过对海水质量、环境教育、环境管理、安全问题等方面制定严格的标准，以保护海滩和码头。[①] 虽然该项目主要针对的是环境问题，但是由于已经有欧洲、南非、摩洛哥、突尼斯、新西兰、巴西、加拿大和加勒比地区等 46 个国家和地区的 3 849个海滩加入这一项目，使得“蓝旗项目”在海滩体育旅游场地的管理上，尤其是安全管理标准上产生了重大的作用。

第三节　我国体育旅游安全保障主体的完善

一、我国体育旅游安全保障主体的问题

体育旅游安全保障主体的问题归结起来，就是体育旅游组织者缺乏规范、体育旅游管理者参与市场比重过大和对市场监管不系统、第三方主体职能偏颇三方面的主体功能错位。

① Blue flag program［EB/OL］.［2014－03－10］http://www.blueflag.org/.

（一）体育旅游组织者缺乏规范

我国目前体育旅游的三类组织者都缺乏相应的规范，分别表现在：

1. 旅行社：缺乏合理的风险保险

我国旅行社大多数经营观光旅游项目，体育旅游项目不多，常规线路中身体活动参与的项目也在少数。这一方面是由人们的收入水平和认识程度决定的，另一方面受制于我国不规范的保险业。由于体育旅游大多具有较高的风险性，旅行社出于对高风险责任的回避，慎重开展相关项目。尽管近几年国内外很多保险公司都推出了户外专项保险，但还是不能完全规避旅行社的风险责任。

2. 营利性俱乐部：缺乏技术指导与行业规范

营利性俱乐部开展商业运作，除登山等少数项目外，大多数都缺少技术性指导，很多体育旅游项目的运作依靠民间行业协会或者志愿者进行技术的支持。有少数俱乐部雇用具备户外运动相关资质的教练。总体来说，户外运动救助体系的不规范和专项指导人员的缺失，成为户外运动风险的因素之一。从2001年开始，中国登山协会陆续举办了基础技能及户外指导员培训班，共分三大类，为参加培训并通过考核者颁发资格证书。国家人力资源和社会保障部就业培训技术指导中心也主办了户外运动领队和拓展培训师职业资格的培训（见附表5）。然而对于全国数量攀升的俱乐部来说，获得相应资格的指导员和教练员的数量仍然是杯水车薪。

3. 事业单位和行业协会：缺乏明晰的角色定位

各类体育学校作为事业单位，其主要职责是培养体育人才。在项目发展初期，依托学校设立商业性质的俱乐部，有助于学生实践和产业发展。然而，从体育旅游项目的长远发展看，有些项目如航海、潜水的市场功能需要更广泛的市场推广，学校的职能应更多回归教练人才培养上。同样，行业协会在体育旅游发展初期介入市场发展的行为，其优势在于结合人力和资源条件扶持某项目的发展，也为行业协会的发展寻求了经济支撑。但长远看，在协会直接参与体育旅游市场的运作中，也容易借助其技术优势和审批优势形成垄断，而没有行使其避免垄断、鼓励竞争的协会角色职能。因此，随着项目的逐渐成熟，事业单位和行业协会的角色定位需要重新进行定位。

（二）体育旅游管理者参与市场比重过大和对市场监管不系统

1. 管理者参与市场比重过大

我国是推行市场经济的国家，体育旅游的发展也应交给市场运作，推进其市场的发育。然而，体育旅游因为技术的限制，一些体育项目行政管理部门参与市场，垄断了这些体育旅游项目市场推广的机会。以滑雪体育旅游为例，“原有的滑雪企业由政府督办而形成一种残留物，还普遍存在于众多国有滑雪企业的运行机制中，政企不分的现象依然十分严重，甚至有的滑雪场仍然是政府的试验田”①。

2. 管理者对市场监管不系统

体育旅游管理者既有体育行政管理部门和旅游行政管理部门，也有工商管理部门和肩负管理职能的第三方组织。这种行业多头管理一直是旅游管理混乱的症结，体育旅游更是因体育行政管理部门的广泛参与，使其管理更加复杂。部门之间沟通不畅，致使体育旅游的发展也缺乏统一规划。

3. 体育事业单位和体育旅游行业协会参与市场造成一定程度上体育旅游市场的不公平发展

体育事业单位以及一些单项体育项目协会利用其技术优势参与市场，其优点在于技术含量的保证，使风险降低，而其缺点在于技术的垄断，缺乏推广机制，影响相关体育旅游项目的市场发育。如前面提到的青岛风帆国际航海俱乐部，作为航海运动竞技项目的培训基地，技术是其强项，然而，技术推广的缺乏，致使我国海岸沿线的市场资源得不到充分的开发。

另外，从体育部门对其技术监管来说，存在有些项目垄断管理、有些项目缺乏管理、有的项目无人管理的问题。技术含量和发展程度也决定着行政管理部门的技术监管力度。如登山类、潜水类技术含量高的项目，培训和准入由国家把控。自行车技术含量较低，自行车体育旅游在我国是以协会和市场推广运作为主，如广东碉楼主推自行车体育旅游。而有的体育旅游项目如滑翔伞等航空体育旅游项目，除了国家体育总局设立安阳航空运动学校进行专业培训，近年来北京、广东也开始有少数俱乐部进行项目经营，但是其教练资格认证缺乏系统的监管。

（三）第三方主体职能偏颇

第三方主体职能偏颇主要是指官方协会，其主体职能偏颇体现在：

1. 官方协会辅助市场的功能缺失

行政管理部门也通过官方协会参与部分市场运作。目前在我国，协会运作需要行政管理部门的大力支持，而且在目前竞技运动为重的情况下，行政管理部门对体育协会的支持的确有力地推动了竞技运动项目的发展。但是，对体育

① 张贵海．中国滑雪产业发展问题研究［D］．哈尔滨：东北林业大学，2008.

旅游来说，其市场发展得不到相关行政管理部门支持下的协会的有力推动，协会没有充分发挥出辅助市场发展的功能。

2. **官方协会性质模糊**

我国的体育旅游行业协会以官方协会为主，这类协会不具备非营利性组织的协会本质属性，并不是真正意义上的协会。以中国滑雪协会为例，其既属于自愿结成的，非营利性社会组织，又受国家体育总局的领导，并接受民政部的业务指导和监督管理。中国旅游协会也是既具有独立的社团法人资格，又接受国家旅游局的领导、民政部的业务指导和监督管理。官方协会和行政管理部门一般是“两块牌子，一套人马”开展运作。因此，体育旅游相关协会的性质的不仅仅是管理部门和实施部门之间的桥梁，而很大程度上是行政部门的分支部门，这种模糊的性质，并不能充分辅助体育旅游市场的良性发展。

二、我国体育旅游组织者的完善

（一）变“政府主导”为“市场主导”

20世纪90年代以来，我国确立了政府主导型旅游发展战略。1999年，国家旅游局在《中国旅游业50年》一书的序言中指出，中国旅游业之所以能取得今天这样的成绩，最大的经验是在政府的主导下把它当作一种经济性事业来对待。的确，政府主导式的变迁对中国旅游业的发展起到了非常大的促进作用。[①]改革开放以来，我国旅游业发展实施政府主导型旅游发展战略，其主要原因是改革开放后旅游需求呈现指数增长，但是在相当长的时期，我国国民经济整体比较落后，旅游基础设施和旅游服务设施都无法满足迅速增长的旅游需求，旅游发展中的主要矛盾是旅游供给无法满足旅游需求。在这种背景下，发挥行政管理部门的主导作用，通过行政管理部门大力兴建旅游设施和出台各种旅游政策来推动旅游业的发展具有重要历史意义。随着我国国民经济的发展，旅游业发展面临的环境和条件已经改变，特别是经过多年的努力，我国旅游市场逐步建立和完善，旅游市场在解决供给和需求之间的矛盾中可以有效地发挥主导作用。[②]当前政府主导型旅游发展战略迫切需要向市场主导型旅游发展战略转变。

首先，旅游业和其他产业的融合发展迫切需要市场占据主导地位。产业融合是伴随着信息技术革命和行政管理部门管制放松而出现的一种产业创新方式。

---

① 余俊．论旅游业中政府主导行为的法律规制：以名人故里之争为视角［J］．生态经济，2012（1）：157－158.

② 吴三忙．旅游业融合发展中政府的作用［J］．旅游学刊，2011，26（6）：7.

作为一种新兴的经济现象，产业融合正在全球范围内呈现出蓬勃发展的态势。体育旅游这种体育和旅游的融合，也正在被世界各国论证、认识和逐步推广。要发挥市场在实现旅游业融合发展中的主导性作用，关键是要加快放松行业管制。旅游业实现融合发展必然要求各种要素能够在不同行业之间较为自由地流动，旅游业才能与其他产业实现市场、技术和功能等的融合。就目前我国的实际情况来看，行业管制现象仍比较突出，如旅游业在与体育产业的融合中就遇到了体育产业严格管制的制度障碍，如果不放松或变革这些政策与管制，旅游业融合发展将难以实现。①

其次，旅游方式从观光到体验的转变也迫切需要市场作出回应。美国著名未来学家阿尔文·托夫勒于20世纪70年代初在《未来的冲击》一书中指出：体验经济将逐渐成为继农业经济、工业经济、服务经济之后的又一种经济形态，企业将靠提供体验服务取胜。这个观点长期以来一直未引起人们的重视，直到20世纪末，当社会经济环境的变化使人类“体验”对经济产生重大影响时，人们不能不佩服托夫勒的卓识远见。② 体育旅游在世界各地的兴起正是对体验经济时代的验证。中国体育旅游是伴随着改革开放的步伐而诞生的。经济的发展推进中国民众的旅游方式从旅行社报团观光旅游逐渐走向更加休闲健康、更注重体验的方式。体育旅游正逐渐成为体验经济的宠儿。

再次，我国体育旅游的实践经验证明，商业运作模式下体育旅游才有更快、更好的发展前景。以我国发展比较好的登山体育旅游为例，新中国成立后几十年来，都是由行政管理部门引导发展，并以职业登山群体为主。到20世纪末，业余登山逐渐增多。新疆乌鲁木齐登山探险协会秘书长、新疆乔戈里高山探险服务有限公司董事长侍海峰在2011中国户外运动高峰论坛发表讲话，认为把“登山分为职业登山和民间登山”是不对的，“民间登山同样需要专业的技术与装备，而专业登山同样需要资金的支持，也需要对出资者有所回报。目前看，只有从发起的角度，有国家行为与民间俱乐部行为的分别”。在登山的未来出路上，他认为“一次成功的登山活动，必然伴随着成功的商业运作；而成功的商业运作，才能推动登山活动的发展”③。中国的登山资源、人才和登山发展地位很不相称，登山业的发展状态与尼泊尔和日本相比仍有差距。西藏登山队现任队长尼玛次仁认为“现代登山运动在我国已经走过了政治象征和民间跨国合作

① 吴三忙．旅游业融合发展中政府的作用［J］．旅游学刊，2011，26（6）：7.

② 郭馨梅．体验经济刍议［J］．北京工商大学学报（社会科学版），2003，18（4）：1.

③ 2011中国户外高峰论坛：侍海峰谈登山商业运作［EB/OL］．（2011－11－02）．http：//www.8264.com/viewnews－71188－page－1.html.

阶段，现正进入真正的产业化时代”。①

目前体育旅游市场中存在的问题主要有体育旅游项目的技术培训问题、体育和旅游部门深入合作问题、体育事业向体育产业转变问题。这些都需要相关行政管理部门转变职能，从“政府主导”走向“市场主导，政府引导”，未来我国体育旅游才能有望在规范中得到大发展，培育可观的市场潜力。

（二）推进机构专业化，聚拢散客市场

旅游市场走向散客为主是西方国家和我国的旅游游客的发展趋势，这一趋势对我国的旅游市场影响很大，尤其是新兴的体育旅游，散客更是其中坚力量。散客这一概念目前国内还缺少专门的研究，内涵和外延都比较宽泛。张凌云于1992年引用国外概念“foreign independent tourist”，认为外国独立游客就是散客的同义语。② 这一概念在1992年的中国语境下是成立的，当时外国来华旅游的散客是唯一的散客群体。但是近些年这一概念发生了变化。迈入21世纪的前十年，随着我国经济发展，旅游市场逐渐完善，越来越多的国人也加入了散客的行列。

散客的英文名称为“independent traveler”。新西兰学者认为散客是指在旅游目的地区域内行程安排灵活，目的地选择有自由度的游客。西方一些国家早于我国发生了散客为主的客源变化。1989年，78%的英国游客、72%的法国游客、58%的德国游客都是散客群体。2001—2002年，在新西兰的国际游客中，92%的英国游客、90%的澳大利亚游客，75%的美国游客都是散客。③ 美国Pew研究中心2006年的“网络和美国人的生活计划”研究报告显示，73%的网民通过网络查询旅游信息，63%的网民在网上购买旅游服务或开展旅游预订。尼尔森公司2005年网络评级报告指出，差不多有50%的旅游购物者与在线旅游公司达成旅游计划。④ 我国的散客潮在2000年前后逐渐形成。2007年北京“五一”黄金周，486万来京总游客量中，散客比例高达70%。⑤

针对散客市场，我国的旅游服务发生下列改变：

---

① 从珠峰的攀登史到中国的登山文化［EB/OL］.（2010-03-26）. http://www.8264.com/viewnews-50739-page-1.html.

② 张凌云．散客旅游市场的几个问题［J］．旅游学刊，1992，7（6）：21.

③ KENNETH F HYDE，ROB LAWSON. The nature of independent travel［J］. Journal of travel research，2003，42（1）：13.

④ YOUNG A PARK，ULRIKE GRETZEL & ERCAN SIRAKAYA-TURK. Measuring web site quality for online travel agencies［J］. Journal of travel & tourism marketing，2007，23（1）：15.

⑤ 赵晓燕．北京旅游集散中心发展问题研究［J］．旅游学刊，2007，22（10）：16.

一是增设旅游集散中心。我国旅游集散中心目前还是零星发展，自1998年上海旅游集散中心成立后，北京（2005）、舟山（2005）等地仿效设立旅游集散中心。旅游集散中心目前主要出现的问题有：市场定位不明确；人员专业素质和管理水平有待提高；旅游产品数量少、更新速度慢、线路设计有待改善；服务功能弱，服务形式单一；服务咨询网点数量偏少；发车中心数量少、位置分布有待改进；缺乏与游客的双向沟通。①

二是设立旅游咨询中心，1999年上海设立了22家旅游咨询中心，随后北京（2001）、山东（2003）、杭州（2004）、海南（2011）等地陆续成立类似的旅游咨询中心。然而冷清、知名度小、利用率低是不少旅游咨询中心的现状。其原因问题在于：选址欠科学；因拨款方式差异，有的旅游咨询中心过度商业化；工作人员专业度低；信息供给不充分，网络服务功能虚设。②

三是旅游信息化平台集群发展。我国旅游信息化是随着计算机的逐渐普及而日趋重要。从20世纪80年代萌芽，到2000年左右开始快速发展，我国旅游业信息化建设的侧重点表现在旅游网站的建设、旅游管理信息系统的建设、旅游电子商务的发展、旅游企业和管理部门的管理、办公自动化、办公智能化等领域。目前我国已经形成了五大类专业旅游网站：一是提供实用旅游信息查询和产品预订中介服务的综合性网站，如携程旅行网；二是主营航空、酒店或其他某类旅游产品预订的网站，如中华分时度假网；三是旅游企业开展网络宣传及网上旅游业务的网站，如春秋旅游网；四是各类旅游目的地资讯网和地方性旅游网站，如海南旅游网；五是旅游管理部门、行业协会、研究机构等设立的面向业内为主的网站，如中国旅游网。③

针对散客潮，我国旅游虽然也在过去十几年作出上述反应，行政管理部门牵头，市场协作推动了散客的旅游市场服务，然而其发展仍然未充分应对散客潮的旅游需求特点。首先，旅游集散中心和旅游咨询中心目前大都处于刚刚起步阶段，存在上述介绍的多种问题。其次，旅游信息化平台的发展虽然提供了食住行的信息服务，但是离人性化服务还有距离。

从体育旅游的特殊性来说，旅行社还不能提供多样化的体验式服务，各种俱乐部和“驴友”的自发组织行为成为我国目前体育旅游的最常见形式。在推进体育旅游的散客服务中，旅游集散中心和旅游咨询中心发挥的作用甚微，而网站的

---

① 赵晓燕．北京旅游集散中心发展问题研究［J］．旅游学刊，2007，22（10）：17－19.

② 黄瑾，德村志成．中外旅游咨询中心比较分析：兼论我国旅游咨询中心的发展策略［J］．西南民族大学学报（人文社科版），2008（11）：212－214.

③ 胡云．我国旅游业的信息化建设与发展［J］．城市问题，2004（2）：50－51.

个性化服务亦不到位。因此，重视体育旅游的散客市场服务，对于这些机构来说可以吸纳客源，对于散客来说可以更安全又多样化地开展体育旅游。这是促进双方共赢的行为。从长远来说，要想推进体育旅游的散客市场服务，还是要从推进旅游集散中心、旅游咨询中心、旅游信息化平台三者的服务质量入手。

（三）依照市场规律，合理开发运作

我国目前体育旅游市场存在场地、经营对象、技术培训多方面的不合理现象，这些都是在体育旅游开发过程中未遵循市场规律运作造成的。依照市场规律和需求，合理规制这些不合理现象，建议从以下方面入手：

首先，从“盲目扩张”到“有效整合”。有些体育旅游项目在山地、河流进行，这些地方属于自然资源，然而高尔夫球场、滑雪场等属于人工开发的体育旅游场地，这类场地的规划存在不合理性。体育旅游的场地不合理现象主要表现为盲目扩张。如一些地方高尔夫球场建设过多过滥，占用大量土地；有的违反规定，非法征占农民集体土地，擅自占用耕地，严重损害了国家和农民利益；有的借建高尔夫球场名义，变相搞房地产开发。为此，2004 年国务院颁布《国务院办公厅关于暂停新建高尔夫球场的通知》，该通知规定“暂停新的高尔夫球场建设、清理已建在建高尔夫球场项目、规范高尔夫球场的运营、加强督促检查和指导工作”。

其次，从“高端体验”到“多层级体验”。我国目前有些体育旅游的经营对象定位不合理。如高尔夫项目在我国一般被认为是贵族运动，而美国高尔夫俱乐部的五种经营分类恰好印证了市场的推进也要考虑社会不同阶层这一因素。多层级的体验才能满足不同社会群体的休闲需求，进而成为体育旅游产业发展的助力。

再次，从“竞技体育”到“运动休闲”。2008 年奥运会之前，竞技运动在我国的地位难以撼动。体育旅游作为新兴体育产业的一类，组织者和参加者对技术培训、安全保障、救援等多方面的诉求乏人问津。体育旅游中有技术水平要求低的项目，如骑马、滑沙等，但也有技术水平要求高的项目，如潜水、登山、舢板等，这就存在体育管理部门提供培训服务不平衡的问题。因此，未来的市场运作，需要组织者与管理者合作求发展。

三、我国体育旅游管理者的完善

（一）增进体育和旅游部门合作，行使监管责任

我国目前体育和旅游部门的合作尚停留在部分体育赛事或展会的短期合作

上，如国家体育总局和旅游局合作举办的2012中国体育旅游博览会，2010年起定期在河南新乡国家攀岩公园举办的攀岩赛事，还有各地的马拉松赛等。虽然从政策的角度，体育和旅游的融合已经开始被重视，但是也才刚刚处于起步阶段，2009年开始，一系列发展政策陆续出台，如《国务院关于加快发展旅游业的意见》（2009）、《国务院办公厅关于加快发展体育产业的指导意见》（2010）和《贯彻落实国务院关于加快发展旅游业意见重点工作分工方案》（2010）。但从体育旅游产业的长远发展看，还缺乏深入的合作与交流。在不少项目被边缘化的处境下，缺少立法监管自然成为发展中混乱的源头。加上有些领域的法规立法较晚，难以规范既定的事实。如2007年8月才通过《中华人民共和国反垄断法》，李建刚、王新平认为“由于体育旅游出现较晚，市场管理尚未使用《反不正当竞争法》《反垄断法》，导致体育旅游市场出现了以行政区域为基础的体育旅游市场壁垒和以部门利益为基础的过度竞争，从而无法形成有效竞争格局。因此，政府有必要进行法律规制，实现体育旅游的良性发展”①。

合作的方式，西方学者提供了两种思路：第一种思路是，体育和旅游部门深度合作。P. De Knop认为“旅游、体育和体育旅游未来必将持续发展。然而挑战之一，是需要建立政府层面的体育和旅游合资企业”。② 从我国的实际情况看，开设体育旅游项目的俱乐部和旅行社目前交集并不多。旅行社本身发展欠规范，体育旅游的高风险性更是让旅行社望而却步。而现阶段，我国体育旅游的参加人群往往选择非常规旅行方式，因此市场群体以俱乐部和散客为主。要实现两者的深度合作，发挥两者的优势，难度比较大。

第二种思路是，体育和旅游机构合作不畅，可考虑设立政府层面的合作机构。早在1982年，Glyptis就指出体育旅游组织的核心问题是：体育和旅游之间缺乏联系。这一论点随后得到多名学者的研究证实。1997年Weed和Bull指出体育和旅游地方机构之间的合作几乎为零。与此同时，Gibson指出从政策层面上体育和旅游机构需要更好的合作。2004年，Richtie和Adair提出了体育旅游政策制定和实施的建议：如果希望体育旅游更加有效和高效，能带来双方利益的最大化，那么，应更好地整合双方的政策领域和产业领域。然而，到2008年，Weed研究发现，缺乏整合的问题仍然存在。③

---

① 李建刚，王新平．我国体育旅游发展中的政府规制问题研究［J］．山东体育学院学报，2010，26（5）：10.

② P DE KNOP. Total Quality，A new issue in sport tourism policy［J］. Journal of sport and tourism，2004，9（4）：306－307.

③ HAGEN WÄSCHE，ALEXANDER WOLL. Regional sports tourism networks：a conceptual framework［J］. Journal of sport and tourism，2010，15（3）：193.

由此分析，长远的体育旅游发展的基础，不论是两个部门各司其职还是设立专门的中介机构进行管理，体育和旅游两个管理者深度合作都是毋庸置疑的前提。在部门合作的基础上，以立法的形式进行监管，则是体育旅游产业发展的必要保护伞。

（二）整合相关资源，推动安全与发展并行

管理者的功能，可以体现在整合资源促进发展，以及保障安全发展两方面。

首先，管理者可以整理资源建立产业集群，推广体育旅游。除了无形的资源整合，管理者还可以通过有形的拨款与协会辅助功能，实现资源的整合。

其次，管理者的职责还有一个重心——建立安全管理体系，规避企业风险。管理者可以通过制定网络非营利性俱乐部监管制度，规范我国目前通过网络召集的自发体育旅游行为。户外运动者盲目选择非认证的机构开展活动，以及管理者的网络宣传和教育不到位，这些问题都可以通过官网获得解决，从而规避相应的风险。

（三）适度干预，平衡发展

管理者在体育旅游市场中的放权程度影响着市场的发展。西方学者在这个问题上有不同的看法。保罗·纽尔为竞争问题的研究提供了一种新的方法，即主张从政府、企业和消费者三者关系的视角，对竞争问题进行全方位的分析。他认为市场中为防止企业以不正当或不公平的方式竞争，需要政府对竞争活动给予必要的干预和规制。因此竞争关系的健全需要企业、消费者、政府三者之间良性互动。①

也有人主张行政管理者对企业的管理权力下放。Fisun Yüksel 等人从另一个角度指出发展中国家旅游管理权力简单下放可能带来的危害。他们认为，很多发展中国家在管理上都高度集中。这类国家的权力下放受到了广泛的拥护，但是很少考虑到潜在的困难和危险。② 他们还设计了评估旅游管理权力下放的问题框架，囊括了权力下放的优缺点。该框架对旅游管理中的权力转移、权力分配、合法性以及问责都进行了考察。在实际操作中，该框架用于土耳其海滨度假胜地 Belek 的中央和地方管理、私营公司和非政府组织的治理研究中。在

---

① 保罗·纽尔．竞争与法律：权力机构、企业和消费者所处的地位［M］．刘利，译．北京：法律出版社，2004.

② FISUN YÜKSEL, BILL BRAMWELL & ATILA YÜKSEL. Centralized and decentralized tourism governance in Turkey ［J］. Annals of tourism research, 2005, 32 (4): 859 – 886.

Belek 权力下放实践中遇到的困难和所受的威胁警醒人们应该对权力下放问题采取批判性采纳的态度。

以此为鉴，我国体育旅游管理者需要平衡好放权的程度，既要能保障市场的发展活力，又要兼顾对市场的安全监管。

四、我国体育旅游第三方主体的完善

虽然我国也存在在民政部门登记注册，具备合法身份的体育协会和旅游协会，但是其要获得资金、决策方面的支持也非常困难。更多的体育协会或旅游协会存在相似的问题——对行政权力的依附。依附旅游部门的协会，“由各级旅游局组建，在政府授权和委托下承担部分行业管理职能，在政府体制改革的大背景下成为转移行政权力和分流人员的载体”①。而依附于单项体育中心的协会，也即官方体育社团，“由政府授权，组织资源的获得和组织运作表现出对原有‘体制体系’极大的依赖”②。

体育旅游发展中，其产业的特性迫使原先的协会职能发生转变，体育事业和体育产业中利益主体的利益关系逐渐交叉模糊。在这个背景下，协会作为第三方机构的职能需要重新整合。中国的体育协会之所以形态特殊——和管理部门职能结合，是由该行业处于发展初级阶段的特性决定的。协会和管理部门合作，能更高效地调动资源进行宏观调控。尤其是在户外运动发展初期的推广中，协会和管理部门职能的结合，能在人才培养和救援方面，做到非营利性协会完成不了的任务。

随着体育旅游产业发展中产生的相关需求，目前协会和管理部门之间存在的组织定位模糊、民主的缺失，以及由此导致的各个主体之间利益矛盾的扩大问题，迫使协会必须作出改革。只有组织者、管理者、第三方主体形成稳定的三角形架构，才有利于行业的更高效率运作。

（一）第三方主体与管理者进行权力整合

体育旅游行业协会如何与行政机构建立既独立又关联的关系，让协会既不受行政权力的干预，又能整合资源获得发展，王旭光对官方体育社团进行研究后预期“现阶段官方体育社团社会合法性获得的三条路径：①权力关系的整合。

---

① 李连宇．转型时期中国旅游行业协会模式研究：以北京、青岛为例［D］．北京：北京第二外国语学院，2006.

② 王旭光．我国官方体育社团的社会合法性研究：对全国性单项体育协会的分析［D］．天津：南开大学，2006.

取消‘运动项目管理中心＋全国性单项体育协会’的组织模式，将行政性权力和契约性权力整合到一种身份中。通过制定不同的运行规则和程序保证两种权力边界的清晰和不被滥用。②建立利益和资源的整合机制。拓展协会发展的动力和激励来源、建立起利益整合机制、完善监督和制约机制、建立协会发展的保障机制。③法规和制度的完善。界定政府与社团间的权利与义务，规范社团的公共管理权力、完善内部的民主参与程序、建立社团成员外部的法律救济制度”①。这也适用于体育旅游协会合法性的发展导向。不管是官方体育协会还是官方旅游协会，都需要对权力进行整合，转移协会的管理职责，以推广体育旅游项目为主要责任。

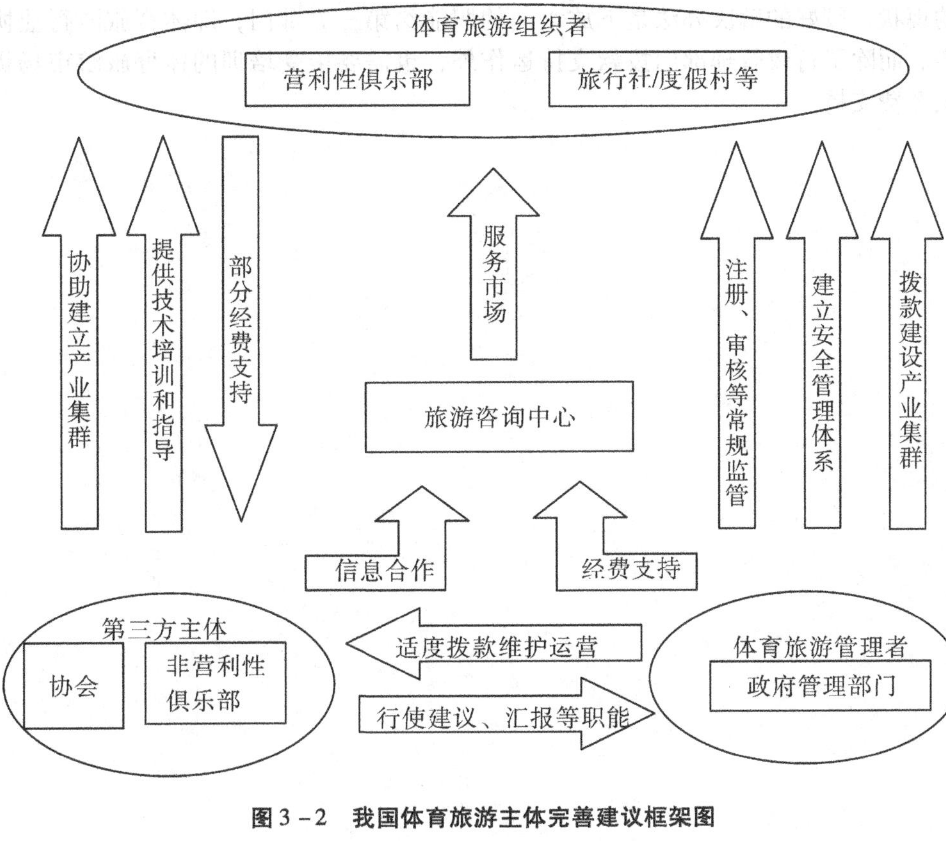

体育旅游组织者
营利性俱乐部
旅行社/度假村等
协助建立产业集群
提供技术培训和指导
部分经费支持
服务市场
注册、审核等常规监管
建立安全管理体系
拨款建设产业集群
旅游咨询中心
信息合作
经费支持
第三方主体
协会
非营利性俱乐部
适度拨款维护运营
行使建议、汇报等职能
体育旅游管理者
政府管理部门

图 3－2　我国体育旅游主体完善建议框架图

① 王旭光．我国官方体育社团的社会合法性研究：对全国性单项体育协会的分析［D］．天津：南开大学，2006.

（二）协会行使建议职能，行政管理部门拨款支持运作

体育旅游的发展，需要相关的体育旅游行业协会反馈合理建议给行政管理部门。这需要协会在中立的立场上开展相关的研究，撰写报告，并把报告提交给相关行政管理部门。行政管理部门也应当合理拨款，为协会的科学运作提供支持。

（三）协会提供技术培训，市场提供经费支持

目前我国体育旅游项目的核心问题是技术培训，而不少项目的技术传播方式有限，旅游部门也无力监管。对于体育和旅游部门在技术培训上尚欠缺合作的现状，较好的解决办法是下放培训的职能给第三方部门，即体育旅游行业协会。而除了行政管理部门拨款支持运作外，也需要接受培训的体育旅游市场提供经费支持。

第四章　高危险性体育旅游市场准入制度

本章对高危险性体育旅游市场准入进行研究，一方面因为市场准入是体育旅游市场规范的法律手段之一，另一方面在现阶段国家改革中高危险性的体育旅游因其风险性大、伤亡事故频发而尤其需要对准入问题进行规范。

第一节　高危险性体育旅游市场准入概述

一、高危险性体育旅游概述

根据前面对体育旅游概念和分类的研究，国内外的研究者会提到“高风险”，但是较少提出“高危险性”这个概念，从意义上看，是同一个意思。我国对高危险性体育旅游的定义，最早源起自第一个地方性的高危险性体育经营管理的法规——《广东省高危险性体育项目经营活动管理规定》（2006），在这个规定中，高危险性体育项目是指“已制定国家标准或者地方标准中专业性强、技术性高、危险性大的体育项目。包括：游泳、潜水、漂流、攀岩、蹦极、射击、射箭、卡丁车、轮滑、滑翔伞、动力滑翔伞、热气球等”。2009 年，重新修改的《全民健身条例》提出了在安全方面，应加强对高危险性体育项目经营活动的监管，加强社会体育指导人员队伍建设，确保公众参加健身活动的安全，但是没有对高危险性体育项目的性质和分类进行具体的界定。2013 年 5 月国家体育总局发布《经营高危险性体育项目许可管理办法》，第一次从全国范围内制定高危险性体育项目的准入标准。依据该法界定，经营高危险性体育项目，是指“以营利为目的，从事按照《全民健身条例》规定公布的高危险性体育项目的经营活动”。同时，也发布了《第一批高危险性体育项目目录公告》，游泳、滑雪（高山滑雪、自由式滑雪、单板滑雪）、潜水、攀岩四类项目明确为高危险性体育项目，目前国家体育总局正在加紧制定后续高危险性项目的准入标准。2003—2005 年我国相继颁布了游泳、卡丁车、蹦极、攀岩、轮滑、滑雪、滑冰、射击、射箭、潜水、漂流、滑翔伞、热气球、动力滑翔伞 14 个体育项目的《体育场所开放条件与技术要求》（GB 19079）强制性国家标准。照此推测，未来即将发布的高危险性体育旅游项目还将涵盖更多的体育项目。

从相关研究论文的数据看，比较早开展高危险性体育项目研究的代表是吴香芝，2008 年 12 月在第三届全国体育产业学术会议上提出了《我国高危险性体育经营项目规范的研究》。

虽然国内对体育旅游的概念认识时间不长，目前也广泛存在与运动的研究范畴重合的现象，但从探究什么是高危险性体育项目的角度分析，国家体育总局登山运动管理中心制定的“登山及户外运动分类表”（见表 2－3）也可以算对高危险性体育的一个早期探索。并且该中心对登山及户外运动的难度分类，至今还指导着《国内登山管理办法》按照 3 500 米来区分难度，对 3 500 米以上的登山制定准入标准。

综合上述界定来看，高危险性体育旅游的项目划分尚没有统一的标准，参考广东省对其的界定，专业性强、技术性高、危险性大的体育旅游项目，都是本章研究市场准入的对象。

二、高危险性体育旅游市场准入的必要性

市场准入是外来词，英文为 Market Access。[①] 从经济和法律角度而言，市场准入产生于“二战”后的关税与贸易的谈判，是对一国允许外国货物、服务或资本参与其国内市场的程度或一国市场开放程度的一种描述。后来该概念引申为一国内部对某企业、产品或行业进入市场的管理或规制的一种制度。现在市场准入已从早期的、狭义上的一个市场的进入、一个企业的登记、一种标准的设立，扩展到广义上一国的开放程度及测量、市场壁垒的设置、投资环境的改善、市场的监管、国家的微观管理与宏观调控等相互关联，内在有机联系的一个独立的制度。[②] 具体来说，市场准入制度是国家对市场主体资格的确立、审核和确认的法律制度，包括市场主体资格的实体条件和取得主体资格的程序条件。其表现是国家通过立法，规定市场主体资格的条件及取得程序，并通过审批和登记程序执行。[③] 体育旅游市场作为旅游和体育产业融合发展中的新兴主体，其市场准入包括体育旅游市场主体资格的条件规定，以及取得这种资格相关的程序条件。

十八届三中全会明确了完善现代市场体系的政策导向，提出“建立公平开

① 戴霞．市场准入法律制度研究［D］．重庆：西南政法大学，2006.

② 戴霞．市场准入法律制度研究［D］．重庆：西南政法大学，2006.

③ 赵庆庆．市场准入制度理论基础的新视角［EB/OL］.（2004－07－14）．http：//www. law－lib. com/lw/lw_ view. asp？ no＝3419.

放透明的市场规则。实行统一的市场准入制度，在制定负面清单基础上，各类市场主体可依法平等进入清单之外的领域。探索对外商投资实行准入前国民待遇加负面清单的管理模式。推进工商注册制度便利化，削减资质认定项目”。并且与此同时要加快转变政府职能，“进一步简政放权，深化行政审批制度改革，最大限度减少中央政府对微观事务的管理，市场机制能有效调节的经济活动，一律取消审批，对保留的行政审批事项要规范管理、提高效率”。[①] 在这一政策导向下，2013 年《经营高危险性体育项目许可管理办法》出台，这标志着我国体育旅游市场准入制度已经开始走向对全国所有机构开展的高危险性体育旅游行为实行统一的市场准入，以及对非高危险性体育旅游准入的逐渐放开。在这个背景下，确定高风险性体育项目类别，并逐渐完善对这一类高危险性体育旅游项目的统一准入，对体育旅游安全保障来说，有非常大的现实意义。

建立高危险性体育旅游市场准入的意义不仅体现在对体育旅游市场经营行为的规范，起到完善市场、行使监管职能的角色，而且对安全保障来说，其更主要的意义在于通过合理准入条件的限制和准入程序的执行，一是对组织者的安全准入审核，以此保障高危险性体育旅游参加者的人身安全权利，二是有助于高危险性体育旅游组织者完善风险管理制度，规避经营中的风险，进而保障组织者的健康发展。

三、高危险性体育旅游市场准入原则

由于体育旅游在我国 20 世纪末才逐渐开始发展，体育旅游市场至今仍在不断发展和形成中。因此，其市场准入原则也正经历着一个不断发展的过程。

在 20 世纪 90 年代，我国体育旅游市场尚在早期发展中，当时对体育旅游市场的认识尚不深刻，不同的项目分别从组织管理、安全、竞技技能、社会效应几个方面制定准入原则。以相关法规中的准入原则为例，1998 年《全国水上体育经营活动管理暂行规定》设定的准入原则为“发展水上体育运动，丰富人民群众的文化体育生活，提高人民群众的身体素质，加强对水上体育经营活动的管理”。这里侧重从社会文化意义以及市场管理的意义来制定准入原则。当时，水上体育活动的安全问题，尚未列入原则之一。2001 年《全国潜水活动管理暂行规定》设定的准入原则为“使我国潜水活动健康有序的发展，加强对全国潜水活动的管理，保障潜水爱好者在水下活动的安全”。这里已经对风险性大的水上活动提出了安全的准入原则。2000 年《滑翔伞运动管理办法》设定的准

① 十八届三中全会报告［EB/OL］．（2015－06－04）．http：//ylxf. yn. gov. cn/Html/News/2015/6/4/95150. html.

入原则为“加强对全国滑翔伞运动的管理，促进滑翔伞运动的发展，提高运动技术水平，确保飞行安全”。动力伞运动的原则与此高度类似。这一类航空项目的准入原则侧重项目的管理、运动员的技术水平提升，以及安全三个方面。

直到2013年，鉴于我国高危险性体育项目风险频发的现状，国家体育局制定了《经营高危险性体育项目许可管理办法》，并于2013年5月开始执行。虽然该办法目前主要针对的是高危险性体育项目，但其面向的群体已经不再是竞技运动员，而是更广大的社会普通群体，这和体育旅游中蕴含的风险是一致的，并且项目群体也是一致的。该办法规定对经营高危险性体育项目实施行政许可的市场准入制度。准入原则包括：①保障消费者人身安全；②规范发展体育市场；③公开、公平、公正；④处罚与教育相结合；⑤经济效益与社会效益并重。这一准入原则综合了早期各类体育项目准入原则中规范市场发展、保障人身安全的原则，并且从公开、公平、公正的角度拓展了信息的公开性，明确了处罚和培训的目的，并体现了发展产业和推进社会文化并进的目标。

综合起来分析，处罚与教育相结合是手段，经济效益与社会效益并重是现阶段兼顾群众体育和体育产业的目标。从本质上看，确立的高危险性体育旅游市场准入原则应包括三个核心——安全、公平、效益。

（一）安全原则

对民众来说，准入规制为运动休闲需求发展提供安全通道。体育旅游是运动休闲的一种形式，它的本质是通过运动参与的方式开展旅游，使参加者放松身心，强身健体，满足全民对运动休闲的社会性需求。对安全的保障，需要以教育培训为前提来实现。对活动组织机构的行政责任承担，需要通过明确准入的惩罚机制来实现。所以，安全是体育旅游准入机制的重要原则。

（二）公平原则

对企业来说，准入机制为体育旅游市场竞争创造了公平的环境。通过规范体育旅游的运作主体，可以尽可能消除体育旅游某些项目存在的不同程度的市场垄断行为，让体育旅游产业的发展有更多的空间。

（三）效益原则

效益包括经济效益与社会效益的结合。对行政管理部门来说，准入机制为行政管理部门实施监管职能建立法律依据，规范市场发展。规避体育旅游的风险，属于社会安全职能，行政管理部门通过准入机制规避并减少这种风险。同时，也能降低纠纷和救援的频率，间接降低国家资源的能耗。

四、高危险性体育旅游市场准入相关法规发展

（一）高危险性体育旅游概念确立前的准入相关法规

我国尚没有以体育旅游命名的体育类法规。但是从体育旅游的项目类别和体育市场经营性质来说，则有下列类别的现行法规进行准入规制：

一是体育市场管理类法规和政府规章。宏观管理层面的法规主要有《体育类民办非企业单位登记审查与管理暂行办法》（2000），其他的更多是地方性的法规、规章。我国现行地方性关于体育市场管理和经营活动法规约 51 部。从这些法规中，可以看出如下特点：①立法省份的不均衡性。我国并非所有省份都对体育市场和体育经营活动开展法制化管理，并且市级立法多为省会城市的举措，是对省级立法的响应。②立法时间的滞后性。我国体育旅游人数规模在 2000 年后呈现快速增长，而各省关于体育市场管理的 51 部法规中有 27 部颁布于 2000 年之前，体育旅游市场的发展新特点如网络化等特点无法可依。另外，1996 年的《关于进一步加强体育经营活动管理的通知》是对体育经营活动管理的总的指导，而随着管理机制和方式变化，2007 年已废止，但尚未有指导性的新的国家性法规替代。③立法命名的不规范性。体育市场管理和体育经营活动管理只有字面意义的差别而无实质区别。④针对“高危险”立法的先锋性。包括体育旅游活动在内的一些体育市场经营活动具有高危险性，针对这种高危险性的活动，有的省、市率先开展了立法的改革，如《广东省高危险性体育项目经营活动管理规定》（2006）、《吉林市高危体育经营活动管理条例》（2009）；有的省则开始重视体育旅游市场的特殊性，直接将体育旅游概念在体育经营管理法规中点明，如山西《关于贯彻实施〈山西省体育经营活动管理条例〉有关问题的通知》已经对体育旅游开始关注，设定了体育旅游的具体管理问题。

体育旅游项目类别多，技术是一些项目发展的重要制约因素，且体育行政管理部门参与市场程度大。这种现实致使目前对技术要求高的体育旅游项目采取分部门管理的做法。目前这一类的法规主要集中在登山体育旅游和航空体育旅游方面。登山体育旅游相关的法规主要有：《国内登山管理办法》（2003）、《外国人来华登山管理办法》（1991）、《攀岩攀冰运动管理办法》、《中国登山协会登山户外运动俱乐部管理办法》、《高山向导管理暂行规定》。还有地方主管部门针对具体项目颁布的法规，主要有：《青海省登山管理暂行办法》（2001）、《青海省外国人登山管理条例》（2001）、《西藏自治区登山条例》（2006）、《四川省登山管理办法》（2001）。航空体育旅游相关的法规主要有：《航空体育运动管理办法》（1991）、《动力伞运动管理办法》（1996）、《滑翔伞运动管理办

法》(2000)。除此之外，还有《全国汽车运动管理规定》(2001)、《全国潜水活动管理暂行规定》。在水上体育旅游活动方面，之前有《全国水上体育经营活动管理暂行规定》(1998)，由于管理机制和方式发生变化，实际已失效，2007年废止，目前尚未出台新法规，水上体育旅游项目经营处于没有技术管理约束的状况。

体育旅游的市场主体中，旅行社这一类主体主要受制于旅游类法规体系的约束。从从业人员许可的角度看，我国现行与体育旅游准入有关的旅游行政法规，主要为《旅行社条例》(2009) 和《导游人员管理条例》(1999)。而部门规章《旅行社条例实施细则》(2009) 和《导游人员管理实施办法》(2001) 是对上述两项法规的实施的具体规定。这几项法规和规章对旅行社以及导游人员设定了准入的标准。从许可部门设立和流程看，《国家旅游局行政许可实施暂行办法》(2006) 对旅游行政许可的实施机关、申请与受理流程、审查与决定、听证等进行了规定。

体育旅游既有商业行为，也有非商业行为。对于所有商业行为的体育旅游活动，都受国家工商行政管理总局相关法规的规制。在商业性体育旅游的准入上，主要受以下法规的管理：《企业登记程序规定》(2004)、《国家工商行政管理总局关于改进和加强企业登记管理工作的意见》(2007)、《公司注册资本登记管理规定》(2005)、《外商投资合伙企业登记管理规定》(2010)。截至2012年，以网络为媒介组织商业类和非商业类体育旅游活动呈现井喷发展态势。其中商业类的网络组织属于工商行政管理部门的准入许可管理范畴。对这一类的网络商业组织，有关部门2010年颁布了《网络商品交易及有关服务行为管理暂行办法》(2010)，并出台《关于认真贯彻实施〈网络商品交易及有关服务行为管理暂行办法〉的指导意见》(2010)。另外，团购虽兴起不久，但徒步旅游等体育旅游项目已逐步成为团购的销售产品。从这个角度看，2012年3月最新出台的《关于加强网络团购经营活动管理的意见》也对规范体育旅游准入有参考作用。

还有一类非商业性的体育旅游活动，如学校社团组织的体育旅游、社会体育团体组织的体育旅游、网络组织召集的非经营性体育旅游，则由社团业务主管单位[①]依照《社会团体登记管理条例》实施准入许可。

① 社团业务主管单位主要包括国务院有关部门和县级以上地方各级人民政府有关部门、国务院或者县级以上地方各级人民政府授权的组织，是有关行业、学科或者业务范围内社会团体的业务主管单位。

（二）高危险性体育旅游概念确立后的准入相关法规

2013 年 2 月 21 日，国家体育总局第 17 号令公布了《经营高危险性体育项目许可管理办法》，该办法依据《全民健身条例》，并在该条例的基础上，细化经营高危险性体育项目的申请条件和审批程序，明确各级体育主管部门加强高危险性体育项目经营活动管理、履行保护高危险性体育项目经营活动参加者合法权益的责任，旨在规范高危险性体育项目经营活动中各方主体的权利和义务。随后，2013 年 5 月，国家体育总局联合人力资源和社会保障部、国家工商行政管理总局、国家质量监督检验检疫总局、国家安全生产监督管理总局联合发布了《第一批高危险性体育项目目录公告》，认定四类项目为高危险性体育项目：①游泳；②滑雪（高山滑雪、自由式滑雪、单板滑雪）；③潜水；④攀岩。

虽然目前认定的高危险性体育项目数量不多，且有些类别仍比较局限，如"'游泳'特指在游泳池、游泳馆等人工场所进行的游泳活动，不包括公开水域游泳"。但是该法规的出台也是体育旅游准入往规范方向发展的一大积极信号。《经营高危险性体育项目许可管理办法》的出台的确是完善我国高危险性体育旅游准入制度的里程碑。由于该办法目前只对四类运动设立了具体的标准，仍然存在不完善之处，因此需要研究现行市场的实质问题和困难，借鉴国外经验，以进一步完善。

第二节　我国高危险性体育旅游市场准入

一、高危险性体育旅游经营者准入

（一）统一标准下的高危险性体育旅游经营者准入

制定统一标准，实施对高危险性体育旅游项目的许可，这一改革酝酿已久。2002 年之前，我国实行各省市体育局对体育经营活动的审批。自 2002 年国务院取消"体育经营活动审核"项目以来，按照行政审批制度改革要求，国家体育总局已经开始探索运用统一的标准进行体育经营活动行政审批项目取消后的后续监督和管理，抓紧组织制定体育场所向社会开放的强制性标准，由统一的强制性标准取代个案审批。2003—2005 年我国相继颁布了游泳、卡丁车、蹦极、攀岩、轮滑、滑雪、滑冰、射击、射箭、潜水、漂流、滑翔伞、热气球、动力滑翔伞14个体育项目的《体育场所开放条件与技术要求》（GB 19079）。这相当于初步认定了这14个体育项目属于高危险性体育项目，需要制定统一的标准。①

2013年出台的《经营高危险性体育项目许可管理办法》是我国高危险性体育旅游准入的一个里程碑，然而，该办法对经营者的定义范围存在矛盾之处。依照该办法第二条“本办法所称经营高危险性体育项目，是指以营利为目的，从事按照《全民健身条例》规定公布的高危险性体育项目的经营活动”。这里以营利为目的的经营者，《国家总局关于做好经营高危险性体育项目管理工作的通知》解读为“包括以营利为目的的企业、个体工商户，也包括有经营行为的事业单位、社会团体、民办非企业单位等”。但是该通知也提出“不论是否以营利为目的，都应当依法向体育主管部门申请许可”②。这个解读明显和《经营高危险性体育项目许可管理办法》中明确的“以营利为目的”相矛盾。这直接关系到是所有六个项目的经营者都要执行行政许可，还是非营利性的俱乐部组织的六类项目的自由性不在许可之列。

《第一批高危险性体育项目目录公告》中认定四类项目为高危险性体育项目：①游泳；②滑雪（高山滑雪、自由式滑雪、单板滑雪）；③潜水；④攀岩。对于这四类高危险性体育项目，2013年5月开始，依照《经营高危险性体育项目许可管理办法》实行全国统一的对六个运动项目经营的行政许可标准。在具体的许可条件上，《经营高危险性体育项目许可管理办法》第六条规定：“经营高危险性体育项目，应当具备下列条件：（一）相关体育设施符合国家标准；（二）具有达到规定数量、取得国家职业资格证书的社会体育指导人员和救助人员；（三）具有安全生产岗位责任制、安全操作规程、突发事件应急预案、体育设施、设备、器材安全检查制度等安全保障制度和措施；（四）法律、法规规定的其他条件。”第七条规定：“申请经营高危险性体育项目，应当提交下列材料：（一）申请书。申请书应当包括申请人的名称、住所，拟经营的高危险性体育项目，拟成立经营机构的名称、地址、经营场所等内容；（二）体育设施符合相关国家标准的说明性材料；（三）体育场所的所有权或使用权证明；（四）社会体育指导人员、救助人员的职业资格证明；（五）安全保障制度和措施；（六）法律、法规规定的其他材料。”由此可见，《经营高危险性体育项目

① 黄希发，冯连世，张彦群，等．高危险性体育项目经营活动准入国家标准的研制［J］．标准科学，2014（1）：34.

② 国家体育总局．国家体育总局关于做好经营高危险性体育项目管理工作的通知［EB/OL］．（2013－05－01）．http：//www. sport. gov. cn/n16/n1092/n16879/n17351/4060108. html.

许可管理办法》已在安全保障的准入条件上明确了设备安全、从业人员资格、安全保障制度三方面的安全保障条件。

不仅有宏观的标准，在具体的项目上，《经营高危险性体育项目许可管理办法》也制定了细致的审批条件，如游泳，审批条件包括："（一）游泳池、救生设施、救生器材等设施符合国家标准（GB 19079.1—2003）；（二）有符合国家标准（GB 19079.1—2003）数量要求的游泳救生员和社会体育指导员（游泳）；（三）有安全生产岗位责任制，溺水抢救操作规程，溺水突发事件应急预案，游泳设施、设备、器材安全检查制度、救生员定期培训制度等安全保障制度和措施。"

在审批条件上，除了提交从业人员资质证明材料供审核，还要完成和安全有关的许可程序——对器材标准的自我审核、许可部门对审核的实地核查。

首先，申请人对于器材标准的自我审核。《国家总局关于做好经营高危险性体育项目管理工作的通知》中说明"国家体育总局在经营高危险性体育项目的具体审批条件和申请材料中，将体育设施应当具备的条件和提交的材料予以细化。不少体育设施和器材在出厂时随附合格证明，缆车、气瓶等特种设备国家规定必须经过特种设备检验检测机构检验检测后才可使用。因此，国家体育总局规定，申请人应当根据体育设施符合相关国家标准的表格逐项对设施进行检查，提交相关合格证明并作出承诺。此外，申请人也可以委托检验机构或认证机构对体育设施进行检测，并自行承担相关费用"。该程序明确了体育旅游涉及的设备安全的具体条件，给予申请人自我检测的权利，是否由专业机构检测也取决于申请人。

其次，实地核查是体育主管部门实施经营高危险性体育项目许可的必经程序。收到经营高危险性体育项目申请的体育主管部门，应当指派两名以上工作人员进行实地核查。体育主管部门可以委托检验机构或认证机构进行实地核查，本部门工作人员要一同前往，委托费用由体育主管部门承担。实地核查应当核查申请人提交材料所述内容是否真实，并按照体育设施符合相关国家标准的表格逐项进行。体育主管部门可以自行或委托检验机构、认证机构就技术性较强的技术指标进行检测。①

在《经营高危险性体育项目许可管理办法》出台后，各县及以上的城市体育行政主管部门纷纷制定和发布地方性管理办法，基本都秉承《经营高危险性体育项目许可管理办法》对经营者的要求，各地市体育局是责任人，在目前公布的四类高危险性体育项目上，基本都按照《经营高危险性体育项目许可管理

---

① 国家体育总局．国家体育总局关于做好经营高危险性体育项目管理工作的通知［EB/OL］．(2013－05－01)．http：//www.sport.gov.cn/n16/n1092/n16879/n17351/4060108.html.

办法》所设立的具体标准执行。例如舟山市体育局根据舟山市深化行政审批制度改革实施方案和省体育局关于加强经营高危险性体育项目管理工作的要求，结合舟山实际，2013 年开始下放游泳、滑雪、潜水、攀岩等高危险性体育项目的行政许可审批权，由各县（区）体育行政部门负责审批。按照“谁审批、谁监管、谁负责”的原则，各县（区）体育局依法承担所有下发事项的管理责任，并依法对审批事项及其被许可人从事行政许可事项的活动实施监督检查。

各地方在执行高危险性体育旅游组织者审批上，也有地方性的差异，有的增加了组织者审批条件，如湖南湘潭在经营者准入条件上补充了一条规定，即申请者需要提交经营高危险性体育项目投保意外伤害保险的证明。这一举措保障了高危险性体育旅游参加者的安全赔偿，也间接降低了组织者的风险。

也有一些地方的高危险性体育项目范围并不局限于国家发布的四类项目。例如，广东省早在 2006 年就制定发布了《广东省高危险性体育项目经营活动管理规定》，其中规定的高危险性体育项目是指已制定国家标准或者地方标准中专业性强、技术性高、危险性大的体育项目。包括：游泳、潜水、漂流、攀岩、蹦极、射击、射箭、卡丁车、轮滑、滑翔伞、动力滑翔伞、热气球等。根据广东省的规定，高危险性体育旅游的经营者需要提交下列审批材料：①申请书；②工商营业执照；③经营活动可行性报告；④符合项目要求的场所、器材、设施的有关证明；⑤从业人员接受符合项目要求的专业知识培训的证明或者执业资格证明；⑥符合项目要求的救护设施和救护人员的情况；⑦法律、法规规定的其他材料。在审批程序上，早在 2006 年，《广东省高危险性体育项目经营活动管理规定》第七条就提出现场核查的举措，要求“地级以上市体育行政部门应当自收到申请之日起二十日内对申请进行审查和现场核查，并作出是否准予许可的决定。符合条件的，发给经营许可证；不符合条件的，不予许可并书面说明理由”。可见，广东高危险性体育项目对经营者的准入规定，为 2013 年国家统一标准的出台提供了宝贵的前期实践经验。

总体来讲，在审批程序上，从各地 2013 年发布的相关文件来看，都严格执行实地勘测，由体育局进行行政许可，然后高危险性体育旅游的经营者再到工商、民政部门办理登记的流程。

除此之外，《全民健身条例》也对高危险体育项目的经营制定了规定。第三十一条“以对高危险性体育项目进行健身指导为职业的社会体育指导人员，应当依照国家有关规定取得职业资格证书”。第三十二条“企业个体商户经营高危险性体育项目的，应当符合下列条件，并向县级以上人民政府体育主管部门提出申请：（一）相关体育设施符合国家标准；（二）具有达到规定数量的取得国家职业资格证书的社会体育指导人员和救助人员；（三）具有相应的安全保障制度和措施。县级以上人民政府体育主管部门应当自收到申请之日起30日内进行实地核查，做出批准或者不予批准的决定。批准的应当发给许可证；不予批准的，应当书面通知申请人并说明理由。国务院体育主管部门应当会同有关部门制定、调整高危险性体育项目目录，经国务院批准后予以公布”。

在准入上设置了保险的规定，如第三十三条“国家鼓励全民健身活动组织者和健身场所管理者依法投保有关责任保险。国家鼓励参加全民健身活动的公民依法投保意外伤害保险”。同时，也明确了监管职责，如第三十四条“县级以上地方人民政府体育主管部门对高危险性体育项目经营活动，应当依法履行监督检查职责”。

《全民健身条例》中对高危险性体育项目经营的准入流程和准入条件都作出了详细的说明，然而其不足之处在于，缺少对参加者的界定，且安全保障标准的设置没有明确的数量标准，用“达到规定数量的”“相应的”这类模糊的字眼，使项目安全标准的审批缺乏明确标准指引。

（二）过渡阶段的其他体育旅游经营者准入

由于目前只发布了四类高危险性体育项目经营者的统一准入标准，广东省的规定虽然包括了更多的项目，但是总体而言，在全国范围内，各地情况有差异，有些项目仍然需要依照旧标准执行审批。这里将现阶段称为“过渡阶段”，在全部的高危险性体育旅游项目标准逐一出台之前，航空、攀岩、攀冰、登山等体育旅游仍然执行下列准入标准。

1. 对其他高危险性体育旅游经营者准入的要求

（1）航空体育旅游经营者准入。

在空中开展的体育旅游项目有很多种，例如滑翔伞、动力伞、热气球等。我国目前对空中开展的体育活动的准入主要依据《航空体育运动管理办法》（1991）、《动力伞运动管理办法》（1996）、《滑翔伞运动管理办法》（2000）。其中，《航空体育运动管理办法》规定“航空体育运动使用的民用航空器包括飞机、直升机、滑翔机、载人气球、飞艇等。航空体育运动使用的航空运动器材包括降落伞、滑翔伞、悬挂滑翔机、航空模型以及绞盘车、收索机等牵引设备”。随着航空运动的发展，1996年和2000年又分别制定了对动力伞和滑翔伞的专门管理制度。

在准入条件上，航空体育旅游既有总体法规约束，也有具体项目的准入规定。这些准入的条件，都考虑了教练员的资质问题，也提出了场地、器材等要符合标准，但是没有明确标准的具体条件，且审批部门并没有明确对其进行安全标准核查。

航空体育俱乐部与航空运动学校、航空运动训练基地一样，都属于从事航空体育运动的单位，这一类单位的准入都依照《航空体育运动管理办法》第八条的准入规定：“（一）担任航空器飞行教员的技术等级与其所担任的教学任务，应当与民航局签发的民用航空器飞行驾驶执照相符合。担任跳伞、悬挂滑翔教练员的，应持有国家体委颁发的教练员证书。（二）所用航空器和航空器维修工作必须符合《中华人民共和国民用航空器适航管理条例》和民航局颁发的有关规定。（三）训练场地必须符合所从事航空体育运动项目的技术要求。（四）飞行区域和空域必须获得空中交通管制部门的批准。（五）航空体育运动机场应与当地空中交通管制主管部门建立有线电通信联系。（六）使用民用航空器从事经营性活动的，应当按照《中华人民共和国企业法人登记管理条例》及实施细则和《开办通用航空业审批程序》的有关规定，领取营业执照。使用航空运动器材从事以营利为目的经营性活动的，应当向当地体育行政主管部门申请登记，并向工商行政管理部门领取营业执照。”

《动力伞运动管理办法》规定动力伞运动俱乐部是组织开展动力伞运动的单位，开办动力伞运动俱乐部必须具备以下条件：“（一）符合国家法律、政策和航空运动协会章程的规定。（二）有符合本办法适航条件规定的动力伞。（三）具有一名以上符合本办法要求的动力伞飞行教练。（四）有开展动力伞飞行训练的场地和保障物件。”为满足上述条件，申请的单位和个人，应向接受申请的航空运动协会提交：“（一）俱乐部负责人签署的开办申请；（二）俱乐部章程组织机构和领导成员名单；（三）俱乐部的名称及所在地址；（四）场地使用许可证；（五）指挥员、教员的简历及证明资料、中国航空运动协会颁发的证件。”

滑翔伞俱乐部的准入条件包括“（一）有符合国家法律、法规的俱乐部章程；（二）有适合开展滑翔伞飞行活动的场地保障条件，有当地空管部门审批的飞行空域范围；（三）有符合本办法适航条件的滑翔伞器材；（四）具有一名以上持有效滑翔伞教练员证书的教练员；（五）有必要的经费来源”。

在准入程序上，不同类别的航空体育旅游项目的申请审批程序基本采取体育部门登记备案，民航部门办理审批的做法。由于航空体育旅游在我国尚属于小众体育旅游，体育部门还需要加强和民航部门的合作，制定明确的组织者审批标准，保障安全。

《航空体育运动管理办法》第七条规定“从事除航空模型普及活动以外的航空体育运动的单位和个人，必须向所在地区的省、自治区、直辖市体委报告并办理登记手续。使用民用航空器进行航空体育运动的，还应当按照国务院《关于通用航空管理的暂行规定》第四条规定，向民航地区管理局履行申请审批手续，取得通用航空许可证”。

国（境）外飞行人员及跳伞员在中华人民共和国境内参加航空体育运动的，必须履行下列批准手续：“（一）属于中国航空运动协会邀请的，或国（境）外航空体育组织或个人向中国航空运动协会提出申请的，应向国家体委申报，由国家体委会同有关部门批准。属于省、自治区、直辖市航空运动协会邀请的，或国（境）外航空体育组织或个人向省、自治区、直辖市航空运动协会提出申请的，应向省、自治区、直辖市体委申报，由省、自治区、直辖市体委报请省、自治区、直辖市人民政府及国家有关部门批准。（二）国（境）外人员在我国境内飞行（含使用自带航空器），主办单位应当按照国家有关规定办理申报手续，并抄报民航局和有关单位，获准后方可入境飞行。如使用民航机场和航路，应事先征得民航局同意。（三）国（境）外人员使用自带航空器飞入或者飞出我国国界和在我国境内飞行，主办单位还应按照《外国民用航空器飞行管理规则》《民用航空器飞行人员执照暂行规定》，向民航局办理申报手续，获准后方可飞行。”

《动力伞运动管理办法》规定具备规定条件的单位和个人在申请开办俱乐部时应向当地航空运动协会申请，尚未成立航空运动协会或无力审核该项运动的地区可直接向中国航协申请，获准后，向当地体育行政部门报批。受理申请的航空运动协会应当在受理申请三十天内完成审核，并以书面形式作同意或不同意的答复。

《滑翔伞运动管理办法》第十二条规定申请开办俱乐部的单位和个人，应向省级航空运动协会或体育总会提交下列文件和资料：“（一）俱乐部负责人签署的开办申请；（二）俱乐部章程、组织机构和领导成员名单；（三）俱乐部的名称及所在地址；（四）场地和空域的使用许可证明；（五）教练员的简历及证明材料、中国航协颁发的教练员证书；（六）俱乐部的经费情况。”受理部门应当在接受申请三十天内完成审核，以书面形式作出同意或不同意的答复，并报中国航空运动协会备案。

滑翔伞飞行也要先申报审批。《滑翔伞运动管理办法》第十六条规定“滑翔伞飞行应当按照当地空中管制部门的要求申报飞行计划，批准后方可进行”。第十七条规定“飞行计划申报内容包括：飞行起止时间、飞行地点范围、飞行高度、飞行科目、指挥员姓名、参加飞行人数、飞行器材型号及空管部门的其他要求”。

（2）攀岩、攀冰体育旅游经营者准入。

虽然攀岩、攀冰运动和登山一样归属国家体育总局登山运动管理中心管理，但是对其商业活动的准入规定并不明晰。2004 年颁布的《攀岩攀冰运动管理办法》主要是针对相关竞赛运动的管理制定的规定，不符合作为体育旅游项目的市场需求。

在准入条件上，《攀岩攀冰运动管理办法》没有提出组织者的具体要求。在准入程序上，《攀岩攀冰运动管理办法》没有列出体育旅游参加者的准入程序。但是有相关模糊条文。如第六条规定“在各级行政区域内举办的攀岩、攀冰活动，由相应的地方体育行政部门审批，并报登山中心备案”。其中的“活动”是否包括“商业活动”并未充分说明。另外，第十二条指出“申请参与攀岩、攀冰活动的广告经营单位或其他中介组织，须符合国家规定的从业条件，并与攀岩、攀冰活动的主办者签订承办协议后方可对外开展有关业务”。这里“国家规定的从业条件”具体所指也很模糊。

（3）登山体育旅游经营者准入。

2000 年 5 月，广东、北京等地的登山俱乐部未经报批，擅自攀登青海省境内的玉珠峰（海拔 6 178 米），因遭遇暴风雪，造成 5 人遇难的重大山难事故（其中广东 3 人、北京 2 人）。此事引起党中央、国务院的高度重视，李岚清副总理作了重要批示：“登山不是一般的运动，因此需要具备必要的条件，应加强管理，避免不必要的伤亡事故。”[①] 为此，国家体育总局非常重视，登山运动管理中心和总局政法司召开会议进行针对性研究，修改了 1997 年的《国内登山管理办法》。

2004 年《国内登山管理办法》第五条规定“举行登山活动应当组成具备以下条件的团队：（一）由一个具有法人资格的单位发起……（三）配备持有相应资格证书的登山教练员或高山向导，1 名登山教练或高山向导最多带领 4 名队员……（五）配备符合安全要求的防寒、通信、生活、医疗等基本器材装备。登山团队不得吸收外国运动员参加”。第六条补充规定“登山团队设置领队（队长）。领队（队长）对团队活动和成员进行组织管理。团队成员应当服从领队（队长）的指挥”。虽然 2004 年立法修改已经尽可能考虑到风险规避的办法，但是随着近年来登山伤亡数据的持续升高，2004 年修改的法律条文对向导的补充规定这一单一的安全保障准入条件已经无法规避更多商业登山活动的安全风险。况且，2004 年修改的《国内登山管理办法》规定“属于参加登山健身活动性质且山峰高度在 3 500 米以下的，采取放开的方针，不在管理此列”。也就是说 3 500 米以下山峰的登山行为，组织者不需要经过体育部门的安全审批，这也是事故多发的原因。

在准入程序方面，《国内登山管理办法》第七条规定“攀登公布的山峰，

---

① 国家体育总局登山运动管理中心．关于《国内登山管理办法》重新修订的说明［EB/OL］．（2004－04－20）．http：//www.tibetinfor.com.cn/t/050105sstx/20050200516154904.htm.

登山活动发起单位应当在活动实施前一个月向山峰所在地省级体育行政部门申请。攀登未公布的山峰，登山活动发起单位应当在活动实施前三个月向山峰所在地省级体育行政部门申请。攀登省、自治区、直辖市交界山峰，经攀登一侧省级体育行政部门批准，并向山峰交界其他方省级体育行政部门通报。如山峰交界省级体育行政部门间有争议，由国家体育总局决定”。第八条规定“攀登7 000米以上山峰，登山活动发起单位应当在活动实施前三个月向国家体育总局申请特批”。

准入程序如下：①提出申请。申请时提供下列文件：申请书；登山活动发起单位法人资格证明；登山团队所有成员名单及登山简历；登山团队登山教练员或高山向导的资格证书；登山计划书；装备清单；其他需要的文件。②批准和备案。同意申请的，由批准部门发给国家体育总局制作的《登山活动批准书》。批准部门是省级体育行政部门的，还应将批准结果向国家体育总局备案。登山活动计划中如有需其他主管部门核准的事项，凭《登山活动批准书》，登山活动发起单位可以委托批准部门代办。③咨询服务。山峰所在地省级体育行政部门负责向登山团队提供包括交通、攀登路线、山峰地区气象特征以及注意事项等信息和资料的咨询服务。④变更。登山团队变更攀登季节、路线或山峰，应当重新申请。

《外国人来华登山管理办法》对外国人来华登山设立了准入程序。外国人来华登山，主要遵照下列准入程序：①书面申请。外国团队应当向国家体委提出书面申请，也可以委托我国省、自治区登山协会代理申请事宜。外国团队和中国团队组成中外联合团队登山的，由中国团队提出申请。②批准。国家体委收到外国团队或中外联合团队的登山申请后，应当在六十日内作出是否批准的决定，并以书面形式通知外国团队或者中外联合团队，代理申请事宜的省、自治区登山协会和登山活动所在省、自治区体委。③缴纳注册费和签订协议。外国团队接到国家体委批准的登山通知后，应当按照通知要求缴纳注册费，并与通知中指定的单位签订登山议定书。④备案。与外国团队签订登山议定书的单位应当及时将议定书副本报送国家体委备案。议定书报送国家体委备案后，不得任意变更。如需要变更，应当经签订议定书的中外双方协商确认；如果变更攀登的季节、路线或者山峰，应当重新报国家体委审批。⑤汇款和签证。外国团队应当在入境的一个月前，将在中国境内登山的经费按预算全额汇寄中方签约单位，并按照国家体委的通知在中国驻外使（领）馆办理签证。

2. 对不同类型体育旅游经营者的准入要求

（1）商业和非商业俱乐部的准入。

专门的体育旅游俱乐部分为实体俱乐部和网络非实体俱乐部。这两种不同存在形式的体育旅游俱乐部，目前主要依照以下两种准入制度：

第一，体育旅游商业俱乐部依照传统的工商部门商事登记准入制度。商业俱乐部的组织者可以选择在当地民政或工商部门注册登记。国家工商行政管理总局2004年颁布的《企业登记程序规定》对企业准入的条件规定“申请人应当按照国家工商行政管理总局制定的申请书格式文本提交申请，并按照企业登记法律、行政法规和国家工商行政管理总局规章的规定提交有关材料”。准入的程序包括：申请人提交申请、登记机关审查、作出受理决定、出具准予设立或登记驳回等通知书、登记公示和公开。其中《登记驳回通知书》需要注明不予登记的理由，并告知申请人享有依法申请行政复议或者提起行政诉讼的权利。

由于我国大多数省、市、自治区都颁布了体育市场管理或体育经营活动管理的地方性法规，因此，申请单位或个人在获得工商登记之前，还需要办理当地体育行政主管部门的行政许可。如《长沙市体育市场管理暂行办法》（2010）第九条：“兴办体育经营活动的单位或个人，须向市体育行政部门提出申请，经审批取得由市体育行政部门颁发的《体育经营许可证》，并按有关规定办理其他证照手续后，方可营业。”第十一条规定“申办商业性体育竞赛，以及跳伞、滑翔伞、热气球、赛车、攀岩、拳击、武术、散打、赛艇、滑水等特殊项目的经营活动，在办理经营许可证时，必须提交可行性报告”。这里的主要问题在于，对可行性报告的具体要求尚不明确。有的地方性法规对安全的准入提出了要求，但是比较笼统，如举办体育经营活动必须具备以下条件：“具有符合体育经营活动要求的基础设施、安全急救措施；有取得资格证书的体育专业人员。”没有明确相应的具体标准。

第二，体育旅游非商业俱乐部依照网络交易管理登记准入制度。网络商品交易和服务在20世纪的前十年在中国飞速发展，这种新兴的商品交易服务方式对我国传统的市场准入管理形成巨大的冲击。一方面，网络信息庞杂，网站设立灵活，工商管理部门难以实施监管；另一方面，网络准入门槛低，想要规避税费、逃避监管的体育旅游活动组织者很容易通过建立网站或者通过论坛组织活动。因此，网络商品交易和服务出现了许多新问题，如网络欺诈行为、销售假冒伪劣商品行为、不正当竞争行为等。

国家工商行政管理总局在《关于认真贯彻实施〈网络商品交易及有关服务行为管理暂行办法〉的指导意见》中指出“网络商品交易及有关服务行为无地域限制，过去实行的以地域管辖、级别管辖为主要特征的监管措施和方式已不能完全适应网络交易的要求”。国家工商行政管理总局于2010年6月颁布了《网络商品交易及有关服务行为管理暂行办法》，并于2012年9月正式生效。其中第三条明确指出“该办法所称的网络服务经营者，是指通过网络提供有关经营性服务的法人、其他经济组织或者自然人，以及提供网络交易平台服务的网站经营者”。

依此分析，体育旅游的网络商品经营者和网络服务经营者也适用于此法。对于已经在工商注册的体育旅游相关企业和俱乐部，其在网络进行的同步旅游产品销售行为，应属于网络商品经营的范畴。而对于未在工商注册的体育旅游相关俱乐部、网络论坛等组织，因为不是企业性质，也没有以营利为目的，所以其召集的“驴友”自发组织的体育旅游活动不属于网络服务经营者的范畴。这一类网络非营利性行为，还是处于缺乏规制的状态。

《网络商品交易及有关服务行为管理暂行办法》是我国第一部规范网络商品交易及有关服务行为的行政规章，面对网络新兴产业存在的各种新问题，该法制定者认识到本法尚不能解决全面的问题，《关于认真贯彻实施〈网络商品交易及有关服务行为管理暂行办法〉的指导意见》指出：“特别是网络市场正处在快速发展的初期，新情况、新问题不断出现，不少问题尚不具备立法的条件，而且各地情况千差万别，存在一定的特殊性，不能一刀切，需要因地制宜。”因此，《网络商品交易及有关服务行为管理暂行办法》第四十三条规定“省级工商行政管理部门可以依据本办法的规定制定网络商品交易及有关服务行为实施指导意见”。

在网络商品经营者和网络服务经营者的准入上，《网络商品交易及有关服务行为管理暂行办法》第十条规定“已经工商行政管理部门登记注册并领取营业执照的法人、其他经济组织或者个体工商户，通过网络从事商品交易及有关服务行为的，应当在其网站主页面或者从事经营活动的网页醒目位置公开营业执照登载的信息或者其营业执照的电子链接标识。通过网络从事商品交易及有关服务行为的自然人，应当向提供网络交易平台服务的经营者提出申请，提交其姓名和地址等真实身份信息。具备登记注册条件的，依法办理工商登记注册”。

在提供网络交易平台服务的经营者准入上，《网络商品交易及有关服务行为管理暂行办法》第二十条规定：“提供网络交易平台服务的经营者应当对申请通过网络交易平台提供商品或者服务的法人、其他经济组织或者自然人的经营主体身份进行审查。提供网络交易平台服务的经营者应当对暂不具备工商登记注册条件，申请通过网络交易平台提供商品或者服务的自然人的真实身份信息进行审查和登记，建立登记档案并定期核实更新。核发证明个人身份信息真实合法的标记，加载在其从事商品交易或者服务活动的网页上。提供网络交易平台服务的经营者在审查和登记时，应当使对方知悉并同意登记协议，并提请对方注意义务和责任条款。”第三十条“提供网络交易平台服务的经营者应当按照国家工商行政管理总局规定的内容定期向所在地工商行政管理部门报送网络商品交易及有关服务经营统计资料”。

（2）旅行社的准入。

旅行社是指从事招徕、组织、接待旅游者等活动，为旅游者提供相关旅游服务，开展国内旅游业务、入境旅游业务或者出境旅游业务的企业法人。2009年《旅行社条例》第六条规定：“申请设立旅行社，经营国内旅游业务和入境旅游业务的，应当具备下列条件：（一）有固定的经营场所；（二）有必要的营业设施；（三）有不少于30万元的注册资本。”从这个条件看，并没有针对高危险性体育旅游经营者提出任何安全保障的准入标准。另外，由于旅行社责任保险的风险限制，导致目前我国很少旅行社愿意涉足高危险性体育旅游项目的运作，承担保险无法赔付的高风险责任。

我国旅行社的准入程序包括两个步骤：行政许可和商事登记。

首先是取得行政许可。对于申请设立的旅行社，仅经营国内旅游业务和入境旅游业务的，《旅行社条例》第七条规定“应当向所在地省、自治区、直辖市旅游行政管理部门或者其委托的社区的市级旅游行政管理部门提出申请，并提交符合本条例第六条规定的相关证明文件。受理申请的旅游行政管理部门应当自受理申请之日起20个工作日内作出许可或者不予许可的决定”。而要申请经营出境旅游业务的旅行社，应取得经营许可满两年，且未因侵害旅游者合法权益受到行政机关罚款以上处罚，才可以提出申请。《旅行社条例》第九条规定“应当向国务院旅游行政主管部门或者其委托的省、自治区、直辖市旅游行政管理部门提出申请，受理申请的旅游行政管理部门应当自受理申请之日起20个工作日内作出许可或者不予许可的决定”。

其次是申请商事登记。上述两种类型的申请中，对于前者，“予以许可的，向申请人颁发旅行社业务经营许可证，申请人持旅行社业务经营许可证向工商行政管理部门办理设立登记；不予许可的，书面通知申请人并说明理由”。对于后者，“予以许可的，向申请人换发旅行社业务经营许可证，旅行社应当持换发的旅行社业务经营许可证到工商行政管理部门办理变更登记；不予许可的，书面通知申请人并说明理由”。

（3）民办非企业单位的准入。

体育旅游组织形态除了上述类别，还包括我国社会性的体育社团、事业单位组织的非营利性体育旅游活动。

其中高校体育社团一般来说都是非营利性组织，符合《社会团体登记管理条例》的规定。而还有为数不少的社团或协会，其主体在我国的性质比较模糊，既有部分纯粹的社会团体或第三方组织，也有和事业单位、管理组织“两块牌子、一套人马”的社会团体。这一类的体育旅游组织依照2000年11月颁布的

《体育类民办非企业单位登记审查与管理暂行办法》可划定为体育旅游民办非企业单位。

该条例根据国务院《民办非企业单位登记管理暂行条例》等有关规定，并结合体育事业的实际情况制定。《体育类民办非企业单位登记审查与管理暂行方法》中界定体育类民办非企业单位，是指“由企业事业单位、社会团体、其他社会力量和公民个人利用非国有资产举办的，不以营利为目的的，以开展体育活动为主要内容的民办的中心、院、社、俱乐部、场馆等社会组织”。体育行政部门是体育类民办非企业单位的业务主管单位。

随着网络宣传的普及，也出现了组织体育旅游的民办非企业相关单位以网络形式开展活动召集。对此，也要根据《体育类民办非企业单位登记审查与管理暂行办法》进行登记管理。

在民办非企业单位的准入条件上，《体育类民办非企业单位登记审查与管理暂行办法》第五条规定：“申请设立体育类民办非企业单位应当具备以下条件：（一）业务和活动范围必须符合发展体育事业的相关政策、法规，并遵守国家规定的行业标准；（二）有与业务范围和业务量相当的体育专业技术人员，关键业务岗位的主要负责人应由体育专业技术人员担任；（三）有与所从事的业务范围相适应的体育场所和条件；（四）法律、法规规定的其他条件。”

在民办非企业单位的准入程序上，《体育类民办非企业单位登记审查与管理暂行办法》第七条规定：“申请设立体育类民办非企业单位，必须向体育行政部门提交以下材料：（一）从业人员中体育专业技术人员的专业技术资格证明材料，包括学历证明、工作简历、在体育运动中获得成绩证明、体现运动技术水平的其他证明材料等。（二）体育场所使用权证明材料和从事业务所必需的器材清单。（三）体育行政部门要求提供的其他材料。”第八条规定：“体育行政部门自收到全部有效文件之日起40个工作日内，应作出审查同意或不同意的决定。审查同意的，向申请人出具批准文件；审查不同意的，书面通知申请人，并说明理由。”

二、高危险性体育旅游从业者准入

（一）统一标准下的高危险性体育旅游从业者准入

《经营高危险性体育项目许可管理办法》规定“社会体育指导人员、救助人员的职业资格证明”是许可的必要条件。在具体的高危险性体育项目的从业人员标准上，四类项目的审批条件分别规定：游泳需要“有符合国家标准（GB 19079.1—2003）数量要求的游泳救生员和社会体育指导员（游泳）”；滑雪需要“至少配备5名社会体育指导员（滑雪）”；潜水需要“具有符合国家标准（GB 19079.10—2005）数量要求的社会体育指导员（潜水）”；攀岩需要“根据攀岩壁面积配备符合规定数量的取得国家职业资格证书的社会体育指导人员（攀岩）”。

依照《全民健身条例》规定，经营高危险性体育项目的，应当具有达到规定数量的取得国家职业资格证书的社会体育指导人员和救助人员。《全民健身条例》所称“国家职业资格证书”，特指人力资源和社会保障部统一印制的职业资格证书。持有其他体育组织、体育主管部门、境外机构等颁发的资格证书的人士，要按照《中华人民共和国劳动法》和《职业教育法》的要求，进行职业技能鉴定，取得职业资格证书后，方能在高危险性体育项目经营场所从事相关工作。依法成立的社会体育指导人员和救助人员的自律性组织，可以根据行业管理的需要对其成员提出要求，规范其行为，不断提高其业务能力和水平。目前，潜水和攀岩社会体育指导员的职业标准暂未颁布。在标准未公布以及潜水、攀岩社会体育指导员职业技能鉴定工作未开展前，各级体育主管部门务必向申请经营潜水、攀岩的市场主体及当事人做好说明解释，等待相关工作筹备完成后即与申请人联系、安排。同时，国家体育总局职业技能鉴定指导中心也将加紧有关筹备工作。①

（二）过渡阶段的其他体育旅游从业者准入

在2013年后只有第一批四个项目明确定位高危险性体育项目的情况下，其余的高危险性体育旅游从业者准入依然执行旧标准。旧标准基本都规定了领队或者教练的资质。例如在航空体育旅游的从业人员准入条件上，1991年《航空体育运动管理办法》第八条规定：“（一）担任航空器飞行教员的技术等级与其所担任的教学任务，应当与民航局签发的民用航空器飞行驾驶执照相符合。担任跳伞、悬挂滑翔教练员的，应持有国家体委颁发的教练员证书。”1996年《动力伞运动管理办法》规定动力伞运动俱乐部是组织开展动力伞运动的单位，开办动力伞运动俱乐部必须具有一名以上符合本办法要求的动力伞飞行教练。2000年《滑翔伞运动管理办法》规定滑翔伞俱乐部的准入条件包括“（四）具有一名以上持有效滑翔伞教练员证书的教练员”；申请开办俱乐部的单位和个人，应向省级航协或体育总会提交十二条规定的文件和资料。教练员的简历及证明材料、中国航协颁发的教练员证书。”这其中的主要问题是，实际的项目运

① 国家体育总局．国家体育总局关于做好经营高危险性体育项目管理工作的通知［EB/OL］.（2013－05－01）．http：//www.sport.gov.cn/n16/n1092/n16879/n17351/4060108.html.

营中，既没有对教练资质的有效监管，也没有对无证经营的查处。

户外登山指导员的培训项目比其他项目多，然而面对全国剧增的俱乐部，持证指导员的数量满足不了市场需求。另外，2004 年《国内登山管理办法》第五条规定“举行登山活动应当组成具备以下条件的团队：……（三）配备持有相应资格证书的登山教练员或高山向导，1 名登山教练或高山向导最多带领 4 名队员……”第六条补充规定“登山团队设置领队（队长）。领队（队长）对团队活动和成员进行组织管理。团队成员应当服从领队（队长）的指挥”。虽然有对登山体育旅游从业者的具体标准，但是这仍然限定在 3 500 米以上的活动中。如今网络召集的户外自由行，多数都发生在 3 500 米以下，该法规并不能满足这一体育旅游市场对安全的要求。对从业人员的标准缺失，直接成为安全事故的重要源头。2004 年在修订《国内登山管理办法》的时候已经认识到“实践证明，在高山探险运动中，登山教练或高山向导在遇到暴风雪或其他突发事件时，会起到十分关键的作用，对于确保登山安全是必不可少的”①。因此，未来应补充完善各类山地体育旅游的从业者标准，增加对从业者的培训力度。

攀冰目前还没有出台具体的高危险性体育项目审批标准，因此暂时还是依照《攀岩攀冰运动管理办法》第四条来执行对从业者的准入：“攀岩、攀冰运动是一项具有一定危险性的运动，本项目的所有从业人员（包括运动员、教练员、裁判员、定线员、社会体育指导员及管理人员）均应以高度的责任心，确保在开展此项运动过程中的安全”。另外，第十一条规定：“攀岩、攀冰活动从业人员只有经过中国登山协会培训、考核和资格认证，才能进行此项活动的有偿服务。”这里的问题同样是缺少对从业者的具体监管。

三、高危险性体育旅游参加者准入

（一）运动项目管理中设定的参加者准入条件

在登山体育旅游参加者的准入条件上，虽然现行法规有具体的规定，但针对的是 3 500 米以上的登山体育旅游，对普通的 3 500 米以下的登山体育旅游，没有设定任何参加者的准入条件。在登山运动参加者准入条件上，2004 年《国内登山管理办法》第五条规定“（二）队员两人以上，并参加过省级以上登山协会组织的登山知识和技能的基础培训及体能训练；……（四）团队所有成员须经二级以上医院身体检查合格，无障碍疾患”。我国的登山尤其是高海拔登

① 国家体育总局登山运动管理中心．关于《国内登山管理办法》重新修订的说明［EB/OL］．(2004-04-20)．http：//www.tibetinfor.com.cn/t/050105sstx/20050200516154904.html.

山，吸引着许多外国登山体育旅游参加者的关注，我国《外国人来华登山管理办法》规定，“外国人来华登山，可以自行组成团队，也可以由外国团队和中国团队组成联合团队”。如果是后者，“外国团队在登山前应当为随队的中国公民办理有关保险事项，并根据国家体委的要求落实保护山区自然环境的各项措施”。除此之外，并无其他特殊的准入条件。

在航空体育旅游参加者的准入条件上，《航空体育运动管理办法》第十条对参加航空体育运动驾驶航空器飞行和使用航空运动器材升空的人，制定了准入条件：“（一）参加飞机跳伞的必须年满十五周岁，单独驾驶航空器或悬挂滑翔机飞行的必须年满十六周岁。未满十六周岁驾驶航空器飞行的必须有教练员（教员）同乘，并对其安全负责。（二）必须持有身体检查合格证明。（三）必须持有民用航空器驾驶执照，学员在学习期间除外。（四）必须持有所驾驶的航空器飞行手册。（五）参加跳伞和悬挂滑翔运动的运动员应持有运动证书。”

国（境）外飞行人员及跳伞运动员在中华人民共和国境内参加航空体育运动，须符合下列规定：“（一）持有本国（地区）有效的驾驶执照（或运动证书），所记载的技术标准应与其所从事的飞行活动内容相符合。驾驶执照须经民航局审核认可。（二）持有有效的体检合格证明。（三）持有人身保险证明。驾驶运动飞机、滑翔机、动力滑翔机、载人气球、悬挂滑翔机、超轻型飞机的，还应由主办单位或飞行者本人投保机身险和第三者责任险。（四）自带航空器或降落伞参加航空体育运动的，其器材的安全可靠性由使用者本人负责。自带航空器的，其适航证应经民航局审核认可。”

《动力伞运动管理办法》规定动力伞飞行学员必须具备的条件：①年满16周岁，具有初中以上文化程度；②持有县级以上医院当年体格检查合格证；③必须是取得B级以上技术标准的滑翔伞运动员或二级以上技术标准的飞机跳伞运动员；④持有中国航协颁发的《动力伞飞行记录本》。除此之外，还需要具备下列条件：①完成了动力伞教学训练大纲规定的训练内容和时间，经理论考试和飞行考试合格；②持有中国航协颁发的《动力伞飞行员运动证书》。飞行员参加飞行训练和比赛，特别是执行其他任务飞行时，必须携带此证书。

《滑翔伞运动管理办法》规定滑翔伞飞行人员参加飞行活动必须持有中国航协颁发的《滑翔伞运动证书》。滑翔伞的飞行者按照从低到高被划分为A到E五个难度级别，并针对这五个级别分别制定准入条件。其中不同难度级别的飞行人员都应具备的条件有：“1. 年满16周岁，具有初中以上文化程度；2. 持有县级以上医院的体检合格证明；3. 完成训练大纲规定的理论教学部分。”除此之外，还有对于飞行天数、次数和难度的不同要求。

（二）体育旅游目的地组织机构设定的参加者准入条件

目前在体育旅游目的地组织机构开设的活动中，很少设定参加者的准入标准，有设定的条款一般也没有在相关的法规中明文规定，不属于法定而属于约定。约定的成立条件需为双方自愿设定，只要不违反法律，就具有法律效应，对双方都有约束。

以三亚亚龙湾旅游度假区为例，“首批12个国家级度假区中只有三亚亚龙湾度假区采用企业化开发模式，其他11个均由地方政府主导开发”[①]。三亚亚龙湾旅游度假区在众多星级酒店设立水上运动中心，开设潜水、拖伞、帆板等海上体育旅游项目。海上运动中心对体育旅游参加者实行准入条件限制。如希尔顿海上运动中心对潜水游客规定：①十岁以上并且身体健康者均可参加；②酒醉后不能参与潜水活动；③患有心脏病、哮喘、高血压、中耳炎的人及孕妇不能参与潜水活动；④潜水时勿使用耳塞；⑤眼睛近视可选择具有与近视度相同的潜水镜；⑥潜水时须掌握的几种手势语言：ok、上升、下潜、不舒服、有毒生物、请勿触摸；⑦为了安全，不允许自带相机自拍。除此以外，该海上运动中心还对游客进行人数限制，规定“推广项目只适合散客，不适用团队客人，接待网络自由人预订为主，参团或包车者不予以接待”。教练讲解安全知识也是必需的环节。总体来说，三亚亚龙湾旅游度假区的水上体育旅游项目在安全的保障和游客准入主要采取上述做法，尚未以法规的形式进行规定。

四、行政主管部门的准入权限

体育旅游行政主管部门的准入管理涉及多个部门，最核心的是体育、旅游、工商部门，然而在行政主管部门的监督职能和自我违规处罚上，仅仅是从罚款、整改入手，没有对体育旅游安全监管制定的具体标准。

体育行政主管部门的准入权限存在的问题主要体现在以下两点：

一是有监督的形式，没有监督的具体标准。《全民健身条例》第三十四条规定“县级以上地方人民政府体育主管部门对高危险性体育项目经营活动，应当依法履行监督检查职责”；也提出了对擅自经营的惩戒，见第三十六条规定“未经批准，擅自经营高危险性体育项目的，由县级以上地方人民政府体育主管部门按照管理权限责令改正；有违法所得的，没收违法所得；违法所得不足3万元或者没有违法所得的，并处3万元以上10万元以下的罚款；违法所得3万

① 刘俊．中国旅游度假区治理结构及变迁［J］．旅游科学，2007，21（4）：57.

元以上的，并处违法所得2倍以上5倍以下的罚款”。对已经办理营业执照的高危险性体育项目经营者的监管，执行第三十七条规定：“高危险性体育项目经营者取得许可证后，不再符合本条例规定条件仍经营该体育项目的，由县级以上地方人民政府体育主管部门按照管理权限责令改正；有违法所得的，没收违法所得；违法所得不足3万元或者没有违法所得的，并处3万元以上10万元以下的罚款；违法所得3万元以上的，并处违法所得2倍以上5倍以下的罚款；拒不改正的，由原发证机关吊销许可证。”这里并没有提出具体的违规标准。

二是对行政主管部门违规行为，定义模糊，难以追究。《全民健身条例》第三十九条规定“县级以上人民政府及其有关部门的工作人员在全民健身工作中玩忽职守、滥用职权、徇私舞弊的，依法给予处分；构成犯罪的，依法追究刑事责任”，其中同样存在定义模糊的问题。按照法规，对行政部门的职能限定为“监管”，并未说明体育旅游相关的行政管理部门如果参与到体育旅游经营活动中是否违法，以及判定的标准。例如前面提到的体育旅游的经营，就包括行政主管部门参与到市场行为的做法。对此行为，难以断定是否违规，如何追究责任。

《经营高危险性体育项目许可管理办法》对于体育行政管理部门的准入权限，和上述规定一样，存在完全相同的问题。处罚、责令改正、吊销许可是对违规经营企业的处罚方式。而对于行政主管部门自身的违规，只有第三十一条：“县级以上人民政府体育主管部门工作人员在实施行政许可过程中，玩忽职守、滥用职权、徇私舞弊的，依法给予处分；构成犯罪的，依法追究刑事责任。”

一方面是对行政准入权利界定模糊，另一方面是在实际情况中不断出现行政管理部门加入体育旅游市场经营的行为。以苏州太湖国家旅游度假区为例，该度假区1992年批准设立，实行太湖管委会和开发公司统一领导的模式。管委会和开发公司“两套牌子，一套人马”，管委会的主任兼任开发公司的董事长和总经理。[①] 2004年开始开发体育休闲公园项目，分期建设大型滑草场、新西兰悠波球、皮划艇、人工划（踩）船、轮滑、滑板、环形山地自行车赛道、滑翔飞机、百米跳伞塔、露营等项目。至2007年，苏州太湖国家旅游度假区先后成立了游艇、高尔夫、马术、滑翔伞、拓展训练、自行车、无线电测向、越野、飞碟、垂钓、登山等一批俱乐部，每一个落户度假区的体育健身项目都尽可能以俱乐部的形式进行运作。在此基础上，苏州太湖国家旅游度假区体育总会于2003年7月份注册成立，组建管理班子，明确专人专项负责体育总会的各项工作。体育总会统领下辖

① 邹统钎．中国旅游景区管理模式研究［M］．天津：南开大学出版社，2006：227.

的各个俱乐部，统一筹划全区的体育旅游促销和经营管理等活动。①

依照1999年《江苏省环太湖地区旅游开发管理暂行办法》，索滑道、高尔夫球场、水上旅游等项目的建设和技术改造都依照本办法执行。在场地标准审批上，第十二条规定"旅游开发建设项目严格执行'一书四证'制度（选址意见书、建设用地规划许可证、建设工程规划许可证、建设用地许可证、国有土地使用证）"。虽然该规定对体育旅游设施场地的审批有严格规定，但是并未对体育旅游的技术性、安全性有特殊准入规定。例如对皮划艇、滑翔伞的技术准入条件与保险的规定都未作说明。因此在实际操作中，苏州太湖国家旅游度假区体育总会承担了体育旅游项目的相关风险责任。

目前除了国家认定的旅游度假区，地方性的旅游度假区也不在少数。例如正在建设中的广东惠州巽寮湾海滨旅游度假区也大力发展体育旅游项目，主要依托位于巽寮湾的广东体育惠东基地，在运作赛事训练之余，开展对外经营。除此之外，巽寮湾中航华南国际帆艇俱乐部目前已是广东地区最有影响力的帆船俱乐部之一。2012年，中航华南国际帆艇俱乐部与惠东县正式签约，计划在3~5年内，在现有规模基础上打造580个泊位的国际级帆船码头，规划用海面积90公顷，包括帆艇码头及泊位、海岛度假公园、帆船文化会所、滨海休闲运动基地和滨海娱乐及美食商业街等综合业态。发展帆船竞技项目，并与旅游相结合，形成体育旅游文化产业链已经成为其发展目标。事业单位的经营准入，目前处于灰色地带，无相关的法规来明确。而旅游度假区规划这些项目，也没有相关的许可经营程序。

十八届三中全会明确"改革市场监管体系，实行统一的市场监管，清理和废除妨碍全国统一市场和公平竞争的各种规定和做法，严禁和惩处各类违法实行优惠政策行为，反对地方保护，反对垄断和不正当竞争"的指导思想，未来应打破行政管理部门参与市场的行为，并修改对行政部门的准入权限的监管。

第三节　国外体育旅游市场准入制度经验

一、英国体育旅游市场准入制度

专门为探险体育旅游颁布法律，并制定详细的准入条件，英国的经验尤具代表性。

---

① 环太湖体育圈苏州全民健身基地初绽笑脸［EB/OL］．［2012－10－14］．http://www.90598.com/news/newsread.asp?id=10172.2007.

（一）探险体育旅游专门立法源起

英国最早对探险体育旅游进行立法规制始于1995年《活动中心（年轻人安全）许可法案》，制定该法案参考了《莱姆海湾独木舟管理办法》，当时4个年轻人殒命于一次商业探险活动中心组织的独木舟海洋短线探险活动是制定该法案的主要动因。该法案主要针对户外探险商家而非私人成员俱乐部。由于英国皇家游艇协会对国会的压力，合法的非营利性俱乐部对其会员的培训被立法申请排除。但是，如果是对年轻的非会员进行训练或进行领队训练，俱乐部则必须向探险活动许可部门申请审批。1995年的行政条例从二级立法的角度建立了探险活动审批的体制。①

1996年英国国务卿在向健康与安全咨询委员会咨询的基础上，结合1995年《活动中心（年轻人安全）许可法案》部分内容，制定了《探险活动许可规章》（1996），针对体育类探险活动颁布了专门的许可条例，之后进行了多次细节修订。所谓探险活动，包括探洞、登山、徒步旅行和水上运动。

（二）探险体育旅游准入条件和程序

现行《探险活动许可规章》（2004）对这些活动的许可作出如下规定：

1. 申请许可对象

《探险活动许可规章》（2004）第3条规定“为探险活动提供设备者，（a）以营利为目的；（b）属于地方当局，为教育机构的学生提供设备，以及设备不只是来自于一家活动中心，且同时经营活动中心多于28天者”② 需申请许可。

探险旅游设备由下列人员提供则无须申请许可：“（a）志愿者组织供其会员使用；根据协议供其他志愿者组织会员使用；非面向会员，但是为了培养兴趣或吸纳新会员而使用，任何人在十二个月内使用不可超过三天；（b）教育机构供其学生使用；（c）年轻人参加不确定性的活动时，依照1989年《儿童法案》有一位家长或监护人或有家长责任的人作陪时，或依照1986年《苏格兰父母子女法律改革法案》有一位家长责任的人作陪时，或依照1995年《苏格兰儿童法案》实施以来有该部分责任的家长作陪时；（d）由其他人持有许可权时。”③ 其中的志愿者组织包括协会、俱乐部、社会、组织、其他法人或非法人主体。

---

① Guidance note on Adventure Activities Licensing [EB/OL]. [2012-10-16]. http://www.rya.org.uk/infoadvice/clubsclass/redtape/Pages/AdventureActivitiesLicensing.aspx.

② The Adventure Activities Licensing Regulations [Z]. 2004.

③ The Adventure Activities Licensing Regulations [Z]. 2004.

2. **申请许可条件**

《探险活动许可规章》（2004）第 4 条规定，许可部门应在下列条件下批准许可：按照许可部门规定的格式和方式进行申请，提交许可部门要求的支撑材料，以及已按规定付费。

3. **许可的审批条件**

《探险活动许可规章》（2004）第 6 条规定：①许可部门有权批准或拒绝许可申请，但是，应无偏见地行使自行决定权。许可部门将不予许可，除非：对于由申请人组织且可能影响参与人安全的探险活动，申请人已经对将要从事该探险活动的青年人或其他人的安全风险作出适当及充分的评估。确定了在评估结果中需要采取的安全保障可行控制方式；根据法规第 9 条作出安排；指定有资质的人员进行安全指导或自身在这些方面有能力胜任；以及已经完成付费。②根据第 12 条，许可部门在作出是否准许决定前，应首先考虑授权人提交的报告。③报告的起草人应按照检查结果起草报告，并在提出许可申请之后进行报告起草。④为了使许可部门对第①条所列条款满意，调查人应对所有场地、设备、文件进行检查。[①]

（三）英国探险体育旅游市场准入的灵活性体现

英国在审批条件上的规定，也兼具灵活性，并不是所有的探险活动都需要进行审批。以水上体育旅游活动为例，英国皇家游艇协会依据法规制定了简化的审批自检流程，相关水上探险活动俱乐部都可以自我评估开展的活动是否需要进行许可审批。

在体育旅游活动许可审批问题上，若审批条件整齐划一，事无巨细地规定全部活动要获得授权许可方可组织运行，则很可能限制体育旅游活动的发展和参与队伍的壮大，不利于体育旅游发展。而不进行审批，一旦出现意外则伤亡严重，会造成参加者生命和救援方人力、财力的损失。鉴于程序多难以执行，英国的探险活动审批将危险性低、具备安全保障条件的一些活动排除在审批许可之外，而对于安全因素不稳定的探险活动则规定必须获得活动许可方可进行。这可以成为我国体育旅游发展的有效借鉴。

① The Adventure Activities Licensing Regulations ［Z］. 2004.

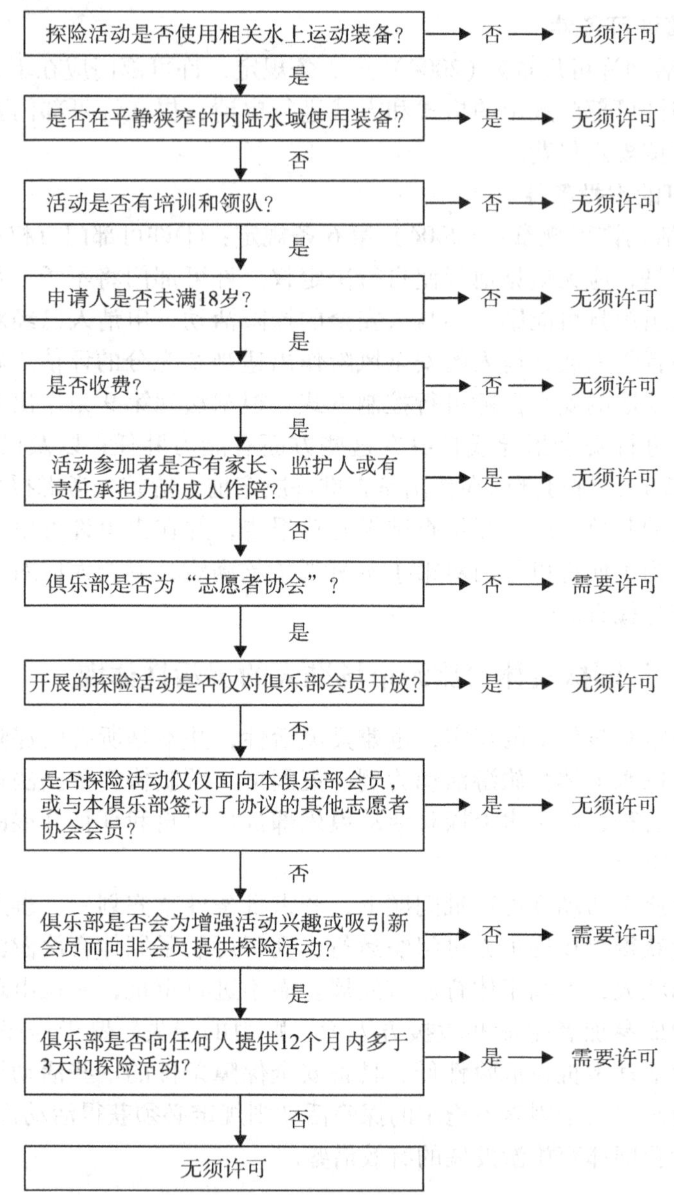

英国水上探险活动俱乐部许可需求判定图（英国皇家游艇协会，2010）①

① Royal Yachting Association. Guidance note on Adventure Activities Licensing [EB/OL]. [2012-10-16]. http://www.rya.org.uk/infoadvice/clubsclass/redtape/Pages/AdventureActivitiesLicensing.aspx.

二、澳大利亚体育旅游市场准入制度

澳大利亚四面环海，高山、沙漠等多样的地理资源为体育旅游的发展提供了优良的地理条件。澳大利亚体育旅游类的立法分为联邦立法和地方立法，这里选取体育旅游代表性地区澳大利亚南澳洲的准入制度为研究对象。

（一）国家公园场地内开展的体育旅游准入

1. 准入对象

《国家公园和野生动物（国家公园）规章》（2001）：

第13条规定飞行器的使用“①未经相关部门的许可，任何人除了在相关部门划定的专门区域外，不得在保护区的陆地或水上使用飞行设备。②未经相关部门的许可，任何人不能从飞行设备上跳下保护区，或从飞行器上扔物体进保护区”[①]。

第14条规定船只的使用“未经相关部门许可，任何人都不能在保护区的大坝、水池、湖泊、河流或其他形式的水域发动或使用船只，除非是在有关当局为船只使用专门划出的水域”[②]。

第15条对野营作出更严格的规定：“无论是在保护区划定的野营专门区域还是其他区域，未经相关部门许可，任何人都不能在保护区露营。”[③]

第21条在游泳和潜水的规定上，规定“任何人都不能在保护区的任何水域进行游泳或潜水，除非：（a）在 Piccaninnie Ponds 自然保护区，凭借相关当局颁发的潜水或浮潜许可；（b）在其他保护区内，（i）在相关当局划定的专门区域游泳、潜水，（ii）有当局的许可”[④]。

第22条在洞穴使用上，规定未经相关当局的许可，任何人不得“（a）进入洞穴（除非是有看守人公司参与或者有人协助看守人的情况下）”以及“（k）在洞穴或落水洞的水里潜水”。[⑤]

第23条对保护区开展的特定娱乐活动作出规定：“①未经相关当局的许可，任何人不得（a）从事岩表攀岩运动；（b）从事绳降运动；（c）使用悬挂式滑翔机或任何其他类型的滑翔机；（d）开动热气球；（e）操作模型飞行器或滑翔机；（f）进行滑沙运动（上板从沙丘滑下），相关当局专门划定的区域除外。

---

① South Australia：National Parks and Wildlife（National Parks）Regulations［Z］. 2001.

② South Australia：National Parks and Wildlife（National Parks）Regulations［Z］. 2001.

③ South Australia：National Parks and Wildlife（National Parks）Regulations［Z］. 2001.

④ South Australia：National Parks and Wildlife（National Parks）Regulations［Z］. 2001.

⑤ South Australia：National Parks and Wildlife（National Parks）Regulations［Z］. 2001.

②未经相关当局的许可，任何人不得在保护区任何地方开展运动，在划定的高尔夫球场进行的高尔夫运动除外。”①

第37条规定有些活动必须通过租赁、特许或协议方可开展，规定“除非个人或其他人与部长或相关当局达成了租赁、特许或协议”，在保护区内任何人都不能进行下列体育旅游活动：“（b）进行收费或含报酬的旅游；（c）进行冲浪、钓鱼或其他形式的竞争；……（i）任何形式的集资或者以营利为目的的活动”。违规者将处以最高刑罚5 000澳元以及救赎费315澳元。②

在准入条件上，《国家公园和野生动物（国家公园）规章》（2001）第41条对有关部门的权限进行了规定：“①有关当局根据法规授予的许可必须以书面形式，并且包含在申请人的租赁、特许或协议中，或（除非在宪报刊登）应以许可证的格式提交，并且（a）可能是有条件的；（b）有关当局可能在任何时候进行更改或撤销。②许可证可能适用于特定的人或群体，如果在宪报刊登，则是用于一般或特定类别的人。③当有关当局制定许可的附加条件，任何人不能违反或逾越该条件。”③

（二）南澳洲娱乐场地的体育旅游准入

澳大利亚南澳洲对娱乐场地（包括体育类娱乐场地）设立了准入规定《娱乐场地规章》（2011）。从异地的角度看，游客如果要在南澳洲的体育类娱乐场地开展体育旅游项目，同样要依照该规章的规定。

该规章例举的体育类娱乐场地如表4－1所示，有位于海岸的娱乐场地，有位于山区的自行车公园和比赛马场，还有水上休闲中心。

表4－1　澳大利亚南澳洲体育类娱乐场地及管理者例举④

体育类娱乐场地名称	管理者
库珀海岸娱乐场地	库珀海岸地区市政服务机构
鹰山自行车公园	娱乐、体育和比赛部长
甘比亚山比赛马场	甘比亚山赛马俱乐部（公司）
SA水上休闲中心	YMCA水上及公开活动服务有限公司

① South Australia: National Parks and Wildlife (National Parks) Regulations [Z]. 2001.

② South Australia: National Parks and Wildlife (National Parks) Regulations [Z]. 2001.

③ South Australia Recreation Grounds Regulations [Z]. 2011.

④ 相关主体例举参考自《娱乐场地规章》（2011）。

南澳洲的《娱乐场地规章》（2011）对这些包括可开展体育活动项目在内的体育类娱乐场地，设定准入条件如下："任何人不能进入娱乐场地，除非管理者准许进入。违者最高罚款250澳元。"① 可见，体育类娱乐场地的各种类型的管理者掌管准入权。而表4－1列举的管理者中，既有地方领导层面的地区市政服务机构，也有国家授权管理人"娱乐、体育和比赛部长"，还有俱乐部、水上及公开活动服务有限公司。

（三）南澳洲水上体育旅游准入

南澳洲在水上娱乐休闲活动的准入管辖上，依照《海港和航行规章》（2009）。该规章既包括商业船只的运营管理，也涵盖体育休闲活动的休闲船只运营管理。虽然商业船只需要的许可分类繁杂，但休闲船只需办理"船只操作许可"（Boat Operator's Licence）即可，这给水上体育旅游的准入设定了较为便捷的门槛。

1. 准入条件

（1）划水等水上体育旅游项目准入条件。

南澳洲将船只分为休闲类和商业类，休闲类船只的用途，包括开展划水等水上运动项目。开展此类水上体育旅游项目，对参加者没有准入的条件限制，但是对于操作船只的人员，则必须申请许可。

依照该法，休闲船只申请办理"船只操作许可"有以下准入条件：①"船只操作许可"申请人需满足下列条件：A. 申请人年龄不低于16岁；B. 按照Snellen准则，申请人视力更好的那只眼睛的视力不低于6/18；C. 根据船只经营许可要求，申请人不能有任何精神或身体功能障碍，这可能会影响到他/她的船只操作能力或履行船只职责；D. 申请人需令人满意地通过CEO依照本法制定的实操、笔试或问答测验。②如果申请人已达到机动车驾驶执照的要求，申请人还将要达到船只执照所要求的视力和医疗标准。③通过"船只操作许可"的考试结果从考试之日起有6个月的有效期（除非CEO另作决定）。④若没通过考试，CEO可以决定在一定时间间隔之内，此人不能再考。⑤尽管有第①条的规定，但若CEO认定某人能令人满意地完成许可执照规定的职责，就算其视力或其他医疗标准未达标，仍旧可以获颁"船只操作许可"。②

（2）游泳和潜水许可准入条件。

《海港和航行规章》（2009）第46条对海港区域的游泳或潜水活动作出下

① Entry to and exit from grounds. South Australia Recreation Grounds Regulations［Z］. 2011：2.

② South Australia Harbors and Navigation Regulations［Z］. 2009.

列规定："没有相关 CEO 或港口经营者的许可，任何人不能在下列任何条件下的任何海港游泳或潜水：A. 离 15 米及以上船只 200 米以内，且当船只正到达或离开港口，或正在停泊、下锚，或正沿航道航行；B. 离 15 米及以上已经停泊在码头的船只 45 米；C. 从码头的任何地方入水，这些地方没有特别设立入水入口。"①

2. 准入程序

海洋局是准入许可的权力机构，是联邦政府、州、领地或外国设立的，CEO 认可的签发合格证、检验证或其他类似文件的权力机构。②

CEO 或港口运营商为休闲船只运营许可的最高决策者。《海港和航行规章》（2009）第 6 条规定，所有上述在海港等水域开展的不同类型体育旅游活动的准入程序如下：①依照本法向 CEO 或港口运营商申请许可应按照 CEO 或港口运营商制定的方式或形式。②申请人依法应向 CEO 或港口运营商提供 CEO 或港口运营商合理要求的信息和材料。③CEO 或港口运营商依法颁发的许可必须是书面形式，若是口头许可，则必须尽快以书面形式确认；可能会有 CEO 或港口运营商制定的一些条件（包括应向其缴纳固定费用）；可能会被 CEO 或港口运营商随时更改或撤销（视情况需要）。④若 CEO 或港口运营商根据条件授予了许可，被授权人不能违反或不遵守该条件的规定。若违反最高处以 5 000 澳元的罚款。⑤在任何法律程序中，在缺乏相反证明的情况下，显然 CEO 或港口运营商依照法规签署的批准或不批准的证书即是对情况的证明。③

三、新西兰体育旅游市场准入制度

（一）探险体育旅游专门立法源起

以潜水为代表的多种体育旅游都是新西兰旅游业发展的龙头支柱，其参加者除了本国游客，更有大量来自世界各地的外国游客。外国游客的体育旅游安全事故尤其会对新西兰的旅游业形成冲击，为此新西兰不少学者近年来也加强了对体育旅游事故的信息搜集，呼吁对安全保障的进一步关注。

近年的两起体育旅游事故强化了新西兰各界对体育旅游安全准入的重视。2008 年英国游客爱米莉·乔丹在"疯狗河宿营之旅"中因被岩石所困而溺亡。此次行程的组织方"黑羊探险公司"为此在两起控告中认罪，支付 66 000 澳元的罚

① South Australia Harbors and Navigation Regulations［Z］. 2009.

② South Australia Harbors and Navigation Regulations［Z］. 2009.

③ South Australia Harbors and Navigation Regulations［Z］. 2009.

款和80 000澳元的赔偿。2009年3月，梅西大学学生凯瑟琳·彼得斯在Crag探险公司组织的“Manawatu峡谷峭壁探险”中，在桥梁摆动运动中从20米高处跌入河床身亡，该公司董事被判故意杀人罪，警察和劳动部就此开展调查。[①]

这两起事故触动了新西兰旅游业界对探险体育旅游安全的反思，认为安全问题已经成为旅游企业的首要问题，需要通过立法给经营者提供信息以及维护国际声誉。

（二）水上和陆地上开展的探险体育旅游准入

2011年新西兰新颁布了《（探险旅游）健康和安全雇用规章》（2011），这是一部专门针对水上和陆地上经营性探险体育旅游安全和准入制定的规章，不含海上体育旅游项目。该规章界定，向客户提供探险活动的人，不论是雇佣者、校长或自由职业者都属于规章针对的“探险活动经营者”范畴。这一类的探险活动主要有：户外开展的绳降或垂降、吊桥摆动、蹦极、独木舟、峡谷摆动、溪降、探洞、冰川行走、高空绳索穿越、皮划艇、登山、越野驾驶、四轮摩托、自行车小径穿越、水上滑板、户外攀岩、水肺潜水、滑雪和雪板等户外及有人监护区域外的雪上活动。

该规章规范的探险活动对象的一大特点是——限定探险活动准入对象的范畴，并非所有的探险活动都属于本法规的准入规制范围，该法规规定下列活动不在注册范围之列：海上活动、为销售装备而开展的培训活动、游客专用索道上的活动、娱乐设备的使用、室内开展的绳降或垂降或攀岩、人造冰面上滑冰、室内滑雪或有人监护滑雪区的滑雪活动。

运动俱乐部和体育协会组织的活动，有一部分也不在规范之列。运动俱乐部和娱乐性俱乐部开展的下列活动不属于探险活动：面向俱乐部会员的活动；或面向达成协议的其他俱乐部会员的活动；或面向非会员，出于为鼓励俱乐部会员或提升俱乐部活动乐趣或以竞赛为目的开展的活动，以及一年内向单人提供不超过12天的活动。[②] 有的体育协会会代表俱乐部开展一些探险活动，这些活动和上述俱乐部的规定一样，协会会员等同俱乐部会员，协会组织的上述几类活动也不属于该法的规范范畴。

上述规定的优点在于，只针对危险性的项目进行法律规制，而对有相应管理规范的危险性略低的活动则不予特别规定，并不是对所有探险活动一刀切。这样有利

① New laws for adventure tourism operators ［EB/OL］.［2012－10－15］. http：//www. 3news. co. nz/New－laws－for－adventure－tourism－operators/tabid/423/articleID/229448/Default. aspx.

② Health and Safety in Employment（Adventure Activities）Regulations［Z］. 2011.

于保有探险活动开展的灵活性，推动活动的参与和普及，同时增加审批的效率。

1. **准入条件**

新西兰对上述范围内的探险活动经营者实行的是注册准入的形式。《（探险旅游）健康和安全雇用规章》（2011）第15条列出了探险活动经营对象的注册条件：①提供申请者全名；②申请授权的探险活动描述；③活动运作场地；④若活动经营者是通过企业等开展活动，提供法律名称或贸易名称；⑤活动注册期内，经营者提供的安全审计证书需仍有效；⑥取消或暂时吊销注册期间，暂停注册。①

除了上述条件，申请人应每年支付注册费用100新西兰元。注册官需将申请材料存档，并且在网络公示供公众常年监督。

2. **准入程序**

新西兰探险活动的准入分为三个步骤：

第一步，取得安全审计证书。根据该规章第5（4）条款的规定，探险活动经营者需要先通过安全审计，取得安全审计证书。注册时探险活动经营者需向注册官提交安全审计证书的复印件及其他相关材料。

第二步，提交注册。根据规章第6条相关规定，注册官收到材料后应及时向探险活动经营申请者提供注册，授权开展证书指定的探险活动。但是，以下情况的申请者不予注册：①注册官有以下合理理由不予注册：申请人提供了错误信息或证明，或申请人不是探险活动经营方或经营活动申请人在过去开展的探险活动中采用了不恰当的方式也不适合给予注册。②注册官有以下合理理由可自主斟酌不予注册：申请人不符合证书规定的条件；或申请人在之前的探险活动中未能采取可行措施实施安全保障，造成危害或人员伤亡；或申请人之前未经注册开展过探险活动。② 这个注册的条件非常严格，特别是将安全保障的条件和经历作为准入的标准。

第三步，注册结果反馈。对于未通过注册的申请人，新西兰探险活动准入机构实行非常民主的方式——在注册官决定不予注册之前，要先给予申请人机会了解原因。首先，注册官要以书面形式告知申请注册结果。其次，退还给安全审核员已经缴纳的注册费用。注册官的判定理由可以通过两种方式告知申请人：①安全审核员以安全审核资格的角度告知；②观察员以申请者活动实践的角度告知。③

① Health and Safety in Employment（Adventure Activities）Regulations［Z］. 2011.

② Health and Safety in Employment（Adventure Activities）Regulations［Z］. 2011.

③ Health and Safety in Employment（Adventure Activities）Regulations［Z］. 2011.

（三）海上探险体育旅游准入

新西兰在海上及河流水域开展的探险体育旅游，受制于新西兰海事局的管辖。该部门前身为新西兰海上安全局，1993年从交通部独立出来成为独立的官方机构，2005年更名为"新西兰海事局"。该机构1994年颁布《海事交通法》，依照该法制定了一系列管理规则，其中包括：①对各种类型船只开展经营性海上体育活动的准入规则。《第80部分：探险旅游的海上船舶管理规则》中界定"为任何机构、酒店、娱乐场所或其他商业机构提供交通、体育活动和娱乐的船只"属于本法规的规制对象。并且"经营或者所属为俱乐部、社会企业、信托或企业的船只"也受该管理规则的准入管辖。但是，不参与出租或收取酬劳，仅用于船主个人居住和娱乐的船只不受规则管制。②对河流漂流经营者的准入规则。《第81部分：商业漂流运营管理规则》对商业漂流经营企业，以及向导的资质方面设立准入标准。

1. 准入条件

涉及海上体育旅游商业活动的船只，《第80部分：探险旅游的海上船舶管理规则》第6条对海上体育旅游准入条件规定：①船只及其设备达到规定标准；②船只运营要有官方授权人许可的安全操作计划；③需官方授权人对船进行检查；④船主开展运营前要接受官方授权人的审核；⑤船主要提供该船只的合格证明书。[①] 除此之外，喷射船的船主还必须确保船只的任何操作者要达到相关要求。

新西兰漂流企业开展活动有更严格的准入规定：首先是"安全操作计划"要符合规定，其次是商业漂流用的筏和漂流企业都要通过检查和审核，再次是需获得合格证书。另外，漂流活动的向导需达到身体健康标准，并取得"国家漂流向导资格"和"急救证书"。

2. 准入程序

新西兰海上体育旅游的准入程序分为两步：先进行详细的初步检查和审核，通过审核后，就需要定期检查和审核。

初步检查和审核分为下列步骤：①任何喷射船的船主需提交"安全操作计划"给官方授权人进行审批，并联系官方授权人进行船只的检测，及对船只操作进行初步的审核；②官方授权人应对船只、机械、配件和设备进行详尽的检查，以确保符合本规则附件1中的具体规定；③官方授权人应对船主的操作进

---

① Maritime New Zealand. Part 80: Marine Craft involved in Adventure Tourism [Z]. 2012.

行详尽的审核，以确保符合“安全操作计划”及附件 1 的规定；④若能满意地通过对船只的初步检查，及通过对船主操作船只的审核，且“安全操作计划”符合附件 1.8.4 的要求，官方授权人必须批准“安全操作计划”并通知新西兰海事局局长；⑤海事局局长在收到官方授权人提交的船只操作安全确认通知书以及船主的申请后，向船主授予合格证书；⑥完成船只的初期检查和对船主操作的初步审核后，若进行检查和审核的官方授权人不满意，认为没有达到要求，官方授权人也应立即将相应结果报告给海事局局长。①

定期检查和审核包括：①船主每年要联系官方授权人进行船只操作的审核，这是为了确保“安全操作计划”持续执行并符合规定；②官方授权人要确保对操作的新船只的操作和未经审核的船只进行审核；③官方授权人结束审核后，应立即书面告知船主不符合“安全操作计划”之处，而船主应立即采取行动予以纠正。② 这种定期检查和审核机制，是连续地对安全操作进行准入。而若在年检后未及时纠正或者延误纠正者，新西兰海事局局长可依照《海事交通法》（1994）暂时吊销或撤销合格证书。

漂流作为风险性较大的水上体育旅游项目，2011 年 4 月从《第 80 条部分：探险旅游的海上船舶管理规则》中独立出来，政府为其专门制定了详细的《第 81 部分：商业漂流运营管理规则》。该规则中商业漂流经营企业开展活动的准入程序可以简要概括为下列步骤：①商业漂流经营企业组织每次活动前都要按要求准备“安全操作计划书”；②出于安全考虑，海事局局长认为有必要时，可能对商业漂流组织者及企业进行检查和审核；③海事局局长对满足前两项要求的企业进行确认（获得确认的企业一年内至少应审查一次，一旦出现事故都应立即审查），达不到要求者不予确认（不予确认者应书面知会拒绝确认的理由，并明确该企业再次提交“安全操作计划书”的时间）；④经营者提出合格证书申请；⑤海事局局长对获得确认的企业法人签发合格证书，有效期 4 年，授权给经营者开展商业漂流。③

（四）航空探险体育旅游准入

新西兰航空探险体育旅游的操作，受制于新西兰民航局的管辖。新西兰航空

① Maritime New Zealand. Maritime Rules Part 80: Marine Craft involved in Adventure Tourism [Z]. 2012.

② Maritime New Zealand. Maritime Rules Part 80: Marine Craft involved in Adventure Tourism [Z]. 2012.

③ Maritime New Zealand. Maritime Rules Part 81: Commercial Rafting Operations [Z]. 2011.

探险体育旅游的经营者，与采用直升机和小型飞机开展航空运输的运营商一样，需首先进行资格认证，取得“航空探险经营者资格”。依照《民航法》（1990）授权，民航局制定了一系列的民航规则，其中2011年开始执行的《第115部分：航空探险活动早期问题——资格和操作规则》对天空中开展的体育旅游活动的准入进行了相应规定。其中，除了对这一类型的活动的常规规定，还专门针对热气球、飞机上跳伞、串联降落伞、滑翔机、悬挂式滑翔机和滑翔伞、超轻型飞机飞行这些类型的航空体育旅游项目进行了不同类别的准入规定。

1. **准入条件**

要取得相应的准入资格，应满足三方面的条件：①经营者有合格的管理系统、组织结构、确保有达到相应安全标准的经营步骤。②雇员经过培训，取得合格资质。③活动应采用合适的设备，并有合适的维护措施，活动运作中的资深人士身体健康，有责任承担能力。《第115部分：航空探险活动早期问题——资格和操作规则》设立很多详细的规定，主要代表如下：

在管理组织结构方面，申请从事航空探险体育旅游的组织要分工作类别聘请资深人士，分别承担“（i）航空探险操作，包括飞行和降落，及任何可行的地面支持操作；（ii）机组人员和地面人员的培训和能力评估；（iii）控制和调度（控制者维护）；（iv）组织管理体系；（v）据第12部分开展事件调查”[①]的工作。

在雇员的资质方面，既有对飞行人员的规定，也有对一些载人项目参与乘客的规定。在飞行人员的资质上，第103条规定“机组人员必须取得飞行执照，有飞行证书和飞行登记”“串联飞行需取得串联飞行证书”[②]，才能在飞行探险经营活动中由持有许可证书者授权开展活动。在载人项目的乘客条件上，第203条规定“受酒精或药物影响，或行为特点有可能影响操作安全的乘客不能参与活动”以及“残障人士能得到很好的照顾，在发生事故的时候有合适的辅助措施”。[③]为了达到上述人员的资质规定，培训是航空探险体育旅游项目必要的保障。因为，不仅要在活动开展前进行飞行人员和地勤人员的培训，也要对乘客进行相应的培训（详见第303条相关规定）。

在设备的许可和维护措施方面，为确保持续适航性，航空探险经营者资格

---

① Civil Aviation Authority of New Zealand. Adventure Aviation, Initial Issue – Certification and Operations [Z] . 2011.

② Civil Aviation Authority of New Zealand. Adventure Aviation, Initial Issue – Certification and Operations [Z] . 2011.

③ Civil Aviation Authority of New Zealand. Adventure Aviation, Initial Issue – Certification and Operations [Z] . 2011.

证的申请者必须确立以下相关程序：①每架飞行器需经由认证授权方可操作；②提供飞行器的任何设备安装或连接信息。同时，为了保障飞行安全，第61条规定“航空探险经营者资格证的申请者需依据证书权威进行操作，为每架飞行器设置维护计划，包括降落伞装配”①，飞行器要经过以下项目的维护方可使用：“①每架飞行器的型号、序列号、身份识别和可能适用的注册商标。②飞行器维护的指示和程序，包括对任何飞行器及其组件的检验和测验，以及（i）必须接受检查的细节部分和区域；（ii）如果维护不当或重要物件未使用而可能危及飞行安全的飞行故障或缺陷。③维护时间表，包括维护时间、周期、日历、系统操作数量，或这些的任意组合。④指引对飞行器开展维护项目的步骤。⑤确保每个项目都完成检查的步骤。⑥问题记录的步骤，包括记录的样本。⑦对维修中发现的缺陷问题的校正或延迟校正程序。⑧对以下事项的保留程序：（i）维修记录；（ii）对降落伞装置、悬挂式滑翔机、滑翔伞，需要有对所进行工作的描述，或对民航局准入审批人接受的相关数据的描述。若服务工作是由申请人维护组织以外的人承担，需要提供一个认证人的名字。”② 这套详细的维护标准和步骤，为航空探险体育旅游活动的运营提供了安全的保护，降低了风险发生的概率。

另外，要开展下列主流类的航空体育旅游活动项目，如热气球、飞机跳伞、串联跳伞、滑翔机、悬挂式滑翔机和滑翔伞，除了上述规定外，操作者还需要持有专门类别的飞行执照和确认飞行等级。不同的体育旅游项目还附有额外的规定。达不到上述要求者，航空探险经营资格取得者也不得授权给个体开展此类活动。上述项目具体准入条件如下：热气球飞行者还需要具备“①100小时的热气球飞行经验；②10小时航空探险活动类的热气球飞行经验”③。飞机跳伞运动者参与商业活动另需具备“150小时的飞机跳伞经验”④。串联跳伞项目规定从事商业跳伞活动的人员需满足“①取得跳伞自主授予的商业跳伞资格和认定的当前串联跳伞等级；②年满18岁；③有2级水平的医疗救助资质”⑤。滑翔

---

① Civil Aviation Authority of New Zealand. Adventure Aviation, Initial Issue – Certification and Operations [Z]. 2011.

② Civil Aviation Authority of New Zealand. Adventure Aviation, Initial Issue – Certification and Operations [Z]. 2011.

③ Civil Aviation Authority of New Zealand. Adventure Aviation, Initial Issue – Certification and Operations [Z]. 2011.

④ Civil Aviation Authority of New Zealand. Adventure Aviation, Initial Issue – Certification and Operations [Z]. 2011.

⑤ Civil Aviation Authority of New Zealand. Adventure Aviation, Initial Issue – Certification and Operations [Z]. 2011.

机的商业活动操作者除了有规定的飞行执照、飞行等级，还要满足“①有200小时的飞行经验；②50小时商业探险类的滑翔机飞行经验”①。悬挂式滑翔机和滑翔伞操作者需要满足“①悬挂式滑翔机组织授予的当前商业串联飞行等级；②有2级水平的医疗救助资质”②。

除此之外，为了规范上述主流飞行器之外的特殊类别飞行器，《第115部分：航空探险活动早期问题——资格和操作规则》也专门作出规定，而且对于这一特殊类别的非具体的航空体育旅游项目，其对参加商业活动者的授权准入条件更加严格。这样可以规避因飞行器材的不确定性，或为了应对飞行器材的发展变化而可能带来的法律漏洞。

2. 准入程序

从经营者的准入角度讲，要取得航空探险经营者资格证，其准入程序如下：首先申请人按照规定的表格填写材料，递交给民航局准入审批人。申请材料的内容包括《第115部分：航空探险活动早期问题——资格和操作规则》中第79条要求的对申请人情况的说明，以及第13（b）条规定的对操作规范的细节描述。申请人符合该规则B部分所列的所有要求；按照该规则第51条（a）①和②的要求③，申请方及其主要人员身体健康、人选合适；证书授予不与航空安全相悖。满足上述条件者，民航局准入审批人可授予航空探险经营者资格证。

从航空探险体验者的准入角度讲，新西兰民航局授予航空探险经营资格的取得者判定航空探险体验者是否达到安全操作或乘坐的权力。由于取得该资格的要求非常严格，所以一旦获得授权，就可以行使相关的权力。对于各种代表性的航空运动项目的操作者或者乘客，都由航空探险经营资格的取得者来判定飞行器的操作者是否达到相关的安全操作资格，或某些项目的乘客是否达到安全乘坐条件。

四、国外体育旅游市场准入制度特点比较

综上所述，英国、澳大利亚、新西兰的体育旅游市场准入制度分别具有以

---

① Civil Aviation Authority of New Zealand. Adventure Aviation, Initial Issue – Certification and Operations [Z]. 2011.

② Civil Aviation Authority of New Zealand. Adventure Aviation, Initial Issue – Certification and Operations [Z]. 2011.

③《第115部分：航空探险活动早期问题——资格和操作规则》第51条（a）①和②的要求：航空探险经营者资格申请者必须聘用：①一位资深人士作为主要管理者，该管理者（i）在申请人组织的内部有权确保该组织的每项活动都有经费支持，并确保按照相关的规定和标准开展活动，且（ii）有责任确保该组织的行为符合本法。②一位或多位资深人士，（i）负责确保该组织符合申请中的阐述内容，且（ii）负责条款（b）①中提到的有关职能，且（iii）最终向行政长官负责。

下不同特点：

英国探险体育旅游准入的立法发展和立法内容，显示了如下特点：①重视生命安全，立法降低风险。②设置独立部门进行探险活动审批。③严格的风险评估报告是审批的重要条件。④市场准入条件体现灵活性，满足条件的情况下，可以不需要获得审批，如前述参与水上探险活动的例子里，俱乐部可以先自我评估，根据情况决定是否需要经过审批。

澳大利亚对国家公园场地内开展的体育旅游准入规定有以下特点：①在国家公园内划定特殊区域供相关体育旅游项目开展，并且所有的活动都需要经过相关部门审批后才可以进行（高尔夫除外）；②对于洞穴探险等高危险性的体育旅游项目，规定国家公园专设的看守人必须参加；③看守人的权力比较大，有督察、罚款、没收等权力，在一些特殊活动的开展上，若有需要，看守人可以要求相关的专业人士加入。

从地方性的立法上看，南澳洲体育类娱乐场地的准入，体现了一个核心特点：多样管理。其核心是由体育类娱乐场地的管理者授权准入，这样简化了准入的程序。而根据不同的经营性质，又为不同类型的管理者分别设立准入条件，明确责任人。

南澳洲水上体育旅游准入体现的主要特点是 CEO 的许可权力很大。一方面 CEO 是现代企业中的灵魂人物，体现着效率；另一方面 CEO 有很强的决策权，但不像总经理事无巨细地承担任务，又可以避免个人专权。

新西兰体育旅游市场发展比较成熟，加上近年来安全事件的压力，准入制度不断完善，形成完善的体系。其准入有三个特点：一是无论陆地、水上还是航空体育旅游都有法可依。二是在准入制度中制定和安全有关的细则，确保项目安全性。三是建立了“安全审计证书”制度，由专业人士进行安全审计。

总体而言，英国的准入要求提交严格的风险评估报告、澳大利亚要求所有的活动都要审批、新西兰要求专业人士进行安全审计，这些要求都说明，这几个国家都非常重视体育旅游的审批，尤其重视安全审核。

第四节 我国高危险性体育旅游市场准入制度的完善

一、我国高危险性体育旅游市场准入制度问题

我国对体育旅游市场的准入已经搭建起了初步的法律制度框架。2013 年最新颁布的《经营高危险性体育项目许可管理办法》给未来高危险性体育旅游准

入搭建了一个理想的框架，执行统一标准下的行政许可，并且明确了从业人员资质，制定了对组织者的准入核查程序，这些都是改革的亮点。然而，目前只明确了四类项目的准入标准，其他的法规依然奏效。因此，从不同的角度分析，现行总体准入机制仍然存在问题，需要逐步推进。

（一）高危险性体育旅游准入法规问题

我国体育旅游准入的相关法规涉及多个部门，如表 4－2 所示，体育、旅游、工商、林业等多个部门都颁布了相应的准入管理法规，存在的问题主要有三个方面：

1. 部门之间和部门内部的法规“断链”

首先，在准入问题上各个部门之间缺乏系统的关联。体育部门对非营利性俱乐部实施准入；工商部门对营利性的俱乐部和旅行社实行准入；林业部门和建设部门的准入制度不完善，不能对“驴友”等个体或群体行为实施准入；网络活动的组织缺乏安全方面的准入规制。

其次，在部门内部也存在法规的矛盾，体育旅游项目的包含关系亟待理顺。《滑翔伞运动管理办法》《航空体育运动管理办法》《经营高危险性体育项目许可管理办法》之间存在交集。还有一些市场发展良好的体育项目的法律空白有待填补。如海南属于体育旅游市场资源丰富的省份，却没出台相关法规。还有根据近年来的安全事故统计报告，事故多发地也应出台相应的风险管理措施，设定准入的标准。

2. 在体育事业向体育产业升级转变中法规没有体现时效性

我国的体育产业刚开始起步，很多相关的法规还是以体育事业时期的竞技项目为准入对象。有些省或市体育市场管理的法规颁布于 20 世纪 90 年代，而我国已经开始进入体育旅游快速发展期，相关法规已经不能满足现状需求，需要作出调整。

另外，在转型期，事业单位或者行政管理部门参与市场的行为也不时存在，现有法律缺乏对事业单位从事商业活动的管理规定，形成法律漏洞。

3. 参加者准入和目的地准入被忽视

我国现行的和体育旅游相关的准入制度中，对从业者准入和参加者准入的标准制定有所偏颇，甚至完全忽略参加者的准入条件。按照项目看，只有航空体育旅游项目对参加者提出了明确的要求。

另外，随着网络的发展和“驴友”行为的扩散，林业部门和建设部门的法规缺乏准入限制，起不到安全防范和降低风险的作用。需要和体育、旅游、工商部门协同制定旅游目的地准入制度。

表4－2　我国体育旅游准入相关的法规列表

类别	名称
体育类法规	《体育类民办非企业单位登记审查与管理暂行办法》（2000）
	《关于进一步加强体育经营活动管理的通知》（1996）①
	《经营高危险性体育项目（审批）条件及程序》（2013）、《广东省高危险性体育项目经营活动管理规定》（2006）、《吉林市高危体育经营活动管理条例》（2009）
	《国内登山管理办法》（2003）、《外国人来华登山管理办法》（1991）、《攀岩攀冰运动管理办法》《中国登山协会登山户外运动俱乐部管理办法》《高山向导管理暂行规定》《青海省登山管理暂行办法》（2001）、《青海省外国人登山管理条例》（2001）、《西藏自治区登山条例》（2006）、《四川省登山管理办法》（2001）
	《航空体育运动管理办法》（1991）、《动力伞运动管理办法》（1996）、《滑翔伞运动管理办法》（2000）
	《全国汽车运动管理规定》（2001）、《全国潜水活动管理暂行规定》
旅游类法规	《旅行社条例》（2009）、《旅行社条例实施细则》（2009）
	《导游人员管理条例》（1999）、《导游人员管理实施办法》（2001）
	《国家旅游局行政许可实施暂行办法》（2006）
	《香港和澳门服务提供者在广东省设立旅行社申请审批办法》（2009）
工商类法规	《企业登记程序规定》（2004）、《国家工商行政管理总局关于改进和加强企业登记管理工作的意见》（2007）、《公司注册资本登记管理规定》（2005）、《外商投资合伙企业登记管理规定》（2010）
	《网络商品交易及有关服务行为管理暂行办法》（2010）、《关于认真贯彻实施〈网络商品交易及有关服务行为管理暂行办法〉的指导意见》（2010）
林业类法规	《国家级森林公园管理办法》（2011）
其他	《风景名胜区条例》（2006）

① 虽然《关于进一步加强体育经营活动管理的通知》（1996）已废止，然而以此为指导思想的省级和地方性法规中，关于“体育市场管理”的法规尚有23部，关于“体育经营活动管理”的法规尚有24部。

（二）高危险性体育旅游准入条件问题

1. 管理者多头管理，缺乏在准入上的配合

从授权人的条件看，授权的管理者过多且缺乏融合，多头授权，交叉管理，增加了技术部门安全监管的难度。我国的现实是体育行政管理部门下设的旅行社或俱乐部，设立了工商和体育部门双重准入条件。而一般企业类的旅行社或俱乐部受工商注册管理，但缺乏安全技术的审核。社团准入受相关行政管理部门的管辖，无技术层面的准入监管。有的体育旅游项目还涉及体育、旅游、林业等多个部门的交叉管理，管理界限模糊。各个分散的部门难以在体育旅游目的地的准入管理上根据最新发展趋势进行综合权衡或联合管制。

2. 组织者准入缺乏安全标准

从组织者的条件看，商业和非商业性登山体育旅游需求旺盛，而培训条件有限。我国于2004年颁布的《国内登山管理办法》规定登山活动的组织中，“队员两人以上，并参加过省级以上登山协会组织的登山知识和技能的基础培训及体能训练”。在2004年制定颁布此规定之时，我国登山活动多为竞技类活动，因此该规定主要针对竞技运动员开展登山活动设立条件。截至2012年，我国登山体育旅游在互联网的大力普及和推动下，越来越多的登山人员抱着户外休闲旅游的目的开展该项活动。而且各类旅行社、俱乐部也组织了大量商业性质的登山体育旅游活动。从经营者角度看，除了大型商业性质登山活动和学校社团等将培训纳入常规流程，普通或小型旅行社、俱乐部、网络组织根本没办法保证每次活动的参加者都接受省级以上登山协会组织的登山知识和技能的基础培训及体能训练。除了安全教育，和安全保障有关的合同、保险等安全保障措施也未纳入法规中，这增加了风险发生的概率。

3. 参加者准入现行标准不合理

从参加者的条件看，对参加者准入门槛设置过低，导致伤亡事故数量攀升。2001—2007年登山遇难共12起22人。在此基础上，2004年颁布的《国内登山管理办法》规定“属于参加登山健身活动性质且山峰高度在3 500米以下的，采取放开的方针，不在管理之列”。但随着2007年后登山体育旅游的迅猛发展，2011年中国户外安全事故共492起[①]。与2010年的182起相比大幅增长，更是2001—2007年22人的22倍之多。从下表的统计也可以看出，伤亡事故发生频率高的山峰，多数是最容易忽视其危险性的3 500米以下的山峰。

---

① 中国登山协会登山户外运动事故调查研究小组.2011年度中国户外安全事故调研报告［R］.2011.

表 4－3　2011 年登山户外运动事故频发地点及地理数据统计表

事故地点	事故次数	区域内最高山峰海拔
山东崂山	26	1 132.7 米
北京箭扣	16	958 米
陕西秦岭	14	3 767 米
辽宁鞍山	7	1 141 米
西藏珠穆朗玛峰	6	8 848 米
河南嵩山	5	1 491.7 米
北京海坨山	4	2 241 米
江西庐山	4	1 473.4 米
广东凤凰山	4	1 497.8 米
浙江天目山	3	1 506 米

登山体育旅游准入门槛和伤亡事故的发生有着必然的关系，对危险性的低估导致风险宣传、安全防患和培训保障的缺失，准入条件降低致使伤亡概率增加，而在其他各类体育旅游活动中也存在同样的问题。

（三）高危险性体育旅游准入程序问题

准入程序问题首先表现为体育、旅游、林业等部门之间的衔接不紧密，例如旅游景区经营者获得林业部门审批，但未获得旅游部门的审批。如 2001 年 7 名“驴友”购买门票攀登太白山遇险，由于太白山自然保护区管理局未经过陕西省旅游主管行政部门的审批而经营旅游景区，法院判定其未履行安全保障职责，应对原告进行赔偿。另一个问题是由于部门之间的准入衔接不紧密，导致事前安全评估和后续安全监管难以进行。例如对于商业性俱乐部而言，体育行政许可没有被规定为工商准入的必要条件。导致体育部门对俱乐部安全的后续审核形同虚设，不接受年审也不影响其继续运作。虽然《经营高危险性体育项目许可管理办法》已经作出改进，现商业性俱乐部需要经由体育行政部门进行安全许可，再办理工商登记，但是由于目前处于过渡阶段，在没有为所有的高危险性体育项目制定统一准入制度之前，这个问题仍然存在。

二、我国高危险性体育旅游市场准入制度的完善

体育运动问题本身是最具备国际性通行特征的问题，而体育旅游这种运动

和旅游结合的经济文化社会活动也不具备很大的国别差异。从前面提到的准入意义角度来分析，体育旅游发展的作用也是具有国际共通性的——实现民众的运动休闲需求、推动体验经济的发展。通过准入规制实现这些方面的诉求对于任何国家来说都有丰富的理论和实践意义。

从管理体制的角度来说，体育旅游涉及体育部门、旅游部门、林业部门、航空部门、航海部门等众多的管理机构，虽然具体的职能划分各国略有不同，例如英国是由专门的部门来实施准入，澳大利亚是由混合部门来实施准入，而新西兰是由旅游目的地机构来实施准入。但总体说来，多头管理是大多数国家体育旅游发展中不可避免的问题，因此，这就更有利于我国参照其经验，探索我国高危险性体育旅游准入的规范途径。

（一）准入条件的完善

1. 各项目共同的准入条件和具体项目的特殊条件相结合

对于所有的体育旅游项目，要完善其准入机制，建议明确共性，考虑个性，使各类体育旅游项目共同的准入条件和具体项目的特殊条件相结合。

从共同的准入条件看，2013 年 5 月《经营高危险性体育项目许可管理办法》的施行，对体育旅游准入的规范发展来说意义毋庸置疑，对体育旅游尤其是高危险性体育旅游的准入也有积极的参照意义。该法规对设备、救助人员、安保制度、保险、行政责任都有统一的准入规定。

然而，该办法目前只针对四类高危险性体育项目——游泳、滑雪（高山滑雪、自由式滑雪、单板滑雪）、潜水、攀岩分别制定了详细的准入标准。对于其他的体育旅游项目，也应尽快根据实际情况完善准入条件。从现有法规来看，我国已经初步建立这样的管理框架，但是总体来说要尽快完善并出台其他高危险性体育旅游项目的全国统一标准的准入制度。

2. 建立组织者、参加者、管理者三方约束机制

要解决组织者主体混杂、参加者门槛低和管理者滥用权力的三类准入问题，就需要建立组织者、参加者、管理者三方约束机制。目前《经营高危险性体育项目许可管理办法》对此有所推进，加强了对安全条件的审核。未来要在此基础上，加快推进所有高危险性体育旅游项目的三方约束机制。

目前组织者主体中管理部门和协会的参与，破坏了市场规律，该类主体参与市场的行为不符合准入的规定，不应成为体育旅游市场的主体。这需要管理者进行有效监督。而体育旅游参加者方面的主要问题是缺少对参加者的准入，无视体能、技能等条件就准予参与，增加了安全隐患。对参加者的准入，需要管理者制定合理的准入条件，并且由经营者严格执行。同时，对于管理者自身

的准入权利应在准入的法规中设置行政监管。因此，这三方主体需要密切配合，互相监督，才有利于形成良性的准入机制。

（二）准入程序的完善

1. 将安全评估纳入首要环节

由于体育旅游项目的安全性是重要问题，因此在准入程序中，可以考虑参照新西兰海事局的做法，在进行项目的许可之前，将安全评估纳入首要环节，进行现场检测。我国目前体育旅游项目的准入多依靠书面自查材料，缺少第三方技术部门的评估，存在制度漏洞。若评估遭拒绝，也应告知以便被拒绝者明确安全不达标的理由，并加以改进。另外，“户外装备、场地的维护、设备检查只是业内规范，无明文规定及问责，应学习西方将其规范与执照结合，一旦出状况，会导致严惩机制更能有效规范”①。

2. 将后续审核和监管结合起来

目前在我国现行法规中，没有指定后续审核的具体时间和标准，一般都是事故发生后采取吊销执照等行政处罚。建议一方面通过建立全国联网平台，在颁发准入许可后，实施公众监督，减轻行政监管负担；另一方面，根据安全事故危害等级决定是否继续给予审批。

---

① 董范，刘华荣，国伟．户外运动组织与管理［M］．武汉：中国地质大学出版社，2009：116.

第五章　体育旅游保险问题

体育旅游保险是体育旅游安全保障的核心法律问题，和安全保障息息相关，并且随着体育旅游在我国的发展而发展。但是，在短期快速的发展中，保险的缺失、失效等都使体育旅游保险对体育旅游安全保障没有起到应有的风险规避作用。因此，本章的研究致力于推动我国体育旅游保险的完善，为体育旅游发展提供屏障。

第一节　我国体育旅游保险的发展历史及法律背景

保险不仅包括风险转移，也包括风险共担和风险降低。通过保险机制，被保险人将各种风险转移给整个团体，以较少的支出避免潜在的、巨大的且不确定的损失。[①] 如果在损失发生前认识到风险，那么风险是可以被管理的。可以说，保险是一种重要的，但不是唯一的风险管理工具。

参与式体育旅游在我国发展的时间不长，对其安全进行保障的体育旅游保险的发展时间就更短了。虽然目前国内尚无专门命名为“体育旅游”的保险或条款，但是从意义内涵来讲，由于参与式体育旅游和户外运动还有探险旅游存在很大程度的交集，因此目前国内的体育旅游保险主要为对户外运动或探险旅游承保的保险项目。

一、体育旅游保险发展历史

我国旅游业的发展，开始于改革开放之后。旅游保险业的发展，也是随着旅游危机事件的发生而诞生的。与其他旅游业发达的国家和地区的旅游业起步于国内或地区内的旅游不同，我国旅游业的发展经历了独特的三个阶段：“先有入境旅游，然后是国内旅游和国外旅游。”[②] 体育旅游保险的发展，是在第二阶

① 詹姆斯·S. 特里斯曼，桑德拉·G. 古斯特夫森，罗伯特·E. 霍伊特. 风险管理与保险：第十一版［M］. 裴平，译. 大连：东北财经大学出版社，2002：91.

② 宋杨洋. 我国旅游保险产品的现状和发展完善［D］. 成都：西南财经大学，2009.

段，即国内旅游发展起来之后，才逐渐引起广泛的重视。

具体分析，20 世纪 90 年代至今，我国参与式体育旅游保险的发展大致经历三个阶段：萌芽阶段（1978—2003 年）、初创阶段（2003—2006 年）、拓展阶段（2007 年至今）。

（一）体育旅游保险的萌芽阶段（1978—2003 年）

改革开放初期，入境游客占据主流。1978 年中国入境旅游人数为 180.92 万人次，旅游外汇收入 2.63 亿美元。① 随后，随着国民经济的发展，人们有更多休闲的选择，国内旅游开始逐渐走向兴盛，而业余登山等户外运动则是从 2000 年以后才开始兴起。2003 年之前的这一阶段，是体育旅游的初步发展时期，也是体育旅游保险的萌芽时期。事实上，若从体育旅游具体项目的保险来说，在 2003 年之前，体育旅游的保险市场基本处于空白状态。但若从涵盖登山、骑自行车等低风险体育项目的观光旅游来说，体育旅游安全保障的保险已经处于萌芽阶段。萌芽阶段的体育旅游保险主要有以下发展：

1. 竞技运动员保险开启，为社会体育保险发展打下基础

从体育的发展看，二十世纪八九十年代是竞技体育的天下。最早提出体育保险的设想是在 1995—2003 年，11 位全国政协委员向全国政协八届五次会议递交提案，要求给那些曾为我国体育事业作出贡献的优秀运动员、教练员建立伤残保险和养老保险制度。1996 年，香港南华体育总会会长洪祖杭以个人名义向中华全国体育基金会捐赠体育保险基金 1 200 万元建立“祖杭体育保险基金”，以支持国家体委建立运动员保险制度。同年 5 月 30 日，国家体育总局正式批准设立中华全国体育基金会体育保险部，将其作为体育保险的职能部门。② 1998 年桑兰事件的发生，促使国家队运动员伤残保险最终落实，国家队运动员得到保险保障。

体育部门保险机构的设立，为 2006 年首个户外运动专项保险的制定打下了基础。

2. 开发旅游意外险，赔偿普通旅游意外事故损失

对游客的意外事故保险始于 1990 年，当时国家旅游局、中国人民保险公司联合颁布了《关于旅行社接待的海外旅游者在华旅游期间统一实行旅游意外保险的通知》，该通知明确了强制旅行社为入境旅游者购买旅游意外保险。随着国内旅游的逐渐兴盛，国内旅游保险的需求产生，2001 年《旅行社投保旅行社责

① 陈兰．改革开放 30 年来中国入境旅游发展分析［J］．商品与质量（理论研究），2012（4）：61.

② 阎华，李海．国内外体育保险之比较研究［J］．西安体育学院学报，2001，18（4）：18.

任保险规定》第二条“旅行社从事旅游业务经营活动，必须投保旅行社责任保险。”该保险囊括了因为旅行社责任而产生的事故赔偿，但是第六、七、八条也明确了三种情况下引起的损失旅行社不承担赔偿责任：①旅游者在旅游行程中，由自身疾病引起的各种损失或损害；②由于旅游者个人过错导致的人身伤亡和财产损失，以及由此导致需支出的各种费用；③旅游者在自行终止旅行社安排的旅游行程后，或在不参加双方约定的活动而自行活动的时间内，发生的人身、财产损害。2001 年 12 月，国家旅游局颁布了《旅行社管理条例实施细则》，第 51 条规定“旅行社在与旅游者订立旅游合同时，应当推荐旅游者购买相关的旅游者个人保险”。

3. 开发旅行社责任保险，保障旅行社的权益

1997 年《旅行社办理旅游意外保险暂行规定》发布，其规定了旅行社在组织旅游团队时，为保护旅游者利益，需要代旅游者向保险公司支付保险费，一旦旅游者在旅游期间发生意外事故，按合同约定由保险公司向旅游者支付保险金。这一方面可以保护旅游者的权益，另一方面可以转嫁旅行社的经营风险。[①]然而，事故后游客认为除了自己购买的保险赔偿，旅行社也应担负相应责任，于是执行了四年的强制游客购买旅游意外保险不得不进行调整，《旅行社办理旅游意外保险暂行规定》于 2001 年废止。

2001 年的《旅行社投保旅行社责任保险规定》要求从事旅游业务的所有旅行社必须投保旅行社责任保险，同时原来强制性的旅游意外保险改为游客自愿购买。

4. 登山探险项目需审批，无专门保险

1994 年国家旅游局发布《旅游安全管理暂行办法实施细则》，其中第六条（十三）规定“开展登山、汽车、狩猎、探险等特殊旅游项目时，要事先制定周密的安全保护预案和急救措施，重要团队需按规定报有关部门审批”。这是最早开始通过法规明确对体育旅游安全的重视。但是鉴于当时的特殊旅游项目还是少数重要团队的行为，多属于竞技比赛或国外来访交流的活动，因此只需通过有关部门的审批来加强安全的审核和保障，尚没有设立专门保险的迫切性。

5. 救援协调机构成立，无附加救援保险

1993 年 4 月 15 日，国家旅游局发布《重大旅游安全事故报告制度试行办法》，该办法规定了旅游安全事故报告的报告人和程序，如第三条“各省、自治区、直辖市、计划单列市旅游行政管理部门和参加‘中国旅游紧急救援协调

---

① 宋杨洋．我国旅游保险产品的现状和发展完善［D］．成都：西南财经大学，2009.

机构'联络网的单位，都有责任将重大旅游安全事故上报'中国旅游紧急救援协调机构'"。第四条"报告单位在接到旅游景区、饭店、交通途中或其他场合发生的重大旅游安全事故的报告后，除向当地有关部门报告外，应同时以电传、电话或其他有效方式直接向'中国旅游紧急救援协调机构'报告事故发生的情况"。同期发布的《重大旅游安全事故处理程序试行办法》第九条对入境游客的救援规定"伤亡人员中有海外游客的，责任方和报告单位在对伤亡人员核查清楚后，要及时报告当地外办和中国旅游紧急救援协调机构，由后者负责通知有关方面。中国旅游紧急救援协调机构在接到报告后，还将及时通知有关国际急救组织；后者作出介入决策后，有关地方要协助配合其开展救援工作"。

这两个规定的实施，推动了旅游安全事故报告机制的建立，明确了救援的机构。根据国务院授权，中国旅游紧急救援协调机构于1992年5月成立，该机构设在国家旅游局综合业务司，负责重大旅游安全事故处理及海外游客紧急救援的组织协调。虽然当时的救援仅仅面向"海外旅游者人身重伤、死亡的事故"①，但这毕竟代表着为保障游客安全而设立救援机构的开端，为后来救援保险的发展打下基础。

（二）体育旅游保险的初创阶段（2003—2006年）

从2001年左右开始，业余登山人数开始增加，我国体育旅游开始进入发展期。这个过程中，游客对风险性的户外项目保险产生需求，然而，旅行社责任保险中含有很多责任禁区，当时"保险公司几乎都将旅行社组织的赛车、赛马、攀岩、滑翔伞、探险性漂流、潜水、滑雪、滑板、跳伞、热气球、蹦极、冲浪等具有高风险性的旅游活动作为责任免除条款"②。2003年到2006年是参与式体育旅游保险发展的一个关键时期。2003年第一家专业体育保险经纪公司成立，其在借鉴西方国家经验的基础上，于2006年出台了我国第一个户外运动专项保险。这一阶段保险的具体发展如下：

1. 设立第一家专业体育保险经纪公司

2003年底，中体保险经纪有限公司成立，它是中体产业集团的下属公司，是经过中国保监会批准、隶属国家体育总局系统的唯一一家专业体育保险经纪公司。该公司的成立，使竞技体育和社会体育两个方面的保险都走上更专业的发展道路。

---

① 国家旅游局．重大旅游安全事故报告制度试行办法［Z］．1993.

② 陈信勇，侯作前，杨富斌，等．旅游业发展的法制保障［M］．北京：知识产权出版社，2007：68.

2. 出台国内首个户外运动专项保险

中体保险经纪有限公司自成立伊始就着手研制体育保险，在2006年和大众保险公司联合推出国内首个户外运动专项保险“登山及户外运动专项保险”，并开发了“登山户外运动风险管理和保险服务平台”。当时研制保险和设立平台的起因是“随着全国户外运动的迅猛发展，越来越多的人开始参与户外运动，为全面贯彻中国登山协会营造全民健身氛围，普及和推广户外运动项目”①。2001年之后的户外运动发展，以登山群体为主，而其产生的安全事故也最多。该保险首次将登山等户外运动按照难度进行了分级，并按照难度分级来设立户外保险的保险对象。

“登山及户外运动专项保险”的特点包括：①由中国登山协会提供专业支持，吸收借鉴了英国、美国、加拿大等地区的保险条款和保险承保经验，结合国内50年来的登山户外运动风险统计数据进行研制；②在保险条款中为户外运动者和俱乐部明确承保登山户外运动（包括但不限于拓展、登山、滑雪、攀岩、攀冰、高山探险等），同时扩展承保在登山户外运动的同时所进行的其他运动（包括游泳、冲浪、轮滑、定向越野、帆船、漂流、洞穴探险等各类俱乐部可能组织的体育运动项目）；③该保险借鉴国外经验，将各种登山户外运动按照不同的风险水平分为5级，根据户外运动的风险水平进行投保；④登山户外专项保险由两部分组成，分别针对登山户外运动爱好者和俱乐部两个群体提供保障。登山户外运动人身意外伤害保险承保登山户外运动中的意外伤害、意外伤害医疗费用、救援费用，以及高原反应和冻伤。登山户外运动俱乐部责任保险承保俱乐部在组织户外活动时，因疏忽或过失导致参加者的人身伤亡依法应由被保险人承担的民事赔偿责任；同时扩展承保俱乐部在固定经营场地日常经营活动中，因意外造成的第三者人身伤亡或财物损失的民事赔偿责任；还可扩展至商品、食品、饮料责任等。除此之外，还有航空人身意外保险，是中国航空运动协会与北京太保公司签订的特殊保险，最短保险期间为3个月。

3. 意外伤害保险业务的放开，促使更多保险公司开始研制体育旅游保险

对体育旅游保险市场发展来说，2003年有一个重要的举措，即《中华人民共和国保险法》修订。2002年，根据中国加入世贸组织的承诺，《中华人民共和国保险法》作了首次修改，并于2003年1月1日起实施。按照此法，财产保险公司可以经营意外伤害保险业务。这一决定直接影响到保险公司的业务拓展。2003年5月颁布的《中华人民共和国外资保险公司管理条例》也对外资保险公

① 登山及户外运动专项保险介绍［EB/OL］.［2014－08－21］. http：//www.ztbx.com/tou_shan.php? id=33.

司的业务范围进行了拓展，第十五条规定“外资保险公司按照中国保监会核定的业务范围，可以全部或者部分依法经营下列种类的保险业务：（一）财产保险业务，包括财产损失保险、责任保险、信用保险等保险业务；（二）人身保险业务，包括人寿保险、健康保险、意外伤害保险等保险业务”。但同时第十六条规定“同一外资保险公司不得同时兼营财产保险业务和人身保险业务”。

根据中国统计局2003年统计，已获在华经营保险业务准许的外资保险公司已超过30家，外资保险公司在华设立代表处的有200多家。[①] 竞争主体的增加必然带来体育类保险在内的意外伤害保险选择的增多。值得一提的是，紧急救援等附加产品也开始出现。

（三）体育旅游保险的拓展阶段（2007年至今）

由于前一阶段的政策放开，2007年之后的六七年里，我国迎来了体育旅游保险的快速拓展阶段。

首先是外资保险公司获得政策“松绑”，2003年后增设了部分中外合资的保险公司和国外保险公司的分公司，这些外资保险公司开始结合国外经验，依照国内情况推出各类相关的体育旅游保险计划。外资保险公司的进入，对国内保险公司形成很大的促进。Leverty、Lin和Zhou（2009）利用1999—2004年的数据，分析了加入WTO对中国保险业的影响。结果显示，加入WTO对保险公司的生产率有着结构性的提高，同时外资保险公司带来了显著的正向影响。还有很多研究者的研究证明，外资保险公司的进入对保险业和国内保险企业的发展有着积极的影响，主要表现为提供了更多的资金、更为先进的技术、更为成熟的管理经验和更为领先的营销渠道。[②]

其次是国内保险公司在体育旅游保险项目上的拓展。一方面是2006年中体和大众合作推出的第一款户外专业保险的推动，另一方面是外资保险公司的项目拓展。这些举措间接影响了国内保险公司，也终于纷纷放开之前对高风险性户外运动或探险运动的限制，推出各种体育旅游保险。

目前代表性的体育旅游保险项目已有较多选择，详见附表6。从可选的保险类别来看，截至2014年，体育旅游可选的保险条款已经基本形成国内外保险公司公平竞争格局。国内市场的放开和国际市场的进入，有助于避免行业垄断。然而，体育旅游的保险和体育旅游一样，仍处于发展期，各险种对项目的限制

---

① 邱晓德．中国加入WTO体育博彩业面临的机遇与挑战［J］．北京体育大学学报，2003（6）：36.

② 陈秉正，王茂琪．外资保险在中国的发展困境之分析［J］．保险与风险管理研究动态，2011，(8)：18.

较多，保险细则有待整合和完善。对于体育旅游经营者和参加者来讲，理赔问题多，有效辨别难度略大。

二、体育旅游保险法律背景

目前我国体育旅游保险涉及三类法规：保险类法规、体育类法规、旅游类法规。

保险类法规是对包括体育旅游保险在内的所有保险的统一调整依据。我国有关体育旅游的保险业的基本法规还没有形成，但对其监控主要是以《中华人民共和国保险法》和以《中华人民共和国保险法》为核心的各种相关保险法规，其中包括《保险公司管理规定》《保险代理人管理规定（试行）》《保险代理机构管理规定》《保险经纪人管理规定（试行）》《中华人民共和国合同法》《中华人民共和国公司法》《旅游保险规定》《保险代理机构管理规定》《保险公司次级定期债务管理办法》《保险公司非寿险业务准备金管理办法》《保险机构投资者股票投资管理暂行办法》《保险经纪机构管理规定》《保险统计管理暂行规定》《保险外汇资金境外运用管理暂行办法》《保险营销员管理规定》《保险资金间接投资基础设施项目试点管理办法》《财产保险公司保险条款和保险费率管理办法》《人身保险保单标准化工作指引》《再保险业务管理规定》《中华人民共和国外资保险公司管理条例》等，这些法规构建了监管我国保险业发展的法律体系。[①] 应该说，从保险制度的大局来看，我国保险市场的管理制度已经建立。但是，由于体育旅游这一渐盛领域的保险产生了新的市场需求，并体现了有别于普通旅游对安全的要求，因此，体育旅游相关保险的保险内容和保险体系存在的问题和如何完善是本章的重点研究对象。

体育类法规对保险的规定很少。现行《中华人民共和国体育法》没有对保险有任何规定。其他主要涉及的法规基础首先是《全民健身条例》（2009）第三十三条对保险的规定："国家鼓励全民健身活动组织者和健身场所管理者依法投保有关责任保险。国家鼓励参加全民健身活动的公民依法投保意外伤害保险。"另外，2013 年最新颁布的《经营高危险性体育项目许可管理办法》第二十六条说明"国家鼓励高危险性体育项目经营者依法投保有关责任保险，鼓励消费者依法投保意外伤害保险"。各类运动项目的管理规章中，目前除了航空类项目规定强制购买保险，很多项目对组织者和参加者都没有保险的规定。《航空体育运动管理办法》第十四条"从事航空体育运动（航空模型项目除外）的单

① 徐广海．我国体育旅游保险现状及对策研究［D］．北京：首都体育学院，2007.

位和个人，应当向中国人民保险公司投保机身险和第三者责任险。飞行和跳伞人员应投保人身意外险”。《滑翔伞运动管理办法》规定“飞行人员应向保险公司投保人身意外伤害险和第三者责任险”。总体而言，体育类法规对体育旅游尤其是高危险性体育旅游保险的重视程度不够，仅仅主张自愿选择保险购买，但没有研究现行保险存在的不足，以及如何通过保险转移公共救援责任、减轻经营者责任负担等问题。

旅游类法规经过二十年的发展，对旅行社保险和游客保险有较为全面的规定，但其管理规定限定了责任的范围，导致旅行社不敢涉足体育旅游尤其是高危险性体育旅游的经营。另外，目前体育旅游大多数为户外俱乐部组织，或者自由组团成行，而旅行社责任保险只能对旅行社形成规制，不能提供这一类俱乐部组织的责任保险。

人身意外伤害是参与式体育旅游中最大的安全风险类别。因此，从法律的角度看，《人身损害赔偿司法解释》也是这一类体育旅游保险设立的基础。

第二节　我国体育旅游保险的实施及问题

一、体育旅游保险的法律关系

（一）体育旅游保险的保险主体

保险法律关系的主体一般分为保险人、投保人、被保险人和受益人。

保险人是指与投保人订立保险合同，并按照合同约定承担赔偿或者给付保险金责任的保险公司。体育旅游保险的保险人即保险公司。

投保人又称要保人，是指与保险人订立保险合同，并按照合同约定负有支付保险费义务的人。保险的投保人可以是公民个人、法人组织或者其他组织。体育旅游保险中的投保人可以是旅游者个人、旅行社、户外俱乐部。其中户外俱乐部包括营利性和非营利性的，这两类组织都可以组织体育旅游，也都可以成为保险的投保人。

被保险人是指其财产或者人身受保险合同保障，享有保险金请求权的人。投保人可以为被保险人。体育旅游安全保障中，保险主要是意外伤害保险，为在体育旅游中受到意外伤害的游客或者经营者提供医疗救治或者赔偿，因此这一类保险的被保险人无外乎三类：体育旅游参加者、旅行社或俱乐部等体育旅游活动的组织者、活动的领队或导游。

受益人是指人身保险合同中由被保险人或者投保人指定的享有保险金请求权的人。投保人、被保险人可以为受益人。受益人必须经被保险人指定产生。一般来讲，体育旅游保险的投保人是游客自己，或者旅行社、俱乐部代理购买的代理人，对被保险人参加体育旅游的安全进行保障，因此受益人一般是游客自己或者游客指定的第三人。

（二）体育旅游保险的主要法律关系

1. 人身保险法律关系和财产保险法律关系

人身保险法律关系是指“以人（被保险人）的寿命或者身体作为保险标的的保险法律关系。它可以针对人（被保险人）的生命的存续或总结，也可以针对人（被保险人）的身体机能因意外事故而遭受损害（致伤、致残）或者因患疾病而受到影响”①。根据此定义，人身保险法律关系可以划分为人寿保险法律关系、意外伤害保险法律关系、健康保险法律关系三类。体育旅游鉴于其时间特性和风险特性，其保险主要体现为意外伤害保险法律关系。

财产保险关系是指“以财产及其有关利益作为保险标的的保险法律关系。在保险实践中，作为财产保险法律关系之保险标的财产及其有关利益，既包括有形的物质财产（如房屋、机器设备、家庭用具等），也包括财产权利（如债权）、财产责任（如产品责任）、商业信用或其他经济利润（如预期利润）”②。如果将体育旅游活动作为旅行社或者俱乐部开发的产品来看，也适用于财产保险关系，强调活动组织者应承担的财产责任。

严格来讲，体育旅游主要涉及的问题集中为人身伤害，集中体现为人身保险法律关系中的意外伤害保险法律关系。从个人的身体安全来讲，人身保险涵盖了体育旅游者的人身保障。从体育旅游的组织角度讲，旅行社、俱乐部、向导和游客之间存在着和人身安全有关的利益纠纷，因此财产保险公司也符合对这一类安全利益的保障。

事实上，自从2003年政策放开后，财产保险公司可以经营意外伤害保险业务，2009年《中华人民共和国保险法》第九十二条明确规定保险公司的业务范围：“（一）财产保险业务，包括财产损失保险、责任保险、信用保险等保险业务；（二）人身保险业务，包括人寿保险、健康保险、意外伤害保险等保险业务。同一保险人不得同时兼营财产保险业务和人身保险业务；但是，经营财产保险业务的保险公司经保险监督管理机构核定，可以经营短期健康保险业务和

---

① 贾林青．保险法［M］．北京：中国人民大学出版社，2007：61－62.

② 贾林青．保险法［M］．北京：中国人民大学出版社，2007：61.

意外伤害保险业务。”

经过了不断发展，逐渐形成了目前体育旅游保险法律关系中，同时存在人身保险法律关系和财产保险法律关系的现状。

2. 自愿保险法律关系和强制保险法律关系

自愿保险法律关系是指“以投保人和保险人双方的自愿意志而建立的保险法律关系”。

强制保险法律关系是指“根据相关法律规定，在法律规定范围内的社会成员负有投保特定险种的义务，而保险人负有承保的责任，双方当事人依法必须签订相应的保险合同来建立相应的保险法律关系”。

保险实践中自愿保险占据保险合同的主流。是否实施强制保险，则不由当事人来决定，而是由该领域的法律所决定。体育旅游中，涉及强制保险的主要有以下几类：

第一类，旅行社责任险。旅行社责任险就是承保旅行社在组织旅游活动过程中因疏忽、过失造成事故所应承担的法律赔偿责任的险种，该险种的投保人为旅行社。投保后，一旦发生责任事故，将由保险公司在第一时间对无辜的受害旅客进行赔偿。旅行社责任险具有很强的社会公益性。我国自 2001 年《旅行社投保旅行社责任保险规定》颁布以来，规定从事旅游业务的所有旅行社必须投保旅行社责任保险。

然而，根据 2010 年《旅行社责任保险条款》责任免除条款中认定从事“赛车、赛马、攀崖、滑翔、探险性漂流、潜水、滑雪、滑板、跳伞、热气球、蹦极、冲浪等高风险活动”造成的人身伤亡或财产损失，保险人不负责赔偿。这一规定，也在很大程度上限制了我国的旅行社在这一类风险大的体育旅游项目上进行项目拓展。而在体育旅游发达的国家，有不少专门的旅行社在经营体育旅游项目。

旅行社责任保险实施强制保险的优点是，降低了旅行社的经营风险，保障了全国两万多家旅行社的正常运作。就组织体育旅游来说，能保障普通的体育旅游项目经营者的风险。但是，营利性俱乐部和非营利性俱乐部组织的自由行都不在承保范围内。虽然俱乐部在组织旅游活动前一般都会明示风险自担、保险自理等内容，但在真正发生意外事故时，组织者的责任往往是不可推卸的，只能通过号召游客投保旅游意外险来转移部分风险，俱乐部的旅游活动组织者仍然面临事故发生后的问责。

第二类，雇员强制保险。按照我国《中华人民共和国劳动法》第七十三条“劳动者在下列情形下，依法享受社会保险待遇：（一）退休；（二）患病、负伤；（三）因工伤残或者患职业病；（四）失业；（五）生育”。工伤保险即是属于社会保险这五类中的一项。在体育旅游活动的组织过程中，不论是旅行社还是俱乐部，都应依法为体育旅游的向导或导游购买工伤保险在内的社会保险。

这一强制保险不仅使组织普通体育旅游活动的旅行社导游能有应对工伤的保障，而且使营利性俱乐部的向导也有应对工伤的保障。鉴于体育旅游尤其是高风险体育旅游的特殊性，建议从事高危险性体育旅游活动的企业为向导购买额外的附加保险，更好地保障其权益，同时也分担了企业承担工伤的风险。

但这一强制保险并不保障非营利性俱乐部向导的权益。非营利性俱乐部以及“驴友”自由行活动的组织，由于没有正规的法人主体，也不符合强制购买社会保险的条件。

安盛天平保险公司和绿野保险经纪公司合作开发的“领队无忧个人领队责任保险”作为唯一针对体育旅游向导风险的产品，可稍微分担领队责任。这一保险设定“若被保险人在旅行期间以领队身份带领团队，因意外事故造成其团队成员死亡应承担赔偿责任，则保险公司以保险单所载的合同项下该被保险人相应的保险金额为限补偿被保险人、残疾及身体伤害，而依法应向其团队成员（不包括与被保险人有抚养、扶养及赡养关系的人）承担实际支付的赔偿金额。保险事故发生后，被保险人因保险事故而被提起仲裁或者诉讼的，对应由被保险人支付的仲裁或诉讼费用以及事先经保险公司书面同意支付的其他必要的、合理的费用，保险公司按照本保险合同约定也负责赔偿”[①]。但是，这仍然是对向导作为“雇员”可享有的专门伤亡救助保险。因此，目前对于非营利性俱乐部中承担高危险性体育旅游的向导来说，保障其个人利益较为可行的办法，只能像体育旅游者一样通过购买个人旅游意外险来保障自身的伤亡救治等利益。

（三）体育旅游保险法律关系内容中的施救义务

体育旅游保险法律关系中，投保人和被保险人承担施救的义务，《中华人民共和国保险法》（2009）第五十七条规定“保险事故发生时，被保险人应当尽力采取必要的措施，防止或者减少损失”。这一考虑，是基于投保人或被保险人在事故发生时，是最能对危急情况实施救助的人。这一规定，能降低被保险人、保险公司、社会三方利益的损失。对于救助的费用，保险公司要依法承担，具体规定为：“保险事故发生后，被保险人为防止或者减少保险标的的损失所支付的必要的、合理的费用，由保险人承担；保险人所承担的费用数额在保险标的损失赔偿金额以外另行计算，最高不超过保险金额的数额。”

---

① 安盛天平保险公司．安盛天平保险“领队无忧”个人领队责任保险条款［Z］．2014.

二、体育旅游保险主要条款分析

（一）旅游人身意外伤害保险对体育旅游安全的保障

财产保险公司和人寿保险公司都推出旅游意外伤害保险或旅游人身意外伤害保险，作为针对体育旅游行为的保险条款。对经营体育旅游的俱乐部和“驴友”来说，这两种保险是其主要选择。以下从旅游人身意外伤害保险能提供给体育旅游者的保险范围、保险责任以及责任免除这三个方面来分析。

1．保险范围

各类旅游人身意外伤害保险在保险范围上界定不同，主要可以划分为三类：

第一类，合法团体组织的体育旅游活动参加者。因此 AA 制自发组织的体育旅游活动参加者不在这一类保险的范围中。《太平盛世旅游意外伤害保险条款》（2013）第三条规定：“参加中华人民共和国境内的旅行社组织的旅游团队的全体游客，均可作为被保险人参加本保险。”虽然这里界定的是旅行社组织的旅游团队，但是在实际操作中，却不仅仅限定为旅行社组织的体育旅游活动。太平保险有限公司办理的登山户外运动专项保险的投保对象就包括“依法注册的登山协会、户外运动俱乐部、旅游公司或政府体育主管部门等从事登山户外相关活动的组织机构或企业”①。

第二类，符合条件的体育旅游参加者个人。安盛天平、美亚、平安、太阳联合、大众等保险公司推出的旅游个人人身伤害保险虽然没有规定合法团体组织可以作为投保人，但是其权限更广，界定凡是具有完全民事行为能力的被保险人本人、对被保险人有保险利益的其他人都可以成为投保人。

体育旅游向导也和体育旅游参加者一样面临人身意外伤害的风险。上述这一类保险的范围，默认了向导购买这一类保险的权利。也有在条款中明确说明的，如《太平洋旅游安全人身意外伤害保险条款》扩展了投保人的范围：“凡身体健康，能正常旅行的旅游者和随团提供服务的旅行社雇员，均可以作为本合同的被保险人。”这给体育旅游向导也提供了保障。

也有特殊的险种，将营利性体育旅游活动中向导个人的意外伤害排除在保险范围之外的。如《太阳联合旅行人身意外伤害保险条款》（2014）责任免除部分补充说明“被保险人能从中赚取或获得奖金、报酬、捐赠或赞助的体育活

① 深圳新闻网．个人登山探险遭遇投保难［EB/OL］．（2007－05－10）．http：//www.sznews.com/news/content/2007－05/10/content_1107569.htm.

动”造成被保险人身故、伤残或其他损失的，保险人不承担给付保险金责任。因此，商业性体育旅游的向导不属于这一保险的保障范围。

第三类，具有完全民事行为能力的体育旅游者个人，或者合法团体组织的体育旅游活动参加者。这一类保险的范围最广，以不同形式开展体育旅游活动的旅游者都在承保范围内（如《安联旅行人身意外伤害保险条款》界定“投保人”可以是“具有完全民事行为能力的被保险人本人、对被保险人有保险利益的其他人”或者“对被保险人有保险利益的机关、企业、事业单位和社会团体”）。

目前通过保险经纪公司网站进行投保者不在少数，因此，如果对条款不明确，容易导致买了保险，理赔时候才发现不符合条件的情况。

2. 保险责任

目前我国各类保险公司提供的旅游人身意外伤害保险条款中，其主要的保险责任集中在三类：一是身故保险责任，几乎所有的保险项目都承保身故保险责任；二是意外伤残保险责任，在具体的名称上不同保险公司在伤病或残疾的范围上略有不同，但都设立了执行的标准；三是医疗保险，只有少数保险公司在条款中将其设立为保险责任的一部分，也有个别公司以附加险的形式设立医疗保险。

表 5-1　旅游人身意外伤害保险条款保险责任例举①

保险公司简称	主要保险责任			其他保险责任
华泰	身故保险责任	残疾保险责任	烧烫伤保险责任	
中体	身故保险责任	残疾保险责任	烧烫伤保险责任	
大众	身故保险责任	残疾保险责任		
太阳联合	意外身故保险责任	意外伤残保险责任		
安联	身故保险责任	伤残保险责任		
太平洋	意外身故保险金（基本保障）	意外残疾、保险金（基本、保障）	意外医疗保险金（可选保障）	
美亚	身故保险金	意外伤残保险金		
平安	身故保险责任	伤残保险责任	医疗保险责任	

① 以各家保险公司截至 2014 年 8 月的最新版本保险条款为基础。

（续上表）

保险公司简称	主要保险责任			其他保险责任
太平	意外身故保险金	意外残疾保险金	意外医疗保险金	疾病身故保险金、误工保险金、看护保险金、遗体遣返费用保险金
安盛天平	意外身故事故保险金	意外事故残疾保险金	意外事故烧伤保险责任	公共交通工具意外保险金给付、意外抚恤金给付

在上述保险责任描述中，对体育旅游保险责任进行专门的说明则比较少见。专门对体育旅游风险责任进行明确的是《平安附加高风险运动意外伤害保险条款》拟定的保险责任："在保险期间内，保险人扩展承保被保险人在进行跳伞、潜水、攀岩、探险活动等休闲娱乐性高风险运动的过程中遭受的意外伤害事故，根据主保险合同约定的赔偿项目承担给付保险金的责任。"除此之外，《安联旅行人身意外伤害保险条款》仅仅明确对初级的体育旅游项目承担保险责任，见"在保险期间内，被保险人持有有效证件在境外或境内旅行时，因遭受意外伤害事故（包含进行初级户外运动时遭受的意外伤害事故）导致身故、伤残的，保险人按照以下约定给付保险金"，这里的"初级户外运动"包括"户外旅游、远足徒步、健身娱乐登山、露营、山地和非山地定向运动、人工场地攀岩和下降、山地穿越、划船、游泳、拓展运动、自行车观景、人工场地轮滑、浮潜"①。大多数保险在销售上承诺属于"户外、探险运动"保险，但是在明确的保险责任界定上，甚少有这一类词汇，而是默认为体育旅游的各类责任同属于普通旅游人身意外伤害保险责任。

3. 责任免除

不同的保险公司在设定体育旅游保险责任免除上的共同点是：

第一，基本都不对赛事类体育旅游承担责任，如赛马、车辆表演、车辆竞赛、特技表演基本被所有的保险排除在外。还有滑翔伞活动，就算不是竞技比赛而是民众参与的休闲体育旅游活动，也因其具备高风险性，保险公司多免除

① 安联财产保险（中国）有限公司．旅行人身意外伤害保险条款［Z］．2015．

保险责任，不对其进行承保。

第二，体育旅游中的猝死都被划定为责任免除的范围。有些保险条款在责任免除中明确说明猝死的责任不在保险范围内，如《华泰户外运动人身意外伤害保险条款》《安联旅行人身意外伤害保险条款》《大众旅行人身意外伤害保险》《华泰户外运动人身意外伤害保险》《平安旅行意外伤害保险》《太阳联合旅行人身意外伤害保险条款》都在责任免除中明确设定猝死不在承保范围。有些保险条款对此责任免除的说明则比较模糊，如《安盛户外境内旅行保险》在责任免除部分并未说明猝死，但在对“意外事故”释义中补充说明“任何情形导致的猝死均不属于本保险合同承保的意外事故”。《美亚旅行意外伤害保险》也是这种情况。总体而言，旅游人身意外伤害保险基本都将猝死划定在责任之外。

而各类体育旅游保险的责任免除条款设定存在很大的差异性。不同保险设置的责任免除条件主要有以下几个不同的标准：

第一，是否在知道身体条件不允许的情况下参加活动。如华泰《户外运动人身意外伤害保险条款》（2009）第六条（二十）中规定“当被保险人在其身体条件不适宜于户外运动时进行户外运动”[①] 时保险公司免除责任。

第二，是否属于难度分级标准下所含项目。关于难度分级，最早是中体保险经纪公司和太平保险公司合作制定的户外专项保险实行了严格的难度分级，详见表5－2。中体《登山及户外运动专项保险计划》（2006）的责任免除第七条（六）设定“被保险人进行滑翔伞及跳伞活动、任何海拔3 500米以上的户外运动及潜水深度15米以上。如保险人进行风险评估后同意扩展承保时，不受本责任免除的限制”。也就是主要针对前三类进行活动承保。虽然有难度分级，但是保险计划只是将一至三类划分为投保对象。

表5－2　大众保险户外运动风险等级分类表

类别	项目
第一类：境内旅游以及部分初级户外运动项目	旅游、自驾游（海拔3 500米以下）、自行车旅行、远足徒步、山地穿越、健身登山、露营、非山地定向运动、骑马游玩、划船、拓展、场地趣味活动等

① 华泰财产保险有限公司．户外运动人身意外伤害保险条款［Z］．2009.

（续上表）

类别	项目
第二类：初级户外运动项目	登山运动（海拔3 500米以下）、人工场地攀岩及下降、山地定向运动越野、马术培训、游泳、人工场地轮滑、潜水（下潜深度不超过5米）
第三类：技术性户外运动（海拔3 500米以下）	自然场地攀岩与下降、溯溪、场地滑雪、洞穴体验（由相关部门开发的固定路线），还包括帆船、帆板、皮划艇、漂流、野外生存、山地越野轮滑、山地自行车越野、自驾车运动（3 500米以下）
第四类：高海拔户外运动（3 500—6 000米）	登山探险、攀岩、攀冰、滑雪运动，还包括自行车运动（3 500—6 000米）、自驾车运动（3 500—6 000米）、长途无人区（沙漠、戈壁等）、徒步穿越（四天及以上）、马术比赛（竞速赛、绕桶赛）
第五类：高山探险（6 000米以上）等风险运动	海拔超过6 000米的攀登运动、高山滑雪、高山滑翔、极地探险，还包括洞穴探险（非固定路线）、蹦极、自由式潜水（下潜深度超过18米，无水下呼吸设备）

太平保险推出的保险项目更加合理地将不同难度级别和可选保险计划结合起来，提供了体育旅游保险的更多选择，见表5－3所示。虽然对于体育旅游各个项目保险的发展来说，有其可取之处，但是这些项目都采用同一条款《太平盛世旅游意外伤害保险条款》（2013），在责任免除上是同样的限定，见第五条（13）“被保险人从事或进行职业运动或任何高风险运动或活动如（但不仅限于）潜水、滑水、滑雪、滑冰、滑翔伞、跳伞、攀岩运动、探险活动、武术比赛、摔跤比赛、特技表演、赛马、赛车、各种车辆表演、车辆竞赛或练习、驾驶卡丁车等，如该高风险运动或活动未在此中列明，投保人必须在承保之前告知我们以确定是否承保该风险”。这就和授权保险经纪公司推出的计划相矛盾。例如潜水，保险计划对深度不超过10米的潜水承保，而对应的保险条款却将潜水划为责任免除范围。

表 5-3　太平养老保险股份有限公司国内假日旅游保障高风险计划类型①

保险类别	承保范围
太平假日守护—国内假日旅游保障高风险一	本计划承保旅游期间在合法经营机构有专业指导和安全保护措施情况下，被保险人进行的武术、摔跤、特技三项高风险运动
太平假日守护—国内假日旅游保障高风险二	本计划承保旅游期间在合法经营机构有专业指导和安全保护措施情况下，被保险人进行的滑雪、滑索、滑水、潜水（深度不超过 10 米）二类高风险运动
太平假日守护—国内假日旅游保障高风险三	本计划承保旅游期间在合法经营机构有专业指导和安全保护措施情况下，被保险人进行的跳伞、蹦极、赛马、赛车、潜水（深度超过 10 米）、狩猎、探险、攀岩、滑翔伞、野营和野外生存三类高风险运动
太平假日守护—国内假日旅游保障综合高风险	本计划承保旅游期间在合法经营机构有专业指导和安全保护措施情况下，被保险人进行的武术、摔跤、特技、滑雪、滑索、滑水、潜水（深度不超过 10 米）、跳伞、蹦极、赛马、赛车、潜水（深度超过 10 米）、狩猎、探险、攀岩、滑翔伞、野营和野外生存一类至三类高风险运动

除此之外，大部分保险条款只是对少数体育竞赛还有滑翔伞予以禁止，没有难度分级标准。

第三，是否属于有正规经营执照组织开展的活动。安联国内的保险对经营执照没有要求，但是《安联无忧境外旅行意外伤害保险（B 款）/涵盖高风险项目》(2014) 则规定，中国公民出境体育旅游，只有“有正式经营执照的机构经营的并符合安全规范的潜水、滑水、场地滑雪、场地滑冰、驾驶卡丁车、帆船、帆板、皮划艇、漂流、观景直升机或骑马等项目”才不会免除责任。如果是出境开展“使用人工呼吸器潜水、狩猎、跳伞、滑翔伞、探险活动、武术比赛、摔跤比赛、特技表演、非徒步的速度竞赛、赛马、马球、马术表演、赛车、拳击、室外滑雪、室外滑冰等运动”则都免除责任，不在保障范围。《平安附加高风险运动意外伤害保险条款》也在责任免除中规定“被保险人参加自行组织的活动，且未签订运动合同的”，免除保险人责任。

① 资料来自中国保监会批准设立的中民保险经纪有限公司网站。

（二）旅行社责任险对体育旅游安全的保障

截至2014年，旅行社可以购买的责任险分为两种：一种是传统的“旅行社责任保险”，另一种是2010年开始实行的“旅行社责任保险统保示范项目”。目前旅行社可以选择其一进行购买。两者对体育旅游安全保障上的规定有所不同。

1.《旅行社责任保险》对体育旅游安全的保障

（1）责任范围。

《旅行社责任保险》（2010）第二条规定“凡在中华人民共和国（不含香港、澳门特别行政区和台湾地区，下同）境内依法设立并登记注册、合法经营的旅行社，均可作为本合同的被保险人”。这就意味着，体育旅游俱乐部或体育主管部门组织的体育旅游活动都不在此保险保障范围内。

（2）保险责任。

在保险期间内，被保险人从事旅行社经营活动时，因过失造成被保险人接待的境内外旅游者遭受人身损害或财产损失，依法应由被保险人承担经济赔偿责任的，保险人按照本合同的约定负责赔偿。①

（3）责任免除。

目前实施的《旅行社责任保险》既不能承保高风险的体育旅游活动，也不能承保旅行社组织的没有向导的“自由行”。因为我国现行的《旅行社责任保险》将这两种情况都免除在责任范围之外。

首先，《旅行社责任保险》（2010）第七条（四）“旅游者从事赛车、赛马、攀崖、滑翔伞、探险性漂流、潜水、滑雪、滑板、跳伞、热气球、蹦极、冲浪等高风险活动”造成的损失、费用和责任，保险人不负责赔偿。但是保险条款缺乏对高风险体育旅游活动的界定，这直接导致旅行社经营者不敢涉足高风险体育旅游活动的经营。例如，条款中没有对登山徒步旅游的说明，但是根据国家体育总局登山运动管理中心的风险划分，户外运动分为五个难度级别。参考此标准，旅行社对组织的体育旅游要达到多少海拔以上才属于高风险活动并不明确。因此，这一限定直接影响旅行社组织体育旅游活动的积极性。

其次，旅行社组织的“自由行”，若发生游客安全事故，保险公司不予承担责任。关于“自由行”的定义，在《旅行社责任保险》（2010）第二十二条（十三）中界定为“既不提供全陪或领队，也不提供地陪的散客旅游活动”。实

① 旅行社责任保险［Z］. 2010.

际上，我国的游客来源已经逐步发展变化，趋向散客为主流。西方一些国家早于我国发生了以散客为主的客源变化。1989 年，78% 的英国游客、72% 的法国游客、58% 的德国游客都是散客群体。2001—2002 年，新西兰的国际游客中，92% 的英国游客、90% 的澳大利亚游客、75% 的美国游客都是散客。① 我国的散客潮在 2000 年前后逐渐形成。2007 年北京“五一”黄金周，486 万来京总游客量中，散客比例高达 70%。② 在体育旅游逐渐发展的过程中，散客有交通或食宿等服务的需求，而这一条规定就直接将自由组织的体育旅游限制在旅行社服务之外。

2.《旅行社责任保险统保示范项目》对体育旅游安全的保障

旅行社责任险经过多年的发展，成为旅行社责任分担的最佳选择。在 2009 年 11 月 9 日，全国旅游保险工作会议举行，开始实施旅行社责任保险全国统保的改革。2009 年 12 月 17 日国家旅游局和保监会在京联合推出“2010 年度旅行社责任保险统保示范产品”，以指导全国 2 万多家旅行社统一进行投保。旅行社责任险全国统保示范项目共保体由中国人民财产保险股份有限公司、中国太平洋财产保险股份有限公司、中国平安财产保险股份有限公司、中国大地财产保险股份有限公司、中国人寿财产保险股份有限公司、太平财产保险有限公司 6 家组成，其共保体将为所有自愿参与统保示范项目的旅行社提供保险服务。

《旅行社责任保险统保示范项目》是《旅行社责任保险》的升级版，但是在目前保险销售上两者同步进行。新推出的保险项目解决了体育旅游常见的三类问题：旅行社疏忽过失问题、随团导游和领队的保障问题、救助义务产生的费用问题。

（1）责任范围。

《旅行社责任保险统保示范项目》第二条规定“在中华人民共和国境内依法设立并登记注册、合法经营的旅行社，均可作为本保险合同的被保险人”。这里仍然和前面一样，将体育旅游俱乐部和社团排除在外，不适用这两类活动组织者的责任保险。

（2）保险责任。

保险责任范围扩大，包括对旅游者的赔偿责任、有责延误费用、无责救助费用、精神损害赔偿、工作人员赔偿责任、法律费用等。因此，旅行社组织的体育旅游活动，涉及游客、工作人员、救援等费用都可以进行赔偿。统保项目

① KENNETH F HYDE，ROB LAWSON. The nature of independent travel［J］. Journal of travel research，2003，42（1）：13.

② 赵晓燕．北京旅游集散中心发展问题研究［J］. 旅游学刊，2007，22（10）：16.

对旅行社组织的所有体育旅游活动来说，考虑了各类赔偿，有利于旅行社未来发展各类体育旅游项目。

（3）责任免除。

以下情况下，免除对旅游者的赔偿部分："保险人不负责赔偿旅游者的故意行为、犯罪行为所致的及旅游者擅自脱离团队过程中发生的人身伤亡、财产损失。但在被保险人组织的'自由行'旅游活动中或组织的其他旅游活动期间，被保险人能够或应该能够预见到的旅游者进行自由活动过程中发生的旅游者人身伤亡、财产损失，被保险人依法应承担责任的除外。"

根据这一免责规定，在旅行社组织的"自由行"中，当游客发生伤亡时，只有在"伤亡"属于旅行社"能够预见"的情况下才可以进行赔偿。这一点对于目前体育旅游风险多为突发事件的现状来说，仍不能够起到对游客的保障作用。

（三）救援、猝死等附加险对体育旅游安全的保障

体育旅游保险的保险责任中，除了上述对常见伤亡的保障以及经营者面临伤亡索赔的保障，还有两个常见的和安全保障息息相关的保险责任——救援和猝死。而这两类责任在我国现行的保险计划里一般都是以附加险的形式存在。

1. 救援附加险的实施

近年来，体育旅游自由行活动增多、俱乐部组织不力、天气突变、游客个体生理或主观原因致使大规模救援事件频出。例如，2010 年鳌山搜救失踪女"驴友"杨某时，西安户外运动救援队队员自掏腰包赶去救援，志愿者、武警、户外俱乐部领队、救援队员、当地村民总共出动约 150 人，动用了不少车辆，搜救费用花了近万元。①

在救援问题上，从国内近年来多例救援案例来看，绝大多数体育旅游参加者缺乏保险意识，更加缺乏救援保险意识。如 2013 年 6 月 11 日杭州某高校学生及工作人员 18 人自发组织到余姚黑龙潭登山，因遇暴雨而使 1 人溺亡，因事前通过网络签署责任自负的合约，所以都没有购买保险。

体育旅游安全事故一旦发生，基本都仰仗社会公共安全保障部门进行人道救援。在登山、徒步、溯溪、露营等救援中，救援的实施方除了有各地"蓝天""绿野"等专业救援队外，还经常出动当地公安、景区管委会，以及村民联合救援，消耗了大量人力、物力和财力。关于救援经费的责任承担问题，近

① 驴友户外事故频发，到底由谁来买单［EB/OL］．（2012－02－07）．http：//www.wmxa.cn/a/201202/12170.html.

两年来已经开始引起行政和救援部门的注意，如四川从2013年已经开始反思救援费用问题。《现代快报》2011年10月13日、14日分别刊登了《失踪驴友平安走出四姑娘山》和《救援费用驴友只掏3 600元》两篇报道：9名“驴友”与高山协作从四川四姑娘山景区海子沟未按登记线路进山，因路遇下雪、山洪等原因与家人失去联系，阿坝州和四姑娘山管理局接警后，出动近千人进行搜救，救援成本高达11万元，进山“驴友”在失踪13天后平安走出四姑娘山。面对高额的救援费用，四川省登山协会副秘书长高敏坦陈，如果家属拒绝支付，登山协会也没有办法，只能终身限制这些“驴友”进入四川境内的山峰进行户外运动。关于对户外运动人员进行救援而产生相关费用的承担，法律尚无明确规定。① 人道救援固然是国家的法定义务，然而，由于商业性体育旅游在我国发展尚不完善，多数体育旅游的救援是因为组织方缺乏风险防范机制，或者由于自发性活动属于非商业性的“无人管辖”范畴而盲目冒险导致。我国目前多数救援都难逃被救援个体过错的实际情况，因此，就算是人道救援费也可以由具有重大过错的受救援人适当分担。

虽然已经有地方政府或者救援机构就救援的成本进行考量，但是尚没有考虑到通过完善救援保险机制来分担救援经费责任。目前我国各类保险公司在人身意外伤害保险包含的救援费用方面，一般只承担事故发生后被保险人为防止或者减少保险标的的损失所支付的必要的、合理的费用。因此，公安、消防、民间救援组织等第三方对被保险人实施的救援所支付的费用，并不包含在普通的人身意外伤害保险对救援经费的支付范围内。

因此，对救援的保障，主要还是要通过相关附加险的购买来实现。目前体育旅游相关的救援附加险主要有下列两类：

第一类，旅行社责任下的紧急救援费用险。“2010年度旅行社责任保险统保示范产品”设计了五种附加险，其中就有紧急救援费用险。旅行社可以通过购买紧急救援费用险来转移旅行社可能承担的救援经费责任。这一保险只“承担旅行社有责任的情况下，发生紧急救援的费用”②，并且附加的紧急救援费用险只负责基本险承担的救援责任以外的赔偿，见《旅行社责任保险统保示范项目》第四十八条规定的“保险人在本附加条款项下仅承担被保险人无法从本保险基本险，或其他附加险项下获得赔偿的部分”。总之，只要旅行社购买此附加

---

① 陆开存．浅议户外运动救援费用的责任承担［EB/OL］．（2011－12－14）．http：//article. chinalawinfo. com/ArticleHtml/Article_66103. shtml.

② 国家旅游局综合协调司．2010年度旅行社责任保险统保示范项目产品介绍与说明［EB/OL］．（2009－12－09）．http：//www. cnta. gov. cn/html/2009－12/2009－12－3－14－59－89595. html.

险，就基本能规避旅行社在体育旅游救援中应承担的救援费用责任。

第二类，人身意外伤害保险附加的救援险。作为人身意外伤害保险的附加险，这一类的救援险主要保障的是旅游者在需要支付救援费用情况下的赔偿保障。游客自行购买的意外险项下的救援险，不是由旅行社负责的救援费用。这一类救援险，游客根据需要自行购买，虽然可以分担救援费用，但也存在诸多的限制。例如太平洋保险《境内旅行综合及紧急救援保险》（2013），提供“高风险运动意外伤害保险责任”和“境内紧急救援保险责任”两种可选项。若被保险人选择购买这两类可选保险项，则被保险人在境内进行高风险体育旅游期间遭受意外伤害，保险人通过救援机构向被保险人提供下列救援服务并按照下列约定承担由此产生的费用：救援热线电话、医疗机构介绍和推荐（但不负责提供任何医疗诊断和治疗服务）、协助安排就医住院、紧急医疗转运、医疗送返、协助送回未成年子女、遗体或骨灰送返。

还有一种情况是，保险公司不提供专门的附加救援险，但是提供合作的有偿救援机构的服务信息或电话。被保险人在遇到险情时可以联系该救援机构，并自行支付救援费用。例如华泰户外保险只附设了《附加医疗运送和送返保险条款》，被保险人享受紧急医疗运送和紧急医疗送返两类保险责任，并不包含搜救过程中产生的费用。华泰户外保险的被保险人在体育旅游期间若遇紧急情况或有需要时，可以通过拨打保险单或保险凭证所载的“AA 境内救援服务”的热线电话，在保险公司委托的救援机构或其授权代表提供的协助范围内，获得免费的信息提供，但被保险人使用协助服务所提供信息对应之服务所需支付给任何服务提供者的费用都由被保险人自行承担。

2. 猝死附加险的实施

在体育旅游尤其是高危险性体育旅游的实践中，因为身体原因或者外力导致猝死的情况时有发生。目前猝死责任基本上在所有的人身意外伤害保险条款中都是免除责任的。对猝死的定义，《中体登山及户外运动人身意外伤害保险条款》的界定是：“外表看似健康的人由于潜在的疾病或者功能障碍所引起的突然的出乎意料的死亡。”《太平洋旅游安全人身意外伤害保险》界定“猝死是指貌似健康的人因潜在疾病、机能障碍或其他原因在出现症状后 24 小时内发生的非暴力性突然死亡。猝死的认定，如有司法机关的法律文件、医疗机构的诊断书等，则以上述法律文件、诊断书等为准”。

目前很少有保险公司将猝死定为旅行人身意外伤害保险条款可保范围，一般都将其列为责任免除范围内。专门提供旅游中猝死保险的有安联保险公司推出的《附加旅行猝死保险条款》。

（四）向导专项保险的实施

《中华人民共和国保险法》第四十六条规定："被保险人因第三者的行为而发生死亡、伤残或者疾病等保险事故的，保险人向被保险人或者受益人给付保险金后，不享有向第三者追偿的权利，但被保险人或者受益人仍有权向第三者请求赔偿。"因此人身保险合同的签订，满足对体育旅游者的补偿，但是不适用于对旅行社以外的体育俱乐部等团体的体育旅游组织者和向导的保障。如果因为向导过错引发伤亡，除了保险公司，体育旅游者还有权向活动的组织者或向导请求赔偿。因此，在向导承担重要责任的体育旅游活动中，一般的人身意外伤害保险只能保障向导本人参加体育旅游活动中的伤亡保险，并不涵盖其带领团队中受伤游客向其追偿的部分。

大众保险公司作为2006年最早和中体保险经纪公司合作开发第一份户外专项保险的公司，如今也为体育旅游活动中的领队设立了专项保险"附加领队个人责任保险"，该保险也是以附加险的形式存在的。该保险对领队的保险责任界定如下："在保险期间内，若被保险人在履行户外运动领队职责时，保险人扩展承保以下保险责任：（一）被保险人在履行户外运动领队职责，因自身的疏忽或过失造成第三方身故，或主合同列明的残疾和三度烧烫伤的，经法院裁定，而依法应由被保险人向第三方（不包括与被保险人有抚养和赡养关系的人）承担赔偿责任。保险人依据本附加条款约定，以保险单所载明的保险金额为限赔偿被保险人因承担个人责任赔偿而发生的费用损失。（二）发生本附加合同保险责任范围内的保险事故后，被保险人因保险事故而支付的诉讼费用，保险人在保险单所载明的保险金额内负责赔偿。"①这一保险同时保障了营利性和非营利性俱乐部领队可能需要赔偿的责任。但是，根据该条款对责任免除的要求，"应由聘用或雇佣被保险人担任户外运动领队的组织依法承担的赔偿责任"，保险人不予支付赔偿。也就是说，如果是因为体育旅游俱乐部组织的过失而导致的游客伤亡，当游客对该组织提出追偿时，不属于领队责任，保险公司也不承担赔偿责任。

除此之外，"绿野"保险经纪公司也和安盛天平保险公司合作推出了独家定制的"户外领队责任险"。该保险条款的保险责任规定"本合同有效期内，若被保险人在旅行期间以领队身份带领团队，因意外事故造成其团队成员死亡、残疾及身体伤害，而依法应向其团队成员（不包括与被保险人有抚养、扶养及

① 大众保险股份有限公司．附加领队个人责任保险［Z］．2014．

赡养关系的人）承担赔偿责任，则本公司以保险单所载的本合同项下该被保险人相应的保险金额为限补偿被保险人所实际支付的赔偿金额。保险事故发生后，被保险人因保险事故而被提起仲裁或者诉讼的，对应由被保险人支付的仲裁或诉讼费用以及事先经本公司书面同意支付的其他必要的、合理的费用，本公司按照本保险合同约定也负责赔偿”。这里对承担责任的界定和上述“附加领队个人责任保险”的范围一致，一是领队对游客应进行的赔偿，二是产生的仲裁或诉讼费用。在责任免除上，《安盛天平“领队无忧”个人领队责任保险条款》第三章第一条规定“被保险人履行雇主责任、合同责任（包括任何形式的旅行合同责任）或对被保险人家庭成员的责任，但于旅行前经全体旅行团队成员认可的团队领队履行其领队责任的除外”。这一规定限定了体育旅游领队身份只有当旅行前全体团员认可其领队身份的时候才成立，同时规避了领队也是体育旅游俱乐部负责人所应肩负的雇主责任、合同责任所应负担的责任赔偿。该条款第六条还规定“被保险人参与任何职业体育活动、竞赛或任何设有奖金或报酬的体育运动”。因此，本书研究对象参与式体育旅游中的领队是受此保险保障的。

三、案例分析

（一）体育旅游组织者的保险困境

体育旅游组织者主要分为三类：旅行社、营利性俱乐部、非营利性俱乐部或社团机构。从目前的户外纠纷案例来看，保险的实施存在以下困境：

1. 旅行社对体育旅游自由行的高风险认识不够，该类活动中执行游客非强制性购买保险，结果是旅行社责任风险增大

《旅行社投保旅行社责任保险规定》（2001）第十一条“旅行社组织高风险旅游项目可另行与保险公司协商投保附加保险事宜”，第二十四条“旅游者参加旅行社组织的团队旅游时，可以根据实际需要，从有保险代理人资格的旅行社或直接从保险公司自愿购买旅游者个人保险。旅行社在与旅游者订立旅游合同时，应当推荐旅游者购买相关的旅游者个人保险”。对于旅行社来说，是否购买旅行社责任险的高风险附加保险，取决于自主判断；对于游客来说，购买保险也是自愿行为。这两项规定增加了旅行社组织高风险旅游项目的风险。

如2004年，闻静在国内经旅行社报名参加马尔代夫浮潜意外身亡，她的家人将当初负责组团出游的旅游公司告上法庭，提出赔偿保险金、死亡赔偿金等共计63万元的诉请。2005年1月，长宁区人民法院公开审理此案，判由被告方旅游公司赔偿原告19万元。在原告方的诉请中，有一项是“归还因投保所获得的保险赔偿金16万元”。对此，原告方认为，在闻静缴纳的旅游费用中，应该是包括了个人意外险。而旅游公司一方表示，保险虽有，但并非是个人意外险。对旅游公司而言，向保险公司投保的是“旅行社责任保险单”。按其约定，在保险合同期限内，因旅行社的疏忽大意或过失造成其接待的境内外旅游者遭受人身伤亡发生的经济损失费用、其他相关损失费用等，依法由旅行社一方承担的经济赔偿责任，保险人负责赔偿，最高限额为每人30万元。需注意的是，这一险种中的投保人及受益人均为旅游公司。至于旅客的人身意外险，应由游客自行另外购买。嗣后，旅游公司一方的代理人特别提出，由于事前闻静、闻欢未到场签合同，旅游公司未获机会向两人推荐个人意外险这一险种。因此，其责任不应由旅游公司承担。①

有鉴于高风险体育旅游的安全保障不同于普通观光旅游的安全保障，组织高风险体育旅游项目的旅行社以及游客在各自投保的自由度上可再商榷，是否在高风险性体育旅游项目的保险上实施强制保险值得考量。

2. 营利性俱乐部、非营利性俱乐部、社团组织这几类体育旅游活动组织者都缺乏因组织方过失引致游客风险所承担赔偿责任的风险保险

营利性俱乐部、非营利性俱乐部、社团组织这几类体育活动组织者都缺乏因组织方过失引致游客风险所承担赔偿责任的风险保险，因此，一旦事故发生，游客除了获得自行购买的旅行意外伤害保险对应的赔偿外，还可以向活动组织者追责。《中华人民共和国保险法》第四十六条“被保险人因第三者的行为而发生死亡、伤残或者疾病等保险事故的，保险人向被保险人或者受益人给付保险金后，不享有向第三者追偿的权利，但被保险人或者受益人仍有权向第三者请求赔偿”。这里的责任人分为活动组织者和向导：如果是向导的过失而导致体育旅游者发生安全事故，还可以通过购买向导专门保险来回避风险；如果是因为活动组织者的过失而导致体育旅游者发生安全事故，则目前保险市场上没有任何保险适合活动组织者以降低风险。

如2005年11月，叶某在网上发帖，邀约网友周末到江夏玩滑翔伞，每人收费150元，由他包车前往，并提供滑翔伞具和教练。发帖时，他还是考虑到可能发生的意外，特意在帖子中说明：“鉴于户外活动存在一定的不可控性，请参加者正确评估活动存在的危险性，意外风险自负。”因至少要10人才能成行，热心网友邱某据叶某的号召，在网上转帖邀人，网友虹虹（化名）看了转帖后报名。12月17日，10名网友相聚江夏龙泉山玩滑翔伞，不料虹虹在接近地面

---

① 葛志浩．游客自助游不幸溺水死亡，旅游公司被判赔偿19万［N］．新闻晨报，2005－01－10．

约9米时滑翔伞突然折叠，致其直接坠地，造成腰椎骨折，事后法医鉴定为九级残疾。2006年11月，她将叶某告上法院，索赔9.2万元，邱某被列为第三人。法院认为，叶某举办具有高危险性的滑翔伞活动并牟利，且活动未经批准，应对虹虹的伤承担责任；至于其在帖子中声明的“意外风险自负”，与法律强制性规定相抵触，属无效条款；虹虹作为成年人，应预见到滑翔伞活动的高风险性，自己也有一定过失；邱某是为了凑人数而转帖邀人，故不需承担责任。根据以上认定，江夏区法院一审判决叶某赔偿虹虹医疗费等支出共8.12万元中的90%，即7.3万元。①

在这个案例中，活动的组织方没有给活动参加人员购买任何意外保险。如果滑翔伞参加者购买了保险，则可以分担其赔偿责任，但是活动召集者无疑难以回避组织责任。这次活动中，虹虹的骨折不是因为叶某的直接过失导致的，但作为组织者，叶某难辞其咎。对于这种不规范的自由行，从根本上来说需要从准入上进行把关，保险公司也不会为此类不规范的高风险行为承担责任。但是，对于正规的合法俱乐部来说，目前保险市场尚没有专门的保险来规避组织者的责任。

（二）体育旅游引发“猝死”是否获赔

体育旅游尤其是高风险体育旅游中，猝死的情况时有发生。然而如前所述，目前国内的体育旅游保险一般都将猝死纳入免责的范围。

2007年3月3日，深圳市5 183户外运动发展有限公司作为投保人经被保险人同意后，为参加公司户外远足运动的常松等15名被保险人购买了“太平登山户外运动无恙意外伤害险”，保险期限自2007年3月3日零时起至2007年3月5日24时止。这单保险被中国户外运动协会负责人称为“中国第一单户外运动保险”。常松2007年3月4日下午在参加投保人组织的户外运动时猝死（同行的“驴友”们认为他是中暑身亡）。投保人于3月4日及时将该保险事故告知，并应保险人要求提供了理赔所需的资料。保险人于2007年3月9日以常松猝死应为本身有疾病所致，不属意外伤害为由拒绝支付保险金。太平保险有限公司拒绝赔偿的理由是：“猝死，不在理赔范围。因为猝死是疾病原因造成的。”在太平保险有限公司推出的“登山户外运动专项保险”中对“意外伤害”的定义是：遭受外来的、突发的、非本意的、非疾病的使身体受到伤害的客观事件。太平保险有限公司深圳分公司客户服务部负责人说：“显然，属于猝死不

---

① 胡勇谋，夏颐廷，鲁洁佳，等. 网友发帖邀人玩引发官司，自助游事故可能人人有责［N］. 楚天都市报，2007-02-07.

属于意外伤害的范围。”律师施哲认为：“猝死虽然大部分是因疾病导致的，但是剧烈运动后的运动性猝死是体力过度透支的、意外的、原因不明的死亡，这应该属于意外死亡。常松死亡的原因经法医鉴定是‘猝死’，但是并未说明是因为疾病导致的死亡。常松是一个身体健康并喜爱户外运动的青年，并无证据证明他有任何疾病。而太平保险有限公司也拿不出他因疾病导致猝死的证据。”据介绍，广东众诚律师事务所与太平保险有限公司交涉后，太平保险有限公司表示愿意支付1万元人民币，以抚恤金的方式送给常松的父母，但被两位老人拒绝。①

这个保险纠纷中涉及的一个关键因素是，保险公司和法医对是否猝死的判定不一致。对体育旅游中猝死的判定是能否获得保险赔偿的关键。1970年世界卫生组织和1979年国际心脏病学会给猝死下的定义为急性症状发生后即刻或者24小时内发生的意外死亡。1980年Maron对运动性猝死下的定义是：在运动中或运动后即刻出现症状，6小时内发生的非创伤性死亡。国内外学者对运动性猝死发生的时间范围尚无一个统一的界定标准。运动性猝死几乎出现在所有的运动项目中，运动性猝死的发生与运动项目之间是否存在相关性目前尚未有令人信服的结论。②

现行保险条款在猝死的界定上分几种：第一种是界定“外表看似健康的人由于潜在的疾病或者功能障碍所引起的突然的出乎意料的死亡”，例如安联、太平、太阳联合、中体、大众保险公司的旅行人身意外伤害保险条款中的释义，其中大众保险更限定“需在急性症状发生后即刻或6小时内死亡”才算猝死。第二种是认为任何情形导致的猝死都免责，例如美亚、安盛天平保险公司。第三种是仅仅规定猝死不在承保范围内，但是没作概念的界定。

朱磊、刘洪珍归纳运动性猝死主要的原因有：心脏性猝死、脑性猝死、力竭性运动后供血不足、心理应激、兴奋剂、遗传病、运动负荷增大。③也有研究者从医学气象的角度研究气象和猝死的关系，发现大约有40%的死亡病例是在气象条件不正常的情况下发生的，有些死亡原因是“直接受气象因素影响引起原有疾病发生猝死，而有些可能是由于气象条件剧烈变化，引起某些较轻的疾病而后又连带致命疾病的出现”④。国内近年来因天气骤变而装备不合适导致

① 李博．死者父母状告保险公司：驴友猝死，保险公司拒赔，中国首单户外运动保险纠纷闹上法庭［N］．深圳商报，2007-06-11.

② 潘志军．运动性猝死的研究进展［J］．浙江体育科学，2006，28（1）：88-89.

③ 朱磊，刘洪珍．运动性猝死的原因及其干预［J］．中国临床康复，2005，9（8）：169.

④ 谈建国，瞿惠春．猝死与气象条件的关系［J］．气象科技，2003，31（1）：58，60.

登山体育旅游者死亡的案例即是例证。由此可见，并不仅仅是病理性的因素直接导致猝死，也有运动强度、心理应激反应、天气等因素变化而导致的猝死。

因此，对现行保险中猝死的条款，值得所有保险公司商榷。一方面是对被保险人进行猝死免责特殊性说明，引发有病史的人对自身情况的考量；另一方面保险公司也应该考虑针对体育旅游发展的特殊需求增设猝死附加险。在运动猝死的保险赔偿上，台湾已有先例，其保险考虑到了运动性猝死的特殊性，同意给予赔偿。如2007年台湾屏东县警局督察黄中元登山时突发高山症不治，最高法院判决两家保险公司共需给付1 050万台币意外保险金。最高法院判决指出，首先，高山症发生为外在环境空气稀薄、气压下降，导致人体换气效率不佳等因素所致。其次，依据医界相关文章，可知高山症发生与攀登高度、上升速度、个人体能适应状况等不确定因素有关，就算具有登山经验但未有过该病症的登山者，也无法预料、避免，进而认定高山症属外来、突发的意外伤害事故，保险公司须理赔。①

第三节　国外体育旅游保险制度及特点

一、国外体育旅游险种比较

（一）新西兰：国家全权承担体育旅游意外责任赔偿

新西兰自1972年颁布《意外赔偿法》，由此开始一项改革，即“事故赔偿计划”（Accident Compensation Scheme），同年成立意外赔偿局（Accident Compensation Corporation，简称ACC）来执行伤害发生后的赔付事宜，该局成为意外伤害保险的唯一供应部门。

虽然历经《事故赔偿法》（1982）、《事故恢复及补偿保险法》（1992）及修正案、《事故保险法》（1998）、《事故保险法（暂行法）》（2000）、《损害、恢复及赔偿法》（2001）数次修订，但是其基本原则至今都未改变。目前主要适用的法律是《损害预防、恢复及赔偿法》（2001）及修正案。该法的基础是：

① 孙友廉．男高山症猝死，意外险判赔［EB/OL］．［2007－06－15］．http：//news.ltn.com.tw/news/society/paper/135732.

禁止受害人就其遭受的人身伤害提起侵权之诉。[①]

该赔偿计划使新西兰成为世界上唯一有24小时不追究过失的意外受伤赔偿制度的国家，该制度使所有在新西兰的人自动受到保障。根据其原则，任何在新西兰开展体育旅游的国内外游客，在遭受个人伤害后都能得到医疗赔偿，并可能得到交通服务、帮助恢复正常生活开销、收入补偿等其他意外赔偿。意外赔偿局不仅对体育旅游的企业、活动提供者和参加者提供个人伤害的所有赔偿，也为预防伤害发生设计了常见运动项目的培训软件，包括橄榄球、网球、雪上运动、登山运动等。

（二）澳大利亚：公共责任保险对体育旅游企业和游客两者的安全承保

澳大利亚用于娱乐和旅游的公共用地可以分为国家公园、国家森林和阿尔卑斯高山滑雪胜地。根据相应的法规，它们有不同的管理目标，因此分属不同的机构来管理。[②] 如澳大利亚的阿尔卑斯山横跨新南威尔士、首都领地、维多利亚三个州和领地，经过16个国家公园和自然保护区，可开展山地车、骑马、钓鱼、激流漂流、滑雪等多种体育旅游方式。

保险是体育旅游经营者申请许可的必要条件之一。澳大利亚国家公园对于体育旅游经营者开展强制保险，体育旅游经营者必须至少购买价值20 000 000澳元的公共责任保险。这可以确保经营者及其顾客在事故发生时都有保障，既可保护经营者免受因人员伤亡需承担责任而带来的经济风险，也能保障游客受伤或者财务损失时能获得经济补偿。这一保险适用于在Kakadu、Uluru-Kata Tjuta、Pulu-Keeling国家公园，以及诺福克岛、圣诞岛的商业旅游活动。[③]

澳大利亚的保险分为生命保险、普通保险和健康保险三类，其中普通保险中的责任保险主要有“强制第三方汽车保险、工作人员保险、专业损害赔偿保险、公共责任保险和企业保险”[④]。

---

① 邱彦．从新西兰损害赔偿制度看正义理念［J］．华南理工大学学报（社会科学版），2009，11（3）：53.

② ROD MASON. Recreation and tourism in the Australian Alps［EB/OL］．（2010－03－16）．http：//pandora. nla. gov. au/pan/118103/20100316 － 1645/www. australianalps. environment. gov. au/learn/pubs/recreation. pdf.

③ Insurance for tour operators［EB/OL］．［2014－01－21］．http：//www. environment. gov. au/parks/permits/public－liability. html.

④ Insurance in Australia［EB/OL］．［2014－07－21］．http：//en. wikipedia. org/wiki/Insurance_ in_ Australia. .

和体育旅游保障密切相关的是普通保险所包含的公共责任保险。澳大利亚的公共责任险是为了保障被保险人免于因对第三方应负责任而承担法律义务造成的经济损失的保险。这里的第三方责任是因行为人疏忽而导致对其他个体或他人财产的损害引发的。第三方通常必须是公众成员之一，并且与被保险人没有任何直接关系。其他种类的责任保险则承保来自员工、企业伙伴、家庭成员和朋友提出的索赔。根据澳大利亚的侵权法，索赔可包括所有法律、医疗开销、损失工资的赔偿。在严重受伤事件中，索赔也可能包括持续残疾花销以及遭受痛苦的赔偿。如果发生了死亡的情况，索赔也能包含丧葬费用以及对受害人家人的赔偿。①

并且，对游客的安全保障不仅体现在保险赔偿机制上，还体现在通过风险管理措施的配合来降低伤亡事故，间接降低保险索赔比例。如 1998 年澳大利亚和新西兰联合开展对旅游机构的调查中发现，大约有半数的经营者制定了风险管理政策文件，且这一文件由各自的行政管理人员和保险公司共同认可。② 澳大利亚和新西兰大部分的企业都购买了保险服务，且大部分公司会和保险公司定期召开案例分析会议。③

（三）加拿大、美国：制定不同种类的体育旅游保险产品

加拿大和美国在体育旅游保险上的做法比较一致，都是按照类别划分体育旅游保险，只是划分的标准不一样。

加拿大以新斯科舍省为例，探险旅游企业和游客涉及的保险如下：①财产或防火保险（Property or Fire Insurance）。②设备保险（Equipment Coverage）。保护企业的所有设备，包括用于旅行的设备，如露营设备、独木舟、皮划艇，以及维护设备等。③基本的游轮和车辆保险（Basic Cruise Vessel and Vehicle Insurance）。这一保险承保意外事故中的车辆损坏、身体受伤、财产损失。如果经营企业自己拥有用于探险活动的船只或车辆，企业主应依法取得有效的车辆保险。如果只是租赁，就不必为保险负责。④一般责任保险（General Liability Insurance）。承保游客因为企业的责任导致身体伤害或财产损失而向旅游企业提出的索赔。⑤专业责任保险（Professional Liability Insurance），又被称为错误或遗漏或医疗事故保险（Errors & Omissions or Malpractice Insurance）。这一保险是保

① What is Public Liability Insurance? [EB/OL]. [2014-09-27]. http://publicliabilityinsuranceaustralia.com.au/what-is-public-liability-insurance/.

② Department of Conservation and Land Management. Visitor Risk Management & Public Liability [R]. 1998.

③ Department of Conservation and Land Management. Visitor Risk Management & Public Liability [R]. 1998.

护企业因为其公司或雇员在专业服务中因为过失行为或疏忽而要承受的索赔。它保障了企业免于索赔的经济损失。无论何种形式的探险旅游企业都要购买专业责任保险。①

加拿大的体育旅游保险将游客保险和企业保险分开，体育旅游者可以享受和所有旅游者一样的一般责任保险；而体育旅游组织者和雇员一样，因其过失导致的一切身体伤害都由专业责任保险承包。

美国的保险大致分为人寿健康保险和财产伤亡保险两大类。② 体育旅游保险从属于伤亡保险一类。这类保险包括了错误与疏忽导致的伤亡赔偿、工作赔偿、残疾赔偿以及责任赔偿。

以美国亚利桑那州好邻居保险公司下设的探险旅游保险网站（www. adventuresportsinsurance. com）提供的保险项目为个案分析，该公司设计的探险旅游保险按照游客类别（国内或出国游）、组织形式（团队或个人）来划分保险类别，主要有以下类别的保险：①Trawick 探险体育保险，针对团队组织的探险旅游活动投保，危险性体育保险的购买需要额外缴纳相应比例的费用。②Patriot 国际极限运动保险，承保个人自由出国开展探险旅行，但登山限制在 3 500 米以下，还有很多项目被排除在外。③Atlas 保险计划，该保险对 3 500 米以上的有绳索和向导的登山承保。④Trawick 美国境内安全旅行保险，在美国境内参加探险活动，或参加体育露营，或作为旅行团队的一员，可考虑这一保险。⑤BUPA国际旅行保险，包含自行车、山地自行车、游猎探险、徒步、独木舟和皮划艇白水漂流的安全保险，包括撤退和医疗救助责任。除此之外，它还设立了"全球救援撤离计划"，为所有美国或者非美国公民在美国国内或国外的所有体育旅游提供救援。

（四）英国按照运动项目难度分级设定保险项目

英国的保险大致可以分为三大类：人寿保险和非人寿保险、基础人寿保险和普通养老金保险、养老保险。③ 非人寿保险是寿险之外的保险业务的总称，又可以分为广义财产保险和短期人身保险。体育旅游主要涉及的保险从属于非人寿保险中的短期人身保险。

---

① The Economic Planning Group of Canada Halifax, Nova Scotia. A guide to starting and operating an Adventure Tourism Business in Nova Scotia [R]. 2005.

② Insurance in United States [EB/OL]. [2014 - 09 - 27]. http://en. wikipedia. org/wiki/Insurance_in_the_United_States.

③ Insurance in the United kingdom [EB/OL]. [2014 - 09 - 27]. http://en. wikipedia. org/wiki/Insurance_in_the_United_Kingdom.

在体育旅游保险的设计上，也有保险公司给背包客设计专门的保险。另外，还有按照体育旅游具体项目设计保险的做法。以英国的 Cover For You 保险公司为例，该公司将常见的体育旅游项目按照难度分为四个等级，每个难度等级的运动项目见下表：

表 5－4　英国 Cover For You 保险公司体育旅游难度分类表①

分类	可保体育旅游项目例举	有特殊要求的项目
保险范围类别一	射箭、羽毛球、香蕉船、棒球、篮球、沙滩运动会、刀片滑冰、划独木舟、飞碟射击、板球、自行车、深海钓鱼、风帆、击剑、钓鱼、业余足球、卡丁车、高尔夫、骑马、喷射快艇、喷气滑雪、皮划艇、马拉松、水上滑翔伞、划独木舟、轮滑、帆船、滑板、浮潜、划水等	徒步（6 000 米内有组织的旅游，有认可的路线）、水肺潜水（最深 30 米）、黑水漂流（三级）、蹦极（最多 3 个跳跃）、徒步（2 000 米内）
保险范围类别二	热气球、小轮车、拳击、双体帆船等	绳降（必须有足够的监督。必须获得许可运营商提供的专业指导）
保险范围类别三	黑水漂流（4 级）、溪降（最高 5 级）、山地自行车（佩戴护具、不超过 2 级坡）等	滑翔伞、风筝冲浪、直升机滑雪、四轮摩托、攀岩这几类必须获得许可运营商提供的专业指导，且仅限在欧洲、美国、加拿大、澳大利亚和新西兰进行
保险范围类别四	有舵雪橇、洞穴潜水、飞行、滑翔伞、高台跳水、雪橇、跳伞、不深于 50 米的水肺潜水等	所有这些类别的运动项目都必须获得许可运营商提供的专业指导，且仅限在欧洲、美国、加拿大、澳大利亚和新西兰进行

除了表里所列的对项目的运营要求外，上述保险范围类别三和四的项目要分别增加 35 英镑和 70 英镑的额外保费。类别二、三、四的所有项目都不包含个人意外和个人责任。医疗费用赔偿上，类别二、三、四的运动项目分别可以

① Choose from a selection of travel insurance policies especially for extreme sports [EB/OL]. [2014－09－27]. http://www.adventureinsurance.co.uk/extreme－sports－coverage.html.

获得最高100、150、500英镑的医疗赔偿。

探险旅游保险涵盖100种运动项目，主要有两种选择方式：一种是单一探险旅游保险，下设综合型保险、经济型保险、全球标准型背包客保险、全球额外标准型背包客保险、常规保险、冬季运动保险；另一种是年度综合探险旅游保险，该保险承保120天内包含所有运动项目的体育旅游保险。

（五）国际性潜水组织：专属国际性保险

世界各地的知名潜水点大都加入了不同的国际组织，成为旗下会员。代表性的国际性潜水组织见表5－5，这些组织开设潜水培训课程，对潜水员进行资格认证。安全是所有组织都重视的问题，而有些组织更是在多年的管理经验基础上形成了独特的安全保障经验。

表5－5　代表性国际性潜水组织

外文名称	中文名称	成立时间
CMAS（Confédération Mondiale des Activités Subaguatigues）	世界水中运动联合会	1958
PADI（Profesional Association of Diver Instructor）	国际专业潜水教练协会	1966
DAN（Divers Alert Network）	潜水员警报网	1980
SDI（Scuba Diving International）	国际水肺潜水协会	1999
IANTD（International Association of Nitrox and Technical Divers）	国际高氧技术潜水协会	1985
NAUI（National Association of Underwater Instructors）	国际潜水教练协会	1960
BSAC（British Sub Aqua Club）	英国潜水协会	1953
ADS（Associated Diving Services）	国际潜水学校联盟	1994
SSI（Scuba Schools International）	国际水肺潜水学校	1970

DAN为其会员提供多种保险选择，会员可根据需求选择。“潜水事故保险”提供三种具体的计划，保障无里程限制的潜水的事故医疗费用。“旅行保险”提供7天24小时的全球救援服务。“年度旅行保险”可为潜水、划船、高尔夫、徒步等多类体育旅游项目进行医疗救助和设备承保。“设备保险计划”为潜水

的设备故障而设立。"DAN 团体定期寿险" 不同于其他的生命安全保险，是专门为潜水设计的保险，最高可获赔 200 000 美元。

二、国外体育旅游采取强制购买保险的个案分析

从本书前面的研究来看，保险的意义得到企业、游客、企业雇员三方面的认可。从企业的角度看，大部分国家或地区的企业在准入之初就将保险视为分担风险的必备措施，除了新西兰比较特殊，所有游客的安全赔偿大部分由国家统一负责，尽管如此，新西兰体育旅游的风险管理制度还是走在前列的。从游客的角度看，购买保险是个人行为，但是有些高风险项目是规定需要强制购买保险的，详见下面的个案，体育旅游组织者或者国家公园的管理者对保险提出强制购买的要求。从企业雇员的角度看，多数国家都实施强制性购买工伤保险，保障了体育旅游企业对向导的安全责任。

国外的体育旅游保险无论是针对企业还是针对游客，多数都没有明文规定要采取强制购买的方式。但是保险已成体育旅游组织者和游客规避风险的重要途径，在风险较高的项目和工种上，也有强制性要求购买保险的要求。下面从几个国家体育旅游项目的个案来对强制性购买保险的特殊性进行介绍：

（一）西班牙的航空体育旅游强制为游客购买责任险

欧洲的体育旅游安全具有代表性，以西班牙一家经营热气球的代表性旅行社的运作为例。名为 "Ballooning 热气球旅行" 的旅行社位于西班牙巴塞罗那，每年有上千名乘客选择该社的热气球旅行。在安全问题上，该旅行社采取购买新设备、飞行员经过培训且有经验、购买保险、对设备定期维护等方法，将风险因素尽可能地降低。在开展飞行前，该旅行社秉承责任，会联系第三方航空保险公司 "Llogd's"，为所有乘客购买热气球飞行保险。这既是 2004 年 785 号欧洲法 *European law N.* 785/2004 的规定，也是西班牙国家航空法 *Ley de Navegación Aérea del* 21 *de Julio de* 1960 *y al Real Decreto* 37/2001 的规定。这为所有乘客提供了保险的保障。

（二）澳大利亚国家公园对体育旅游经营者实施强制性购买保险

保险是体育旅游经营者申请许可的必要条件之一。澳大利亚国家公园对于体育旅游经营者开展强制保险，体育旅游经营者必须至少购买价值 20 000 000 澳元的公共责任保险。这可以确保经营者及其顾客在事故发生时都有保障，既可保护经营者免受因人员伤亡需承担责任而带来的经济风险，也能保障游客受伤或者财务损失时获得经济补偿。这一保险适用于在 Kakadu、Uluru-Kata Tjuta、

Pulu-Keeling 国家公园，以及诺福克岛、圣诞岛的商业旅游活动。①

1998 年澳大利亚和新西兰联合开展对旅游机构的调查中发现，大约有半数的经营者制定了风险管理政策文件，且这一文件由各自的行政管理人员和保险公司共同认可。② 澳大利亚和新西兰大部分的企业都购买了保险服务，且大部分公司会和保险公司定期召开案例分析会议。③

对高风险项目保险的强调，有助于降低保险公司的压力和风险。这可以成为我国发展高风险性体育旅游的有益借鉴。

（三）国外对体育旅游企业的员工实施强制购买工伤保险

国外工伤保险制度的确立，经过了从雇主责任保险向社会保险发展的历程。如今，不少国家对于从事高危险性行业的工作人员，实施以社会保险的形式购买工伤社会保险。如德国实施由半私营性保险公司经营的强制性保险制度，瑞典通过公营保险公司实行强制保险，美国也是强制实施，日本有私营报信机构提供的工伤保险项目。④ 英国目前也是依照 1998 年《雇主责任法（强制保险法）》要求雇主为员工购买一份或者多份责任保险。⑤

将雇主给员工购买工伤保险列为强制购买行为，对于经营体育旅游的企业来说，是对向导人身安全的保障。

三、国外体育旅游保险赔偿经费过高的对策比较研究

（一）澳大利亚：体育旅游保险赔偿经费过高的问题及解决

澳大利亚的责任保险有很多种，其中公共责任保险是专门保障被保险人回避因疏忽致第三方伤亡或财产损失而引起的财务风险。许多人购买公共责任保险是将其作为家庭保险计划的一部分，然而，这并不代表人们缺少对公共责任危机的关注。问题产生于 20 世纪 90 年代，澳大利亚遇到了保险费上涨和探险旅游行业止步不前的困境。当时，出于商业目的，公共责任通过保险转移到个

---

① Insurance for tour operators［EB/OL］.［2014 - 01 - 21］. http：//www. environment. gov. au/parks/permits/public - liability. html.

② Department of Conservation and Land Management. Visitor Risk Management&Public Liability［R］. 1998.

③ Department of Conservation and Land Management. Visitor Risk Management&Public Liability［R］. 1998.

④ 郑治．国外高危行业责任保险的发展现状［J］．现代职业安全，2009（6）：22 - 23.

⑤ 代海军．国外安全责任保险制度初探［J］．现代职业安全，2012（2）：94.

体和组织，探险旅游业个人和从业者的保险费快速上涨直接导致了许多社区活动被取消，许多经营探险旅游的小企业无法运转。① 2002 年召开公共责任危机部长会议后，得出保险增长的原因：第一，社会对待诉讼的态度发生变化；第二，过失的构成发生了变化；第三，人身伤害索赔的赔偿支出增加。②

基于上述困扰，澳大利亚新南威尔士州实施了两项改革。第一项改革是通过限制各种情况下赔偿的金额，来减少索赔的数量和赔偿的金额。《民事责任法》（2002）调整了对个人伤害疏忽行为导致的赔偿标准，如非经济类的损失最高赔偿不超过 35 000 澳元，经济类的损失最高为周平均工资的三倍。第二项改革是对涉及疏忽和人身伤害的法律进行重新修改。修改后的责任认定原则更明确清晰，也使体育旅游中规避风险责任有更多的操作指引。

（二）新西兰：国家承担“无过错”个人伤害赔偿的问题及解决

新西兰意外赔偿方案的执行，使得国家承担全部个人伤害赔偿，为所有到新西兰开展体育旅游的游客提供了医疗救助保障。然而，该政策执行二十多年后，开始遭遇到质疑。意外赔偿的经费来自于税费和政府捐助。③ 在改革之初，采取“即收即付”模式，即在本年度内只征收足够赔付的经费。到 1999 年，这种模式变更为“完全积累”模式，即征收足够的费用用以周期性赔付，例如有的伤者的治疗期可能会长达 30 年。④ 然而这一改革遇到了挫折，到 2009 年，意外赔偿局对外公布高达 48 亿新西兰元的亏损。成本的增加、过度的理疗服务都是原因之一。⑤ 随后，意外赔偿局通过取消物理治疗服务和增加税收来保障这一个人伤害赔偿的可持续发展，到 2012 年初见成效。虽然仍然有争论，但这一赔付模式依然在运行。

除了实践中的质疑，还有对侵权制度的质疑。由于该赔偿方案的执行，在新西兰基本没有对个人伤害进行侵权诉讼的需求。学术界对此持三种态度：第一种态度认为这一改革对侵权法来说很危险，第二种认为这是一个改革的好典范，第三种仅仅表达对此有兴趣。新西兰研究者 Geoffrey Palmer 在分析该项改

---

① Library council of New South Wales. Personal injury [J]. Hot topics, 2005 (51): 3.

② Library council of New South Wales. Personal injury [J]. Hot topics, 2005 (51): 5.

③ Accident Compensation Corporation. How we're funded: the five ACC accounts [EB/OL]. [2014 - 01 - 16]. http://www.acc.co.nz/about-acc/overview-of-acc/how-were-funded/index.htm.

④ Accident Compensation Corporation. How we're funded: the five ACC accounts [EB/OL]. [2014 - 01 - 16]. http://www.acc.co.nz/about-acc/overview-of-acc/how-were-funded/index.htm.

⑤ Accident Compensation Corporation [EB/OL]. [2014 - 01 - 28]. https://en.wikipedia.org/wiki/Accident_Compensation_Corporation.

革历史原因的基础上不否认其价值，但同时认为“依照侵权法起诉的权利将继续不能进行”，并且“在执行分配正义的情况下，矫正正义成为牺牲品”。[①]

四、国外体育旅游保险制度特点

综上所述，国外体育旅游保险制度主要有如下特点：

第一，在保险的类别上，美国、德国、澳大利亚、英国等国都针对企业、游客、员工设立了不同类别的安全责任保险（新西兰是特例，实施国家全权承担游客伤亡赔偿的保险制度）。游客安全保险的产品选择也比较多样化，一般按照不同项目的难度和风险，综合考虑不同的体育旅游群体的需求，设计依照团队/个体、高风险项目/普通项目、长期/短期等不同条件下的保险选择。除此之外，医疗保险一般都涵盖在保险中，只是根据运动项目难度制定不同的费用标准。有国家推出了专门的救援保险供游客选择，也有保险涵盖救援服务的情况，如 DAN 设计的潜水保险和救援赔付是紧密结合的，购买了潜水保险，救援经费就有了很好保障。

第二，在保险购买方式上，由于体育旅游基本上是由经过严格的审批准入程序的企业经营，体育旅游的目的地机构也多设置了风险管理规定，有些项目如徒步露营等也划出了专门的场地或者线路，因此，除了对向导实施强制工伤保险外，游客的保险多数为自愿购买。在高风险项目上，也有景区或者运动项目管理部门规定实施强制性购买游客保险。

第三，在保险赔付费用的问题上，由于体育旅游的赔偿金额较高，造成以新西兰和澳大利亚为代表的一些国家保险机构的困扰，一些国家试图以下列措施减少保险赔付和诉讼费用的支出：①建立企业的风险管理措施，从源头上减少安全事故的发生。②有些国家（如英国）在销售环节标明每项保险的优势和限制，在醒目的位置标明提示，方便游客购买前阅读，帮助游客选择合适的保险，减少事后诉讼；也有的国家（如新西兰）是主张通过公共责任保险负责所有国内外游客的伤亡救治费用，基本不需要诉讼。

---

① GEOFFREY PALMER. New Zealand's accident compensation scheme：twenty years on [J]. The university of Toronto law journal，1994，44（3）：222.

第四节　我国体育旅游保险问题的完善

一、我国体育旅游保险的法律条款问题

（一）保险市场缺乏对俱乐部和社团类体育旅游组织者的保险计划

从保险的对象来看，普通的体育旅游者安全可受旅游意外伤害保险的保障，而体育旅游组织者和向导的保险则分别存在不足。在风险较大的体育旅游向导的保险上，只有一两家保险公司制定了向导责任险，从总体来看，保险市场对此重视不够。在体育旅游组织者方面，颠覆了传统的旅游组织以旅行社为单一组织机构的状态，体育旅游俱乐部和社团扮演了重要的角色，而目前俱乐部和社团都不在旅行社责任险的承保范围，这就增加了这一类活动组织者的风险。旅行社责任险投保人（同被保险人）必须是在中华人民共和国境内依法登记注册并持有旅行社业务经营许可证的公司。但各类体育旅游俱乐部、体育旅游自助游组织则不具备旅行社业务经营许可证，不允许投保旅行社责任险，因此在组织出游的过程中存在很大的风险隐患。虽然此类团体在组织旅游活动前一般都会明示风险自担、保险自理等内容，但在真正发生意外事故时，组织者的责任往往是不可推卸的。而旅游意外伤害保险的投保人可以是法人，也可以是自然人，只要被保险人（旅游者）同意投保人为其投保的，就符合要求，可以投保。投保旅游意外伤害保险后，就能将保险责任范围内由意外事故造成的风险进行转移，减少或弥补旅游组织者的损失。①

虽然目前《旅行社责任保险统保示范项目》考虑到了对旅行社组织的“自由行”活动的旅游者伤亡承担赔偿责任，但其限定了责任范围：“被保险人组织的‘自由行’旅游活动中或组织的其他旅游活动期间，被保险人能够或应该能够预见到的旅游者进行自由活动过程中发生的旅游者人身伤亡、财产损失”，可对“自由行”的参加者进行赔偿，但问题是“自由行”的伤亡多数是难以预见的。

① 旅行社责任保险［EB/OL］．［2014－10－01］．http：//baike.baidu.com/view/2231895.htm?fr=aladdin.

（二）旅游意外伤害保险对猝死、救援、“自由行”等体育旅游市场核心需求缺乏普遍重视

经过前面的分析，不难看出，目前我国的体育旅游保险还处在发展时期。虽然各类保险公司都纷纷推出针对户外、探险类的体育旅游保险，但是总体上对市场的特殊情况和需求把握还不到位。例如，基本将体育旅游猝死的风险置于免责范围，因此猝死问题也容易引发保险诉讼。对救援造成的公共成本问题也不够重视，提供旅游意外伤害保险项目的保险公司一般要么没有设立救援保险，要么忽视救援问题，要么仅仅提供救援联系电话。《旅行社责任保险统保示范项目》虽然推出了紧急救援费用保险，但仅仅是提供给旅行社组织者自行购买，不适用于俱乐部或社团组织。保险机构和救援机构的失联，既不能减轻社会公共成本，也不利于游客遇险时接受专业救援。“自由行”是目前很受欢迎的体育旅游方式，也是事故最频发的方式，对这一类游客的保险，很少明确对组织者的风险管理要求，就算购买了保险，也只能对事后进行救济，并没有降低风险的效用。

因此，旅游意外伤害保险应该考虑包含或者以附加险的形式设立猝死、救援保险，满足市场需求。另外，对“自由行”的游客保险实行相应的安全预警限制条件，例如活动组织者（营利性/非营利性俱乐部、社团）需要提供审批资格、向导资质证明、安全管理制度等。

（三）旅游人身意外伤害保险条款对风险系数的认定标准不一造成责任范围的模糊

从法规背景看，《中华人民共和国保险法》和《中华人民共和国旅游法》都没有明文界定风险难度和保险的关系。因此，对于危险事故频发的高风险体育旅游项目来说，可能会存在保险公司保费收取过低和承担的风险过高的可能。

目前国内保险市场只有少数几家保险公司（如中体、大众）设定了较为全面的体育旅游风险分级标准，且主要参考国家体育总局登山运动管理中心制定的登山及户外运动风险等级划分标准。大多数保险公司推出的户外或高风险运动保险对高危险性项目的界定不一，没有对所有项目的难度系统进行分级，这也造成一些运动项目的参加者难以买到合适的保险。

设立保险的风险标准可以借鉴西方国家体育旅游保险的经验，按照不同的难度进行项目分类，分别设立不同的保险。对于风险系数大的项目增加保险缴纳金额，并严格限定组织者的资质和活动开展的条件，例如前面案例中提到的英国（Cover For You）保险公司，不仅按照不同的难度级别提高保费，而且对

风险高的项目的保险购买规定必须“获得许可运营商提供的专业指导”。这就将保险的风险和准入许可的条件结合起来，降低了保险的风险。

（四）旅行社责任险对高风险性体育旅游的责任限制阻碍体育旅游项目经营

虽然《旅行社责任保险统保示范项目》是《旅行社责任保险》的升级版，考虑到了体育旅游活动的组织，尤其是“自由行”的组织，但是，对伤亡的“可预见性”限定，还是会限制旅行社这类规范机构成为体育旅游市场的主流。另外，由于目前统保示范项目还在持续推进中，需要加强宣传，推进产品升级，购买旅行社责任险的旅行社仍然对体育旅游项目进行了限定，购买旅行社责任保险统保示范项目的旅行社则因为体育旅游自由行风险的不可预见性而对此类项目的开发存在疑虑，体育旅游的发展也将受到限制。

二、我国体育旅游保险问题的完善

（一）设立针对俱乐部、社团的责任险，以及针对体育旅游市场的猝死、救援、“自由行”等特殊保险

未来体育旅游保险的发展，建议一方面设立面向各类俱乐部和社团的责任险，填补这一块的空白，降低体育旅游组织者的风险。这需要保险部门和体育管理部门加强全面合作。只有体育主管部门完善对满足安全条件和资质的俱乐部和社团的审批和监管，保险企业才愿意为这一类机构的风险性保障设立专门的保险。当然，也可以考虑由旅游主管部门放开旅行社责任险，让体育旅游俱乐部和社团也成为受保对象。但是，这也需要体育部门和旅游部门合作，各自发挥所长，完善对这两类机构的市场准入和监管，尤其是要完善各类运动项目的安全标准。

另一方面，需要推广有关猝死、救援、“自由行”等的特殊保险，满足市场需求。猝死虽然不是普遍性现象，但是在体育旅游中也常有发生，需要对其责任进行明确。在救援问题上，无组织、无技术、盲目涉险的情况需要遏制。从国外经验看，国家承担大部分救援经费利弊共存。不论是澳大利亚对于体育旅游保险赔偿经费过高而进行的降低赔偿、对归责原则的修改，抑或新西兰国民对国家承担无过错赔偿的争议，从本质上反映了一个共同的问题——在体育旅游涉及的救援或赔偿经费中，国家应该承担多大程度的责任？这个问题没有明确的答案，但是说明了在一国体育旅游市场发展中，不论是官方机构还是企

业，在救援或赔偿经费的承担上不是没有底线的，超过一定的标准就会引致不合理。而在“自由行”的保险问题上，市场需求是最好的说明。游客对“自由行”的热衷有一部分原因是“自由行”费用低、方式自由，不像传统的旅行社线路那样夹杂购物点等潜在的被动行为。从保险企业规避风险来看，体育旅游市场发展完善的国家都是以“自由行”组织机构的认证审批和安全审核为基础的。规范体育旅游俱乐部或者社团，并不是要限制“自由行”的选择，而是但凡有意向体育旅游组织者，应通过合法的途径申请注册，达到安全保障条件，满足活动组织的前提条件时，再开展活动。因此，对“自由行”保险的推进，仍然需要体育行政主管部门、工商、旅游各部门在市场准入方面介入，完善安全标准的审核，督促各类组织设立风险管理计划。

（二）制定并推广普适性风险级别指导标准，以此为依据开发险种，可考虑依据不同风险设立强制和自愿购买相结合的投保制度

在未来体育旅游保险的整合发展时期，随着各类运动项目在我国的推广，未来要满足体育旅游市场需求，需要扩大体育旅游保险的保险范围，这就需要制定和推广普适性风险级别指导标准。保险企业也可以自行设立风险分级标准，并按照难度进行保费的调整。在标准设立的基础上，各家保险公司开发体育旅游险种，满足各类需求的同时也保障保险企业的收益。

除此之外，西方国家对于高风险体育旅游项目，多采取强制购买保险的政策，这可以有效减少诉讼和降低经济损失。我国目前所有体育旅游项目都是自愿购买保险，一旦发生重大事故而未购买保险，活动组织者或者参加者将承受重大的责任和经济损失。因此，建议保险的发展依照风险进行定级，同时高风险项目有必要实施强制购买的政策，避免像2009年桂林热气球失事那样的事件再次发生，直接导致该项目在我国的发展停滞，不利于体育旅游的发展。

（三）保险的安全作用需要和其他的风险防范措施结合起来

保险不是万能的，要和准入、教育、预警、救援、企业的风险管理等多项措施一起进行才能降低安全风险。保险公司应对理赔的数据进行分析，有益于降低体育旅游市场的风险，更好地保障组织者和参加者的安全。加拿大旅游委员会在2003年的一份报告中指出“仅仅依靠保险来帮助企业规避风险已经不可行。世界各地的旅游企业应针对不断增加的法律、道德、经济责任，开始采用

风险管理策略来管理企业的主要风险”①。

体育旅游保险虽然已从限制到专业保险出台，但仍存在问题。虽然专项保险2006年就已出台，但是据不完全统计，2007年全国共发生29起户外登山探险旅行事故，死亡28人，失踪10人；2008年死亡人数为16人，伤亡事故的领域也从高山探险蔓延到低山的户外运动。而在这些数字的背后，几乎60%～70%的事故发生于“驴友”自发组织的户外活动中。2009年，截至6月底的死亡人数已达23人。如果加上“7·11”重庆“驴友”的死亡人数（18人）和失踪人数（1人），则半年内死亡人数已达41人。中国登山协会登山户外运动事故调查研究小组副组长杨为民认为保险并不是万能的，“作为自发的群众运动，宪法是保护公民的自由权，可是同时又没有相关法律对其进行规范，出事故后的赔偿责任仍存很大争议。营利性活动，收取会员管理费的户外俱乐部，出事故后‘头驴’的责任很大。而非营利性组织，‘头驴’只是一个活动召集者而非负责人。如果单从经营行为的收益来进行风险补偿几乎不太可能，行前购买保险成为一种被公认的降低风险的方式。在中国的户外保险种类上，像雷击、山洪这类不可抗力造成的人身损失，除非特别约定，并不在被保范围。就算购买保险，也只是一种风险分担，并不能免除风险”②。

保险只是对伤亡事故发生后的责任规避采取的措施之一，虽然体育旅游保险赔偿有效用，但是避免伤亡更有价值。因此，保险这种风险规避措施并不治本，还是需要从根本上进行行动前各项安全的检查，包括线路制定、户外专业指导人员配备、身体检查等。另外，让体育旅游保险和组织者的准入密切结合，只针对经过安全审核的企业或组织（包括旅行社、营利性俱乐部、非营利性俱乐部和社团）进行承保，逐渐规范市场的无序行为，也是对体育旅游保险市场良性发展的保护，同时也避免了保险企业因为市场管理不规范而选择继续回避高风险项目的行为。

---

① The economic planning group of Canada Halifax，Nova Scotia. A guide to starting and operating an adventure tourism business in Nova Scotia［R］. 2005.

② “野孩子”的规范之路［EB/OL］.（2009－07－23）. http：//www. why. com. cn/epublish/node3689/node25135/node25140/userobject7ai186396. html.

第六章 体育旅游中安全保障责任承担法律问题

体育旅游不同于普通旅游，其最主要的纠纷集中在游客安全保障问题上。随着体育旅游在我国的逐渐发展，安全事故频发，相应的纠纷也日益增多。对体育旅游中违反安全保障义务致使他人人身安全受到侵害所对应的责任承担机制进行研究，有助于确立解决纠纷的途径，明确责任承担主体的相应责任。从长远看，责任的明确也是体育旅游安全的必要屏障。

法律责任包括民事责任、行政责任和刑事责任。民事责任是指民事主体违反民事法律规范所应当承担的法律责任。行政责任是指个人或者单位违反行政管理方面的法律规定所应当承担的法律责任。刑事责任是指违反刑事法律规定的个人或者单位所应当承担的法律责任。

在我国目前的治安环境下，体育旅游在开展中较少遇到刑事纠纷。体育旅游安全有关的责任承担，不仅有违反安全保障义务的侵权责任及合同有关的民事责任，还有发生安全事故后，旅游组织者、旅游目的地因为资质、管理问题所要承担的行政责任。

第一节 体育旅游安全保障责任承担的法律依据

一、体育旅游民事责任承担的法律依据

（一）《合同法》依据

在处理体育旅游合同纠纷上，主要以《中华人民共和国合同法》（以下简称《合同法》）为依据。体育旅游的纠纷一般都涉及与旅行社签订的合同，或者进入旅游目的地购买的门票，或者活动组织者签订的协议。在这些侵权责任的判定中，《合同法》成为解决纠纷的重要法律依据。

未按照合同履行安全保障责任的体育旅游经营者，应承担相应的法律责任。例如，当经营者在合同订立时没有告知安全有关的重要事实，可依照《合同法》第四十二条规定承担损害赔偿责任：“当事人在订立合同过程中有下列情形之一，

给对方造成损失的，应当承担损害赔偿责任：（一）假借订立合同，恶意进行磋商；（二）故意隐瞒与订立合同有关的重要事实或者提供虚假情况；（三）有其他违背诚实信用原则的行为。”而对于目前体育旅游俱乐部惯用的免责条款，事实上《合同法》的效力非常薄弱，不是所有的免责声明都能免除组织者的责任。《合同法》第五十三条规定“合同中的下列免责条款无效：（一）造成对方人身伤害的；（二）因故意或者重大过失造成对方财产损失的”。因此只要是因为组织者安全保障做得不够而造成参加者人身伤害的，仍然要承担损害赔偿责任。

除了《合同法》明确规定的承担赔偿责任的相关规定外，体育旅游经营者和参加者双方对安全保障的约定，也适用《合同法》的规定。安全保障作为侵权责任的一种表现形式，应当以法定责任为原则，《最高人民法院关于审理人身损害赔偿案件适用法律若干问题的解释》等诸多法律及其司法解释中都有对安全保障责任的表述。然而，有学者认为，安全保障责任在以下几类特殊情况下，可以以约定责任的面貌出现，进而可以适用《合同法》：法律没有规定相应的安全保障义务，而当事人之间的合同对此进行了约定；当事人之间约定的安全保障义务高于法律规定的要求；经营者单方承诺的安全保障义务高于法律规定的要求，相对人以默示方式接受这种承诺。①

（二）《侵权责任法》依据

我国关于违反安全保障义务的侵权责任的法律，主要有《中华人民共和国民法通则》（以下简称《民法通则》）、《中华人民共和国侵权责任法》（以下简称《侵权责任法》）和相应的司法解释。除此之外，还有涉及体育旅游领域的若干法规作为司法辅助。这些法律法规主要解释两个命题：一是侵权是否构成，二是责任如何承担。侵权是否构成主要由归责原则解决，责任如何承担主要由责任方式解决。

《侵权责任法》是处理体育旅游民事侵权责任的主要依据。杨立新认为，《侵权责任法》在我国的发展经历了三个阶段：第一阶段，是中华法系的侵权法，是完完全全的“中国货”，地地道道的中国传统，没有“杂质”。第二阶段，是清末改律变法、民国立法以及新中国照抄照搬苏联的侵权法。在这个阶段，中华法系侵权法已经死亡，侵权法的立法属于外国移植，中国的权利保护完全纳入欧陆的侵权法保护模式，基本上没有中国特色。第三阶段，从《民法通则》到《侵权责任法》，将各国侵权法的经验和丰富的中国实践结合在一起，

---

① 雷子君．谈安全保障义务向刑事责任的转化［EB/OL］．（2007－04－16）．［2014－10－10］．http：//www.lawtime.cn/info/sunhai/jsshpcjd/2007041642530.html.

就形成了今天的《侵权责任法》。[①]

在《侵权责任法》颁布之前，我国并没有专门明文规定安全保障义务的法律，但已经有体现安全保障内容的成文法。例如《民法通则》，还有 1994 年《中华人民共和国消费者权益保护法》第七条规定，消费者在购买商品和接受服务时享有人身、财产不受损害的权利。消费者有权要求经营者提供的商品和服务，符合保障人身安全、财产安全的要求。其第十八条第一款规定，经营者应当保证其提供的商品或者服务符合保障人身安全、财产安全的要求。

但是，成文法本身具备三个不足：①不合目的性；②不周延性；③滞后性。不合目的性是指"成文法的普遍性特性使它只注意其适用对象的一般性而忽视其特殊性，然而适用于一般情况能导致正义的法律，适用于个别情况的结果却可能是不公正的"。不周延性是指"成文法对社会关系的调整是有限的，因为立法者受到其认识能力、社会发展程度的限制，他们不可能预见一切可能发生的情况并据此为人们设定合理的行为方案，所以即使他们竭尽全力，仍会在法律中留下星罗棋布的缺漏和盲区。从这一意义上说，任何成文法都是不周延的"。滞后性是指"成文法的确定性要求法律保持相对稳定，而且成文法的修改是程序性的立法活动，其过程漫长而复杂，即便有敏感的立法者，也无敏捷的立法者。所以法律无法对社会生活的变化要求立即提供解决方案，常表现为与其社会生活条件或大或小地脱节"。[②]

为此，我国为了案例的裁判尺度统一，制定了《最高人民法院关于审理人身损害赔偿案件适用法律若干问题的解释》和《最高人民法院关于确定民事侵权精神损害赔偿若干问题的解释》，作为法律的补充。

在法律和司法解释并行运作期间，我国从新中国成立后也开始了民法典制定的历程，跨两届人大、历经四次审议后终于面世。2009 年 12 月 26 日，备受关注的《侵权责任法》经十一届全国人大常委会第十二次会议审议通过，并于 2010 年 7 月 1 日起实施。作为民法典中和安全保障密切相关的一部，《侵权责任法》对公民的人身、财产权利提供全面的保护，不仅明确了违反安全保障义务的侵权责任，同时，对网络服务提供者的侵权责任、产品责任、高度危险责任都有专门的规定，成为体育旅游中此类侵权的重要法律依据。

民事纠纷的处理程序依照《中华人民共和国民事诉讼法》对纠纷的处理规定进行。

---

① 申海恩，周友军．学生伤害、监护人责任与违反安全保障义务［M］．北京：中国法制出版社，2010：序言．

② 杨垠红．侵权法上安全保障义务之研究［D］．厦门：厦门大学，2006．

二、体育旅游行政责任承担的法律依据

涉及体育旅游的各个行业规章、各地方法规，都是体育旅游中行政责任承担的法律依据。关于行业的规章主要有《中华人民共和国旅游法》《旅行社管理条例》《广东省高危险性体育项目经营活动管理规定》《广东省海滨游泳场安全管理规定》《国内登山管理办法》《高山向导管理暂行规定》《全国潜水活动管理规定》等。其中规定旅行社由旅游行政主管部门来实施行政惩罚，体育俱乐部由体育行政主管部门来实施行政惩罚。

关于体育旅游目的地的规章也涉及对体育旅游行政责任的规定，《风景名胜区条例》第四十八条："违反本条例的规定，风景名胜区管理机构有下列行为之一的，由设立该风景名胜区管理机构的县级以上地方人民政府责令改正；情节严重的，对直接负责的主管人员和其他直接责任人员给予降级或者撤职的处分；构成犯罪的，依法追究刑事责任：（一）超过允许容量接纳游客或者在没有安全保障的区域开展游览活动的；（二）未设置风景名胜区标志和路标、安全警示等标牌的；（三）从事以营利为目的的经营活动的；（四）将规划、管理和监督等行政管理职能委托给企业或者个人行使的；（五）允许风景名胜区管理机构的工作人员在风景名胜区内的企业兼职的；（六）审核同意在风景名胜区内进行不符合风景名胜区规划的建设活动的；（七）发现违法行为不予查处的。"《自然保护区条例》第三十七条规定："自然保护区管理机构违反本条例规定，有下列行为之一的，由县级以上人民政府有关自然保护区行政主管部门责令限期改正；对直接责任人员，由其所在单位或者上级机关给予行政处分：（一）未经批准在自然保护区开展参观、旅游活动的；（二）开设与自然保护区保护方向不一致的参观、旅游项目的；（三）不按照批准的方案开展参观、旅游活动的"，以及第三十八条规定的"违反本条例规定，给自然保护区造成损失的，由县级以上人民政府有关自然保护区行政主管部门责令赔偿损失"。

三、体育旅游刑事责任承担的法律依据

刑事责任是依据国家刑事法律规定，对犯罪分子依照刑事法律的规定追究的法律责任。刑事责任追究的是犯罪行为，追究刑事责任只能由司法机关依照《中华人民共和国刑法》的规定决定。

一般来说，体育旅游较少涉及刑事责任。按照《中华人民共和国刑法》规定：故意犯罪的情况应当负刑事责任；过失犯罪的情况，只有法律有规定的才负刑事责任。体育旅游常见因为组织者或者从业者的过失而导致参加者人身伤亡的现象。当体育旅游安全保障的民事责任达到一定严重程度，也可能引发刑事责任。

第二节　我国体育旅游安全保障的责任承担机制

一、体育旅游安全保障的民事责任

（一）体育旅游民事责任主体的确立

违反安全保护义务的侵权行为，是指依照法律规定或者约定对他人负有安全保障义务的人，违反该义务，因而直接或间接地造成他人人身或者财产利益损害，应当承担损害赔偿责任的侵权行为。①

《侵权责任法》中对责任承担的主体有若干规定，其中第三十七条规定“宾馆、商场、银行、车站、娱乐场所等公共场所的管理人或者群众性活动的组织者，未尽到安全保障义务，造成他人损害的，应当承担侵权责任”，这里明确了体育旅游开展的公共场所的管理人、群众性活动的组织者都是义务主体；第三十六条规定“网络用户、网络服务提供者利用网络侵害他人民事权益的，应当承担侵权责任”，这一条补充了先进网络平台上各种体育旅游活动的召集者，也是义务的主体；第三十四条规定“用人单位的工作人员因执行工作任务造成他人损害的，由用人单位承担侵权责任”。依据这三条规定，可以看出体育旅游中安全保障义务主体主要由以下四类构成。

1. 经营者

体育旅游活动的主流是群众性活动，当然也有独自开展活动的体育旅游参加者。显然，独自开展体育旅游活动者，不属于安全保障义务的主体。只有群众性的活动组织者，如组织多人开展体育旅游的旅行社、俱乐部，才具有主体资格。

现时在我国，体育旅游活动还是由俱乐部组织的居多。这是由于其风险特性，普通的旅行社一般会避免承担太大的风险，以开展缓和的城市近郊徒步、高尔夫旅游、观赛性质的旅游为主。参与性的、风险较大的体育旅游主流群体还是各类体育旅游俱乐部，如潜水俱乐部、户外俱乐部、登山俱乐部、滑翔伞俱乐部等。

除了旅行社、俱乐部作为活动的组织者成为义务主体，还有一类情况，根

---

① 杨立新．侵权责任法［M］．北京：法律出版社，2010：271.

据《侵权责任法》第三十四条，当工作人员工作中因执行工作任务造成他人损害，其侵权责任由用人单位承担。因此，体育旅游中的导游或向导或教练，当受聘于旅行社或俱乐部开展相应的工作，因工作失误致使游客受到伤害时，责任也是由用人单位作为义务主体承担。

2. **参加者**

体育旅游安全保障的权利主体就是享受安全保障义务的人，《侵权责任法》中没有明确规定何为权利主体。按照字面理解，权利主体和义务主体是相对的关系，那么，体育旅游中任何活动的参加者都应该是权利主体。一般来说，体育旅游参加者中，通过旅行社或俱乐部或网络组织参与体育旅游的人，都属于权利主体。但是，权利主体也存在争议。有一类群体，通过自发集结开展活动，没有明确组织者。旅行社、俱乐部、网络组织都不是其义务主体，那么这一类人群是否为权利主体？

对此，美国和英国侵权法的经验可资借鉴。对于进入土地利益范围里的人，可分为四种：①受邀请者。经营者开始经营，所有进入经营领域的人都是受邀请者，即“被告经营商店，是以大众为对象，故社会大众皆为被告的受邀请者，不能因原告受伤前未向被告购买东西，即认为原告非属受邀请者”。只要经营者打开门开始经营，就是向不特定的人发出了邀请。②没有经过同意的访问者。访问者与受邀请者的区别是，访问者是经营者没有邀请，自己进来的，土地利益占有者对于访问者的安全注意义务要低于受邀请者。③公共人。公共人是有权进入他人占有的土地利益范围的人，如邮差、税收官、政府的调查人员、收电费的职员等。这些人是有权进入他人占有的土地利益范围的，土地利益占有者对于公共人的注意标准相当于受邀请者。④未成年人。对未成年人，土地利益占有者负有最高的安全保障义务。只要土地利益范围中存在对儿童具有诱惑力的危险，土地利益占有者就必须确保儿童不受该危险的损害。[①]

通过旅行社、俱乐部、网络组织进入某公共场地开展体育旅游活动的人，都属于第一类受邀请者。若几人自发前往某森林进行徒步而遭遇不可测的因素造成其安全受到侵害，无疑这几人扮演的正是第二类访问者的角色，也应属于安全保障义务的责任主体。

3. **公共场所管理人**

体育旅游的开展场所比较广泛，海陆空都可以是体育旅游的目的地。除了常见的海滨旅游度假区、国家森林公园等，还有自然保护区的山地、溪流、岩

---

① 杨立新．侵权责任法［M］．北京：法律出版社，2010：273.

壁等都可以是体育旅游的目的地。这些场地是否都能定义为公共场所呢？

我国的法律没有对公共场所进行统一定义。公共场所的概念比较宽泛，相关的法规对其定义也有所不同。1987 年的《中华人民共和国公共场所卫生管理条例》列举的公共场所中，和体育旅游相关的只有“体育场（馆）、游泳场（馆）、公园”三项。《集会游行示威法实施条例》对露天公共场所进行了定义，露天公共场所是指公众可以自由出入的，或者凭票可以进入的室外公共场所，不包括机关、团体、企业事业组织管理的内部露天场所。比较而言，后者对公共场所的界定更加广泛。前者定义的三个场所，显然不能满足当下社会公众文化的发展需求，而后者则限定露天公共场所，也不符合目前《侵权责任法》提出的公共场所。

在北欧国家如挪威、瑞典及芬兰，根据一项名为“Allemansrätten”（所有人的权利）的法规，将所有自然区视为公共空间。公共空间不仅仅只是个地理的概念，更重要的是进入空间的人们，以及展现在空间之上的广泛参与、交流与互动。这些活动大致包括公众自发的日常文化休闲活动，和自上而下的宏大政治集会。[①] 根据维基百科定义，公共场所是“一个通常向所有人开放，所有人都能进入的社会空间。道路、公共广场、公园和沙滩都是典型的公共空间，还有面向公众开放的政府建筑（例如公共图书馆）也是公共空间”。而且，随着哲学、城市地理、视觉艺术、文化研究、社会研究和城市设计研究的开展，公共空间的概念界定成为相关关键理论的试金石。这一概念“常和集会场地（Gathering Place）混淆，事实上集会场地只是广义视角下社会空间的元素之一”[②]，顾名思义，集会场地就是“任何人都能聚集的地方”，它既包括公共场所，也包括私人场所。[③]

撇开政治集会不谈，体育旅游活动本身就具备文化休闲活动的性质，需在广泛的公共空间开展。若要在法律中逐项列举具体的场地，则不胜枚举，难免以偏概全。因此，对体育旅游的公共场所的界定，应该是广义的所有人都能进入的社会空间。

如此分析，体育旅游中安全保障义务主体之一——公共场所管理人，则应该包括所有体育旅游活动开展场所的管理人，如度假区的管理者、自然保护区的管理者、国家公园的管理者等。如果“驴友”贸然进入相应区域开展体育旅

① 吴胜明．法律上对公共空间的定义是什么？［EB/OL］．［2013－08－17］．http：//www.zhihu.com/question/20305467.

② Public space［EB/OL］．［2013－08－17］．http：//en.wikipedia.org/wiki/Public_space.

③ Gathering place［EB/OL］．［2013－08－17］．http：//en.wikipedia.org/wiki/Gathering_place.

游活动，尽管没有经过审批，管理人也负有安全保障义务，是责任的义务主体。

4. 网络用户和网络服务提供者

前面提到，各类俱乐部成为现今我国体育旅游活动组织的主流。随着2000年以来我国电脑用户的壮大和网络的普及，在体育旅游活动宣传的途径上，多数俱乐部都选择了通过网络的方式进行召集。代表性的体育旅游活动网络平台如“户外资料网”“绿野户外网”“磨房网”等，这些网络平台的用户主要包括体育旅游的爱好者、商业活动的召集者，还有AA制非商业活动的召集者，他们主要通过在论坛上发帖进行活动的召集。

这一类的网络用户缺乏资质认证，略有经验的“驴友”都能在各大论坛开展活动召集。而事实上，自主召集的非营利形式的体育旅游，时常发生事故。在《侵权责任法》颁布之前，没有相关的法律对网络侵权行为进行问责。现在，根据《侵权责任法》第三十六条规定，网络用户也成为法定的安全保障责任义务主体。

除了网络用户外，为网络用户提供交流信息的网络服务提供者，也是安全保障责任义务主体。在2010年之前，经由网络平台召集的体育旅游活动，如徒步、溯溪、露营等，一旦发生安全事故，在责任承担中，网络平台都发布免责申明，无须对伤亡者本人或家属进行任何的赔偿。在一般的案例中，也经常能看到活动召集者不得不承担意外伤亡的赔偿，甚至团友也需负连带责任，而死者家属或伤者本人，都没有向网络服务提供者提起诉讼或申请赔偿，法院对此也没有任何异议。这与网络服务内容不断发展，而法律滞后不无相关。

《侵权责任法》第三十六条对网络服务提供者的义务主体资格的确定，无疑将带来对网络服务提供者的问责，也将引起网络平台信息发布的途径和细节的改革。

（二）违反安全保障义务侵权责任的归责原则

“归责”的含义是指行为人因其行为和物件致他人损害的事实发生以后，应依何种根据使其负责。此种根据体现了法律的价值判断，即法律应以行为人的过错还是应以已发生的损害结果为价值判断标准，抑或以公平考虑等作为价值判断标准，而使行为人承担侵权责任。侵权行为的“归责原则”实际上是归责的规则，它是确定行为人侵权民事责任的根据和标准，也是贯彻于整个侵权行为法之中，并对各个侵权法规范起着统帅作用的立法指导方针。①

① 王利民．侵权行为法归责原则研究［M］．北京：中国政法大学出版社，2004：16－17.

1. **过错责任原则与过错推定原则的争论**

我国学术界对违反安全保障义务侵权责任的归责原则，存在两派争论——“过错责任原则”和“过错推定原则”。过错责任原则是指“违反安全保障义务，发生受害人人身、财产损害的，公共场所管理人仅在自己有过错的情况下承担责任，没有过错则不承担责任”。①而过错推定原则指“在侵权行为法上，就是受害人在诉讼中，能证明违法行为与损害事实之间的因果关系的情况下，如果加害人不能证明损害的发生自己无过错，那么就从损害事实的本身推定被告在致人损害的行为中有过错，并为此承担赔偿责任”。实际上，这两种原则都适用于对公共场所责任人和活动组织者的责任认定，只是在使用上哪一种方式更适合，学术界有不同的看法。

如果在体育旅游安全保障义务侵权责任的判定中，采纳过错责任原则，将有两方面的效果：一方面体育旅游活动中受害者可以得到相应的补偿，并获得保护；另一方面顾及经常性、巨额的赔偿可能会给组织者带来消极的影响，司法会平衡体育旅游企业或组织者的经济赔偿限度。这对于我国目前体育旅游的发展来说不无裨益，不至于让巨额的赔偿使刚刚蹒跚学步的体育旅游相关企业倒闭。若纠纷属于一般侵权行为，则过错责任原则就能用于责任的判定。

但是过错责任原则在司法中的使用可能会遇到困难——“事实发生的真实原因可能仅仅为引起此种损害发生的行为人自己所知悉，而不为受害人所明了。受害人虽然可以证明行为人所实施的侵权行为与自己所遭受的损害有因果关系，但是，他可能无法证明此种侵害行为是怎样发生的，因此，也无法证明其原因在于行为人的主观过错”②。

对于特殊侵权责任，出于司法取证难度的考虑，过错推定原则被认为更适用于安全保障义务责任承担。采取过错推定原则，其具体程序是“受害人已经证明了被告的行为违反了安全保障义务，在此基础上，推定被告具有过错。如果否认自己的过错，则过错的举证责任由违反安全保障义务的行为人自己承担，由他证明自己没有过错的事实。如果他能够证明自己没有过错，则推翻过错认定，免除其侵权责任；如果不能证明其没有过错，或者证明不足，则过错推定成立，应当承担侵权责任”③。

---

① 申海恩，周友军．学生伤害、监护人责任与违反安全保障义务［M］．北京：中国法制出版社，2010：26.

② 王爱琳．我国侵权行为法归责原则研究［M］．长春：吉林大学出版社，2007：138.

③ 申海恩，周友军．学生伤害、监护人责任与违反安全保障义务［M］．北京：中国法制出版社，2010：26－27.

在前面章节提到的各类体育旅游活动中，都存在风险管理的漏洞，如果因此导致游客受伤或者更严重的死亡，受害人一般只能从向导或组织者的言语、行为进行问责，判断其是否违反了安全保障义务，而导致这些现象发生的深层原因，一般管理者会更明了。当已使用过错责任原则的情况下，仍难以获取组织方的内部证据的时候，则过错推定原则更加有利于受害者的权益保护。这一原则首先根据违反安全保障义务的事实来推定组织方具有过错，进而由组织方进行取证。

总而言之，过错推定原则在体育旅游安全保障义务侵权责任的判定中是否适用，还是取决于在司法程序中，是否满足三个条件：首先，推定行为人有过错具有客观事实的依据。其次，违反安全保障义务侵权行为是特殊侵权行为，而不是一般侵权行为。再次，适用过错推定原则有利于保护受害人的合法权益。①

2. 不适用无过错责任原则

无过错责任原则是指，“根据法律规定，在某些侵权行为中，只要符合法律规定的条件，无论行为人主观上是否具有过错，都应当依法承担相应的责任”②。但是，此原则只适用于个别特殊的侵权行为，是在特定领域为弥补过错责任原则不足而设定的原则。且只有在法律明文规定的情况下，才能使用此原则。

这一规则并不适用于体育旅游安全保障义务侵权责任的认定。且现行体育旅游相关的法规也并没有明文规定哪一类体育旅游活动适用严格责任或危险责任。

3. 自承风险情况下的归责原则

自承风险理论指被告以原告知道或至少应该知道自己所介入的风险，因此不能因风险的实现而主张权利。自承风险已经被各国法律接受为被告合理的（重要的）抗辩事由。③ 我国《民法通则》中没有规定自愿承担危险或者自愿承担损害的免责事由，但是中国人民大学法学院起草的《民法典建议稿》“侵权行为篇”第一千八百五十一条规定了“自愿承担损害”原则：“受害人明确同意对其实施加害行为，并且自愿承担后果的，行为人不承担民事责任。加害行为超过受害人同意范围的，行为人应当承担相应的民事责任。受害人自愿承担

---

① 杨立新．侵权责任法［M］．北京：法律出版社，2010：275.

② 王爱琳．我国侵权行为法归责原则研究［M］．长春：吉林大学出版社，2007：167.

③ 韩勇．体育法的理论与实践［M］．北京：北京体育大学出版社，2009：158.

损害的内容违反法律或者社会公共道德的，不得免除行为人的民事责任。”①

4. **免责条款及其效力**

在户外运动的组织中，有些个人组织者或者俱乐部组织者会以起草免责条款来避免法律责任。免责条款通常在合同中规定，使活动组织者免于承担因疏忽引起伤害的责任。但是，对于免责条款的生效即法律行为的生效，我国《民法通则》第五十五条做了如下限制：“民事法律行为应当具备下列条件：（一）行为人具有相应的民事行为能力；（二）意思表示真实；（三）不违反法律或者社会公共利益。”

（三）违反安全保障义务侵权责任的构成要件

1. **行为人实施了违反安全保障义务的行为**

体育旅游组织者未尽安全保障义务，主要表现为消极的不作为方式。不作为即“由于未尽适当注意义务，应当履行安全保障的行为时，没有作出相应的行为，从而造成他人损害的情形”②。

从体育旅游的角度来分析，判断行为人是否实施了违反安全保障义务的行为，标准有四个：①根据体育旅游相关的法定标准，如前面章节提到的若干相关法规；②对于所有进入公园、森林、海滨等公共场所的人，公共场所管理人对特殊风险有告知、警示的义务；③对于进入公共场所，且与其有交易、邀请等特殊结合关系的人，公共场所管理人负有“教育上必要的注意”义务；④对未成年人的安全保障义务，应采用特别标准。

也就是说，不论是通过俱乐部还是旅行社进入高山、滨海等区域开展活动，抑或是自发组织去这些公共场所开展活动，公共场所管理人都负有安全保障义务。若没有开展安全教育、发布安全信息等，一旦在这些场所发生体育旅游参加者的人身损害，都构成了侵权的事实，公共场所管理人必须承担责任。

2. **负有安全保障义务的相对人受到损害**

负有安全保障义务的相对人受到的损害表现为人身损害和财产损害。体育旅游活动开展过程中因各种原因导致人身损害，致使受伤或死亡，会顺带引发医疗费、丧葬费、交通费等财产损失。受害者本人及家属还会因此引发精神损失，以及未来的误工费、将来预期收入损失等。

---

① 王利明. 中国民法典草案建议稿及说明［M］. 北京：中国法制出版社，2004：240.

② 申海恩，周友军. 学生伤害、监护人责任与违反安全保障义务［M］. 北京：中国法制出版社，2010：32.

3. **损害事实与违反安全保障义务行为之间具有因果关系**

受害人遭受损害的事实必须与违反安全保障义务行为之间存在因果关系，才构成侵权责任。它们之间的因果关系，主要分为两种：①直接/相当因果关系。直接/相当因果关系是指行为人违反了安全保障义务，造成受害人损害的事实，前者是后者发生的直接原因。例如，体育旅游中因为设备、设施故障，服务管理不到位，儿童安全管理不到位等而引发对安全保障义务的违反，造成损害事实。这三类侵权行为和损害事实之间，都属于直接/相当因果关系。②间接因果关系。间接因果关系是指安全保障义务人在防范、制止侵权行为违反安全保障义务的过程中，造成损害事实。其出发点是针对受保护人，但因保护不当对受保护人造成损害。对于这种情况，安全保障义务人的行为和损害事实之间属于间接因果关系。

4. **违反安全保障义务行为的行为人具有过错**

违反安全保障义务行为的行为人的过错，分为故意和过失。其中故意分为直接故意和间接故意。直接故意是指行为人明知侵害后果，而意欲实现它。间接故意是指行为人认真考虑了侵害的可能性，但容忍损害的发生。过失也分为疏忽大意的过失和过于自信的过失。疏忽大意的过失是指行为人未认识到行为的违法性，也没有尽到社会生活中必要的注意义务。过于自信的过失是指已经认识到行为的违法性，但轻信它不会导致损害。[①] 体育旅游中违反安全保障义务行为的行为人的过错，很少是直接故意行为，较多的属于间接故意行为、疏忽大意的过失、过于自信的过失。

一旦事故发生，追究责任，违反安全保障义务行为的行为人，即体育旅游项目的导游、教练、经营者或公共场所管理人较多认为是天气、地理、队员的个人体质、队员的物资准备或意外迷路等外部原因造成了损害的发生。对此，认定过错的时候，我国《侵权责任法》采取客观过错标准立场。也就是说，对过错的认定，“不具体考虑其个人是否能够认识到具体情形下的行为要求，也不考虑是否因其个人能力而不能达到特定的管理要求，等等。而是依照公共场所管理人所从事的职业、所处的地点等确定他所属的阶层，并以该阶层的一般人的知识和能力、行为准则来认定行为人的过失”[②]。这一标准更能体现社会的公正。如果体育旅游项目的经营者以不明确向导的资质、经验、个性为托词，以

---

① 申海恩，周友军．学生伤害、监护人责任与违反安全保障义务［M］．北京：中国法制出版社，2010：38.

② 申海恩，周友军．学生伤害、监护人责任与违反安全保障义务［M］．北京：中国法制出版社，2010：38.

及向导以队员个人原因为托词，都不能成为过错的认定标准。在司法中，对过错的认定，还是会根据体育旅游项目的经营者应该具备的能力和管理要求来衡量其是否尽到了安全保障义务。

（四）违反安全保障义务侵权责任的责任类型

违反安全保障义务侵权责任的责任类型一般分为四种类型[①]：①设施设备违反安全保障义务；②服务管理违反安全保障义务；③对儿童违反安全保障义务；④防范制止侵权行为违反安全保障义务。

结合体育旅游的实际来分析，第一种类型，设施设备违反安全保障义务，主要体现为潜水、登山、漂流、航行等专用设备的检测，在使用前降低安全风险，对于不能适应活动要求的设备不应该用于活动中。第二种类型，服务管理违反安全保障义务，主要体现在体育旅游的各个环节中，如活动前没有购买专项保险、开展安全教育、提供安全预警措施；活动中向导或教练缺乏资质，不按照要求进行安全防护；事故发生后没有及时救援或没有医疗急救服务。第三种类型，对儿童违反安全保障义务，主要体现为没有针对儿童设定应该严格禁止的行为，或没有安排适合儿童的活动项目，让儿童开展和大人同样的体育旅游项目，导致儿童因身体心理素质不能达到成人的标准而引发损害。第四种类型，防范制止侵权行为违反安全保障义务，体现为公共场所管理人或体育旅游项目的经营者，在防范和制止他人受到侵害上未尽到义务，造成受保护人损害，也属于违反了安全保障义务的侵权责任。例如在不稳定天气下，滨海的管理者或者导游未对私自下海的游客进行安全提醒，就属于这一范畴。

（五）违反安全保障义务侵权责任的责任形态

违反安全保障义务侵权责任的责任形态主要分为三种：自己责任、替代责任、补充责任。

1. 自己责任

自己责任是违法行为人对自己实施的行为所造成的他人人身损害和财产损害的后果由自己承担的侵权责任形态。[②] 因此，体育旅游中，只要是公共场所管理人或体育旅游项目的经营者对设施、服务、儿童的安全关照不够，直接引发了损害，都由他们自己承担责任。

---

① 杨立新. 侵权责任法［M］. 北京：法律出版社，2010：280－281.

② 杨立新. 侵权责任法［M］. 北京：法律出版社，2010：282.

2. **替代责任**

如果未尽到安全保障义务的行为人是公共场所管理人的雇员或成员，而实际上由公共场所管理人承担的责任就是替代责任。① 替代责任在体育旅游中体现为某旅行社或俱乐部等组织机构下设的向导或教练在带领团队开展活动的过程中未尽安全保障义务，造成游客损害，由旅行社或俱乐部的经营者承担责任。对于在某国家公园或者自然景区开展的自发体育旅游活动，若因为活动组织者自身责任引发损害，国家公园或自然景区的管理人也应承担替代责任。

同时，根据《侵权责任法》，若因向导或教练违反安全保障义务造成损害，其所属的旅行社或俱乐部可在承担了赔偿责任之后，向有过错的向导或教练追偿。

3. **补充责任**

《侵权责任法》第三十七条第二款有明确的说明："因第三人的行为造成他人损害的，由第三人承担侵权责任；管理人或组织者未尽到安全保障义务的，承担相应的补充责任。"杨立新对此进行了更详细的解读，认为"侵权法上的补充责任，是指两个以上的行为人违反法定义务，对一个被侵权人实施加害行为，或者不同的行为人基于不同的行为而致使被侵权人的权利受到同一损害，各个行为人产生同一内容的侵权责任，被侵权人享有的数个请求权有顺序的区别，首先行使顺序在先的请求权，该请求权不能实现或者不能完全实现时，再行使其他请求权的侵权责任形态"②。

二、体育旅游安全保障的行政责任

从行政责任的视角看体育旅游安全责任承担，主要包括两类责任：一类是违反准入规定造成安全隐患所应承担的行政责任；一类是违反安全防范的相应条款所应承担的行政责任。这两类责任的行政管理主体是行政管理机构，行政管理相对人是经营者。下面从行政管理主体和行政管理相对人各自应承担的行政责任来分析现行行政法规中，违反体育旅游安全保障义务的行政责任承担现状。

（一）行政管理机构责任

对体育旅游审批方的行政责任，现行法规规定甚少，只有下列两个法规有

① 申海恩，周友军．学生伤害、监护人责任与违反安全保障义务［M］．北京：中国法制出版社，2010：41－42．

② 杨立新．侵权责任法［M］．北京：法律出版社，2010：283．

所涉及：

《国内登山管理办法》第二十二条对批准单位规定“批准单位未认真履行审查职责，发放《登山活动批准书》的，国家体育总局视情况给予通报批评，责令改正”。

《攀岩攀冰运动管理办法》第十三条规定“未经国家体育总局和县级以上地方各级人民政府体育行政部门审批、登记，擅自举办竞赛，不听劝阻的，登山中心与地方体育行政部门责令停止举办该项体育竞赛，由地方体育行政部门对举办者进行 3 000 元以上，5 000 元以下罚款，并给予停止其举办比赛资格 3 年的处罚”。

对体育旅游行政管理机构的责任认定，仅仅在两个项目中分别对国家审批和地方审批责任进行了规定，而其他体育旅游项目如航空、水上体育旅游都没有明确相应行政管理机构的责任。

（二）经营者行政责任

对户外俱乐部和旅行社两类经营者的行政责任认定，有两个参照维度：第一是从经营者的归属来看，断定是按照旅行社管理规章，还是按照俱乐部管理规章，或按照网络组织管理规章来依法进行行政责任认定；第二是按照体育旅游的项目归属来进行行政责任认定。下面分别从三类经营者主体的角度来分析其行政责任承担现状。

1. 实体户外俱乐部行政责任承担

体育旅游商业俱乐部主要有两大类：实体类的俱乐部和网络非实体类的俱乐部。《企业登记程序规定》中并未论及具体的企业行政违规需要承担的行政责任。因此，目前体育旅游商业俱乐部行政责任承担主要还是依据具体项目的管理规定执行，有的项目立法滞后或者不完善，则缺乏行政处罚的依据。

首先，从登山体育旅游项目看，对登山、攀岩、攀冰俱乐部的行政责任规定如下：

《国内登山管理办法》第二十一条对登山体育旅游组织者规定：“未经批准擅自组队登山的，国家体育总局登山运动管理中心或山峰所在地省级体育行政部门停止该登山活动，成绩不予认定；吊销参与该登山活动的登山教练员或高山向导的资格证书。”《外国人来华登山管理办法》第二十四条对在保险、团队人数、登山路线、环境、医疗急救、测绘、科考方面违反规定者，规定“外国人来华登山，违反本办法第十二条、第十三条、第十八条、第十九条、第二十条规定或者未经国家体委批准擅自登山的，国家体委或者省、自治区体委视情节轻重，可以分别给予警告、五千元至五万元的罚款以及停止登山活动等处罚。违反本办法第十九条、第二十条规定的，国家体委或者省、自治区体委，还可以单处或者并处没收采集的标本、样品、化石和资料的处罚”。第二十五条对于纠纷的解决程序，规定“当事人对行政处罚决定不服的，可以依照中国有关法律的规定先申请行政复议。当事人对复议决定不服的，可以依照中国的有关法律的规定提起行政诉讼。当事人在规定的期限内不申请复议和不提起行政诉讼，逾期又不履行处罚决定的，作出处罚决定的行政机关可以申请人民法院强制执行”。

《登山户外运动俱乐部及相关从业机构资质认证标准》（2004）第十五条规定：“俱乐部及相关从业机构出现以下情形的，中国登山协会有权吊销其认证资格证书：1. 出现严重政治问题的。2. 严重违反《活动组织规范》《技术操作规范》等安全管理制度，发生重大伤亡责任事故的。3. 严重违反《环保制度》的。4. 申请或复查时提供的资料严重失实的。5. 被当地体育主管部门、当地民政部门或工商部门吊销注册登记证书的。6. 出现重大变化，不能满足认证条件的。7. 长期不参加中国登山协会组织的活动，或无故不参加中国登山协会要求参加的会议的。8. 不按时进行年审的。”

《高山向导管理暂行规定》（2004）第二十一条规定：“违反本规定，情节轻微的，由主管部门给予批评或警告。”第二十二条规定：“违反本规定，属于下列情况之一的，由发证机关撤销其高山向导资格，收回高山向导证书。（一）严重违反《国内登山管理办法》规定的。（二）以高山向导身份在登山活动中发生严重责任事故的。（三）未参加继续培训的。（四）资格验审不合格，或逾期半年以上未进行资格验审的。（五）资格验审间隔时间内未从事任何向导工作或登山活动的。（六）违反其他有关规定的。”

《攀岩攀冰运动管理办法》第十四条规定：“在开展此活动中，因从业人员违反安全操作规程或使用不符合要求的装备器材，将视情节轻重对其进行警告直至停止参加本项活动、取消其从业资格的处罚。对因此而发生事故的，由肇事者承担一切后果，并由公安、工商部门对其进行行政处罚。构成犯罪的，追究刑事责任。”

其次，从航空体育旅游项目看，对跳伞、滑翔伞、动力伞俱乐部的行政责任规定如下：

1991 年的《航空体育运动管理办法》并没有对热气球、滑翔伞、降落伞等航空体育运动中的组织方设定行政责任的承担规定。只有对调查的归属有所说明，第二十条规定“……跳伞和悬挂滑翔运动的一、二、三等事故，分别由省、自治区、直辖市体委组织或指定事故调查组调查处理，并报告国家体委”。但是，另外两部法规有明确规定行政责任。1996 年制定的《动力伞运动管理办法》第三十四条对动力伞俱乐部的四类违规行为制定行政惩罚，规定“违反本办法，有下列情形之一者，由审批成立俱乐部的航空运动协会给予警告、限期改正、停飞整顿、收缴证书的处罚，有违反国家法律和政策的应报国家有关部门进行处理：（一）未经申请登记，擅自成立俱乐部的；（二）违反安全规定造成事故的；（三）无证飞行的；（四）不接受安全监督的”。还有2000年制定的《滑翔伞运动管理办法》第二十八条规定：“下列情况之一者，中国航协及审批单位将视情节轻重给予警告、限期改正、停飞整顿、收缴证书的处罚：（一）未经申请登记，擅自成立俱乐部；（二）违反安全规定造成重大事故；（三）不按飞行计划飞行，擅自飞入军事要地、海关、边防等飞行禁区；（四）无运动证书飞行；（五）不接受安全监督。”

最后，从水上体育旅游项目看，对潜水等俱乐部的行政责任规定如下：《全国潜水活动管理规定》第二十八条规定：“未经批准擅自开展潜水活动，当地体育行政部门责令停止。”第二十九条规定：“在场地、器材、安全、从业人员等方面不符合潜水经营活动标准的组织或个人，当地体育行政部门和中国潜协责令其限期改正。逾期不改者，没收其潜水活动许可证，吊销潜水执照及建议取消其潜水经营活动资格的处罚。”第三十条规定：“利用潜水经营活动从事违反治安管理有关规定活动的，由公安机关依照治安管理处罚条例给予处理。”

1998年《全国水上体育经营活动管理暂行规定》明确水上体育经营活动是指以营利为目的，以水上体育活动为内容和手段进行经营的活动，包括各类水上旅游。其第十条规定，“对未经体育行政部门批准，擅自开展水上体育经营活动，或场地、器材、安全、专业人员等方面不符合水上体育经营活动条件的单位和个人，由当地体育、工商、安全、卫生等部门，在各自职权范围内予以警告、限期改正、责令停业整顿、没收非法所得、罚款，直至吊销营业执照。对利用水上体育经营活动从事违背国家法律，损害人民健康，危害社会治安活动的，由公安机关依照治安管理处罚条例给予处罚”。

2. 网络非实体户外俱乐部行政责任承担

目前大多数的户外实体俱乐部都开通了网络平台。对这一类组织而言，其行政责任依照上述管理规定执行。而还有一类俱乐部，通过网络的形式召集活动，并非实体组织，也没有在相关的行政管理机构注册且获得审批。这一类网络非实体户外俱乐部的行政责任，应依照《网络商品交易及有关服务行为管理暂行办法》第二十条规定：“提供网络交易平台服务的经营者应当对申请通过网络交易平台提供商品或者服务的法人、其他经济组织或者自然人的经营主体身份进行审查。提供网络交易平台服务的经营者应当对暂不具备工商登记注册条件，申请通过网络交易平台提供商品或者服务的自然人的真实身份信息进行审查和登记，建立登记档案并定期核实更新。核发证明个人身份信息真实合法的标记，加载在其从事商品交易或者服务活动的网页上。”这一条规定对于网络非实体户外俱乐部资质审核来讲非常关键，但该办法第四十条仅仅规定“违反本办法第二十条规定的，责令限期改正，逾期不改正的，处以一万以上三万元以下的罚款”。对于普通商品的网络交易来说，这一规定尚无不妥。然而，对于体育旅游的网络召集行为来讲，危及的可能是生命的安全。因此，对体育旅游网络组织资质的审核非常重要，其行政惩罚的力度应当加大，可参照《旅行社条例》的行政惩罚规定，根据严重程度分类别加以行政处罚规定。

除了行政处罚的力度问题，还有行政处罚的缺失问题。对体育旅游来说安全保障非常重要，《网络商品交易及有关服务行为管理暂行办法》制定了相应的准入规定，却没有对其违规行为的行政处罚规定。例如，第十三条规定网络商品经营者和网络服务经营者向消费者提供商品或者服务，应当“采取安全保障措施确保交易安全可靠，并按照承诺提供商品或者服务”。体育旅游也是一种服务，其安全保障措施也应该是提供体育旅游服务的网络服务经营者的责任。另外，第十三条还规定“网络商品经营者和网络服务经营者提供电子格式合同条款的，应当符合法律、法规、规章的规定，按照公平原则确定交易双方的权利与义务，采用合理和显著的方式提请消费者注意与消费者权益有重大关系的条款，并按照消费者的要求对该条款予以说明。网络商品经营者和网络服务经营者不得以电子格式合同条款等方式作出对消费者不公平、不合理的规定，或者减轻、免除经营者义务、责任，或者排除、限制消费者主要权利的规定”。这一条规定是通过网络组织的体育旅游中民事责任纠纷的重要材料依据，但是对这一类的违规，该办法没有提出任何的行政处罚规定。

3. 经营体育旅游的旅行社行政责任承担

经营体育旅游的旅行社违反行政规定，依照《旅行社条例》进行行政处罚。该条例对违规行为的行政处罚多达21条，涉及的违规内容主要包括：经营许可违规；转让、出租、出借经营许可证；质量保证金或银行担保不到位；未投保旅行社责任险；变更登记内容、终止经营未备案，以及私自设立分社、未报送统计材料；外商投资旅行社经营出国旅游；旅游活动含违规内容；虚假宣传；与旅游者或其他旅行社的合同违规；未安排全程领队；无导游证或领队证；拖欠或降低工资标准；不履行合同，随意更改行程；因旅行社违约造成游客权益损害；拖欠或降低委托旅行社的费用；旅行社对游客安全事故未救助或未报告、游客非法滞留境外且旅行社未报告；因刑事处罚吊销执照者重新开设的期限等。

《旅行社条例》对违规行为的行政处罚囊括了违规行为的各个方面，行政处罚形式按照严重程度主要分为四个类别：第一类，责令改正。拒不改正的，吊销旅行社业务经营许可证。第二类，处以不同标准的罚款。第三类，情节严重的，吊销旅行社业务经营许可证。处罚的部门为工商行政管理部门或旅游行政管理部门。第四类，责令停业整顿1个月至3个月。违规行为的行政处罚方式取决于严重程度。例如，第五十五条规定“未与旅游者签订旅游合同……旅游部门责令改正，并处2万元以上10万元以下的罚款；情节严重的，责令停业整顿1个月至3个月”。

（三）特殊经营者行政责任

在本书第二章已经分析过，我国目前与体育项目有关的事业单位和体育协会中有一部分也参与了体育旅游的市场经营。作为一类“特殊群体”，其兼具了行政管理机构和经营者的身份，这里将其单独列为“特殊经营者”，分析目前行政责任承担的现状。

1. 事业单位参与市场经营的行政责任

事业单位参与市场经营的代表有如下几类：户外活动基地、国家森林公园、风景名胜区、旅游度假区。以下从这几类常见的体育旅游场地的管理规章来分析其特殊的行政责任承担现状。

《全民健身户外活动基地命名资助办法（试行）》中所指的“全民健身户外活动基地”是指利用山川、河流、海洋、湖泊、沙漠、园林、广场等自然资源建设的，主要用于开展户外全民健身活动，具有特色、规模较大、项目多样的户外公共体育场地，包括具有特色的户外体育营地、大型体育公园、文体广场等。这里的户外体育营地属于本研究中体育旅游的开展场地之一。对于国家资助建设的户外活动场地，国家体育总局不定期地对被命名资助的基地进行评估，每三年对其进行一次复查。复查的主要内容包括：①机构设置及人员到位情况；②资助资金是否专款专用；③对外提供体育服务是否体现公益性；④场地设施是否符合相关标准，能否安全、正常使用；⑤管理运作是否依据有关法律、法规、规范进行；⑥组织开展全民健身活动情况。该办法第十五条规定“对复查不合格的基地，责令限期进行整改并给予批评；未在规定期限内进行整改的进行通报并撤销其命名”。这里行政责任承担只是有限期地进行整改或者撤销资助命名，既没有对体育旅游最重要的安全制定标准，也没有对违反安全保障的责任进行明确。

《国家级森林公园管理办法》虽然考虑到了森林公园内旅游活动的安全性，如第二十四条规定“国家级森林公园经营管理机构应当在危险地段设置安全防护设施和安全警示标识，制定突发事件应急预案。没有安全保障的区域，不得对公众开放。国家鼓励国家级森林公园采取购买责任保险的方式，提高旅游安全事故的应对能力"，也考虑到游客容量可能造成安全隐患和环境隐患，如第二十五条规定"国家级森林公园经营管理机构应当根据国家级森林公园总体规划确定的游客容量组织安排旅游活动，不得超过最大游客容量接待旅游者"，但是，其并没有对违反安全保障义务行为的任何行政惩罚规定。另外，该法规也提到了体育旅游项目的准入问题，第二十七条规定"国家级森林公园经营管理机构应当引导森林公园内及周边的居民……鼓励其从事与森林公园相关的资源管护和旅游接待等活动"，虽然国家级森林公园鼓励发展旅游接待，但是发展体育旅游项目还是应该依照相应的体育项目审批和旅游活动的合法的准入程序。

《风景名胜区管理条例》第四十八条规定"违反本条例的规定，风景名胜区管理机构有下列行为之一的，由设立该风景名胜区管理机构的县级以上地方人民政府责令改正；情节严重的，对直接负责的主管人员和其他直接责任人员给予降级或者撤职的处分；构成犯罪的，依法追究刑事责任：①超过允许容量接纳游客或者在没有安全保障的区域开展游览活动的；②未设置风景名胜区标志和路标、安全警示等标牌的；③从事以营利为目的的经营活动的；④将规划、管理和监督等行政管理职能委托给企业或者个人行使的；⑤允许风景名胜区管理机构的工作人员在风景名胜区内的企业兼职的；⑥审核同意在风景名胜区内进行不符合风景名胜区规划的建设活动的；⑦发现违法行为不予查处的"。这里明确了风景名胜区应该设置安全警示牌来提醒游客注意，起到一定安全提醒的作用。但是第一条没有明确游客安全容量的标准，不能起到风险预警的作用。

根据上述规定来看，事业单位涉及经营活动的行政责任承担方式的设置欠科学，主要体现为：一是和安全保障有关的资金使用、容量预警、场地标准没有明确可量化的标准；二是对于管理者实施市场行为表述模糊。虽然目前我国还没有针对目的地管理方的体育旅游纠纷，但国外已有起诉娱乐场地所有者的先例。许多国家都颁布了娱乐用地的法规，用以预防和处理个体因在娱乐中受伤而对娱乐场地拥有者的诉讼。① 如美国宾夕法尼亚州制定了《娱乐用土地和水资源法》。

2. 体育协会参与市场经营的行政责任

同样，从第二章主体分类列举的案例中不难看出，在我国目前体育事业向体育产业转型的过程中，地方上已经存在体育协会介入商业运作以及网络上层出不穷的民办非企业组织也会介入部分体育旅游商业运作的现象，而《体育类

---

① GREGORY R RILEY. Landowner's liability for land users and statutory protection for landowners [EB/OL]. [2013-12-22]. http://law.psu.edu/_file/aglaw/Landowners_Liability_for_Land_Users.pdf.

民办非企业单位登记审查与管理暂行办法》的行政责任惩罚的效力无疑难以规制这些不规范的现象。

这是因为，从事体育旅游经营的民办非企业单位无须进行工商登记，只需要在体育行政部门进行审批。依据《体育类民办非企业单位登记审查与管理暂行办法》，民办非企业单位应接受行政惩罚的违规行为包括：①涂改、出租、出借民办非企业单位登记证书，或者出租、出借民办非企业单位印章的；②超出其章程规定的宗旨和业务范围进行活动的；③拒不接受或者不按照规定接受监督检查的；④不按照规定办理变更登记的；⑤设立分支机构的；⑥从事营利性的经营活动的；⑦侵占、私分、挪用民办非企业单位的资产或者所接受的捐赠、资助的；⑧违反国家有关规定收取费用、筹集资金或者接受使用捐赠、资助的。行政惩罚的形式依据第十九条，体育类民办非企业单位出现的违规行为“情节严重的，体育行政部门有权撤销已出具的登记审查批准文件，并以书面形式通知该民办非企业单位和相应的登记管理机关”。

三、体育旅游安全保障的刑事责任

刑事责任的类型主要分为两类，其中一类是由安全保障义务责任演变成的犯罪，主要集中于刑法分则中第二章的危害公共安全罪与第四章的侵犯公民人身权利、民主权利罪之中。体育旅游安全保障刑事责任成立的前提，是民事责任突破一定的界限，造成严重损害行为者。体育旅游刑事责任成立有以下两种情况：

第一类为过失型犯罪。安保责任在本质上是一种疏于照顾、管理义务而引发的责任，因此，过失必定会在安保责任以及由此演变的刑事责任中扮演关键的角色。体育旅游活动中，因为组织者或者从业者的过失，造成严重的游客人身安全损失的，可以依法判定承担过失致人死亡的刑事责任。我国刑法将过失分为两类：一类称“疏忽大意型过失”，即应当预见自己的行为可能发生危害社会的结果，因为疏忽大意而没有预见的过失；另一类称“过于自信型过失”，即已经预见危险而轻信能够避免，以致发生这种结果的过失。[①]

在2012年12月北京灵山救援事件中，两名“驴友”无水无食物被困灵山，七级大风吹断救援进程。两个先行下山的队友事后反思：“组织户外活动，到底需不需要把基本的安全放在首位？参加活动的往往都是经验不足，对各种状况缺乏认识……有为了减肥的，有强身健体的，有逞强的，有纯粹打发时间

---

① 雷子君．谈安全保障义务向刑事责任的转化［EB/OL］．（2007－04－16）［2014－10－10］．http：//www.lawtime.cn/info/sunhai/jsshpcjd/2007041642530.html.

的……就是缺乏对危险的认知。以今天的活动为例，打酱油的‘菜驴们’（包括我在内）对到底有多冷、有多大风、有多危险，没有真正理解。那该如何最大限度保障安全？在这个时候组织这个活动，领队到底要做哪些准备？到底有没有真正的风险意识？小飞（领队）出发前说希望今天能登顶，能弥补遗憾……”① 可见领队登顶前没有充分认识风险，选择在风力6级、温度零下20多度的情况下登山，对危险认识不足，致使领队自身被困灵山。而领队自身面对此情况还希望能登顶弥补遗憾，可见领队犯下了“过于自信型过失”。然而，灵山案的判决结果是召集活动的网络服务提供者和领队都无须承担任何责任。

第二类是不作为犯罪。刑法理论上通常依据犯罪的客观表现形式将犯罪分为作为犯罪与不作为犯罪。作为犯罪是以积极的身体活动实施刑法所禁止的危害行为，因而构成的犯罪；不作为犯罪是行为人负有某种作为义务，且在能够履行义务的情况下不履行该义务，因而构成的犯罪。由安全保障义务责任延伸而成的刑事犯罪，均表现为责任主体没有做应该做的事。② 体育旅游中较少出现作为犯罪的情况，但不作为犯罪则很常见。依照体育旅游的许可要求，组织者应该事先具备安全保障的条件，如对设备的安全监测和对风险管理计划的制订。而若组织者在安全保障的条件上不予以执行，则实施了不作为犯罪。我国目前主要对于这一类不作为予以行政处罚的方式，但是从不作为的角度分析，也满足刑事责任承担的条件。

目前，我国较少判定这一类案件的责任人承担刑事责任，但是在国外已经有了先例。2009年3月，新西兰Grag探险公司组织游客到Manawatu峡谷峭壁探险，在经过吊桥时由于桥梁摆动，一名大学生从20米高的桥上跌入河床身亡，该公司董事被判故意杀人罪。从上述分析来看，对于重大的体育旅游安全事故，今后可能会从刑事责任的角度来判定责任人承担刑事责任。

---

① 今天的东灵山事件［EB/OL］.（2012-12-23）［2013-07-18］. http：//bbs. lvye. cn/thread-599686-1-1. html.

② 雷子君. 谈安全保障义务向刑事责任的转化［EB/OL］.（2007-04-16）［2014-10-10］. http：//www. lawtime. cn/info/sunhai /jsshpcjd/2007041642530. html.

第三节　户外第一案：判决与争议

商业性体育旅游由于受工商、旅游、体育多个部门的管辖，在安全管理上有较为详尽的民事责任和行政责任承担机制，不是目前国内最棘手的责任纠纷问题。现阶段，体育旅游中最大的争议来自非商业性体育旅游，也即网络论坛约定俗成的“AA 制户外运动”“自助游”等。非商业性体育旅游纠纷频发，关键有三个方面的原因：一是不受工商准人的限制，组织零散且灵活；二是体育项目的行政主管部门难以行使监督的职能，活动多属于自发、非营利的性质；三是网络普及带来传播及其便利，网络商品交易和服务提供商缺乏相应的监管。

一、“户外第一案”始末

2006 年“户外第一案”无疑是我国体育旅游安全保障义务责任承担的一个转折点，引发了合理判定其责任的开端。

（一）一审判决：组织者和参加者承担主要责任

2006 年 7 月 7 日，梁某在南宁时空网上发帖，邀请“驴友”到武鸣县赵江进行户外探险活动，费用采取 AA 制。时年 21 岁的骆某于 7 月 8 日上午乘坐团队的车辆到达武鸣县两江镇的赵江，与梁某等人一起进行户外探险活动。当晚，该团队在赵江河谷中扎帐篷露营。从晚上至次日凌晨，露营地区连下几场大雨。7 月 9 日 7 时许，大雨导致山洪暴发，帐篷及骆某被洪水冲走。此后，武鸣县两江镇政府组织的搜救队在赵江下游离事发地点大约 3 公里处找到骆某的遗体。2006 年 8 月 4 日，骆某的父母向南宁市青秀区法院起诉。一审判决“头驴”梁某赔偿原告死亡赔偿金等共 163 540.35 元，其余 11 名“驴友”连带赔偿各项经济损失 48 385.09 元。

（二）二审判决：组织者和参加者没有过错

一审全体被告不服，上诉至广西南宁市中级人民法院。在该案存在巨大争议的情况下，二审法院一直审慎低调，直至拿到了最高人民法院对此案判决的相关指示后才下结论。二审判决认定，户外探险活动具有一定风险性，上诉人及骆某等人进行户外集体探险，各参与人系成年人，有完全民事行为能力，应当明知户外集体探险具有一定风险。各参加者之间基于对风险的认识而产生结伴互助的依赖和信赖，具有临时互助团体的共同利益。各参加者之间并不存在管理与被管理的关系，梁某只是这次活动的发起人，并非组织管理者。包括“头驴”梁某在内的12位自助游“驴友”，对本案受害人骆某的死亡“已尽必要的救助义务，主观上并无过错”。活动费用在发帖时也已明确是“AA制”，即自助式，事实上不存在梁某通过此次活动营利的行为。最终，二审法院作出终审判决，按《民法通则》第一百三十二条“当事人对造成损害都没有过错的，可根据实际情况，由当事人分担民事责任”的公平责任，及《最高人民法院关于贯彻执行民法通则若干问题的意见》第一百五十七条规定，“当事人对造成损害均无过错，但一方是在为对方的利益或者共同的利益进行活动的过程中受到损害的，可责令对方或者受益人给予一定的经济补偿”，判令每人酌情给受害人家属适当补偿，“头驴”梁某3 000元，其余每名“驴友”各2 000元，共计25 000元。①

二、责任承担的判决争议

该案件一审判决后不仅在全国户外圈引起巨大争议，而且引起法律界的关注。该案在一审中判定活动的发起人承担参加者因山洪暴发而死亡的赔偿责任，以严格责任的方式来处理非营利性活动，严重打击了户外活动组织者的积极性，不利于该活动的发展。而该案的二审判决又回避了上诉人坚持的“自冒风险规则”，援用《民法通则》第一百三十二条的公平责任而几乎完全推翻了一审判决。②

“户外第一案”在体育旅游，尤其是登山徒步圈内引起的反思持续发酵。二审判决虽然最后判定组织者无须承担过多的责任，然而，一审中将责任归咎于组织者，包括同队队员，这一轰动当时的结果还是留下深刻的影响。深圳磨坊户外运动网站版主之一黄敏接受采访时说：“召集人在网上发个帖子，达到一定报名人数后，召集人负责租辆大巴，接送参加活动的‘驴友’往返。为尽可能节省费用，租用的大巴大都没有营运资格。AA制的组织者完全凭热情义务为大家服务而不收取分文报酬，此前还以此感到自豪，但今天要考虑更多的法律问题了。”为避免承担意外事故的法律责任，一些“头驴”在召集活动时已不敢再以召集的名义发帖，而多以“活动构思人”的名义发帖，替代以前常用的“召集人”或“领队”。深圳风行户外运动俱乐部负责人王立文说：“不少户外

① 兰行行．自助活动发起人责任承担研究：以自助游活动为例［D］．武汉：华中科技大学，2011.

② 兰行行．自助活动发起人责任承担研究：以自助游活动为例［D］．武汉：华中科技大学，2011.

运动网站已经不敢召集或组织活动了。"①

对于非商业性体育旅游的风险责任承担问题，从情理上主要引发了三种观点②：

第一类观点，认为AA制的户外活动为非商业性的活动，事故责任应该由参加者自己负责。站在组织者的角度，组织者没有营利行为，甚至付出较之队员更多的人力和物力。从公平的角度讲，不应该由组织者承担责任。另外，参加者作为成年人，有行为能力，应该自己承担风险。并且，户外运动处于早期发展中，组织者承担责任不利于该项运动的发展。

第二类观点，认为AA制的户外活动存在商业目的，再加上组织者的专业化程度良莠不齐，一旦发生事故，组织者难辞其咎，应该承担主要责任。有"驴友"认为靠收取会费和租用装备营利的俱乐部不在少数，存在潜在的商业利益。并且，领队的专业程度缺乏保障，容易误导活动的参加者。

第三类观点，认为责任承担应该视具体情况而定。决定因素包括活动中的人员受伤比例和程度，活动组织者的专业化程度等因素，还可以按照领队是否"疏忽"而判定是否承担民事责任。除此之外，这一类观点认为，可参考《民法通则》对过错的判断来决定何种情况组织者需要承担民事责任，不应该简单地断定组织者是否应该承担责任。

三、民事责任分析

（一）非商业性活动中发起人和组织者的区别及相应责任

在南宁"户外第一案"发生后，国内户外圈产生了较大的波动。很多自发召集活动的户外运动爱好者都开始慎重采用"召集"这个说法。为避免承担意外事故的法律责任，一些"头驴"在召集活动时已不敢再以召集的名义发帖，而是以"活动构思人"的名义发帖。③ 事实上，不论是采用"召集者""发起人""组织者"，还是"活动构思人"，法律责任的认定不是仅仅通过称谓来改变的，风险也并不会因此而获得减少。

"夏子案"二审判决认为"自助式户外运动不具有营利性，组织者并不从

---

① 网上召集自助游骤然降温［EB/OL］．［2013－11－24］．http：//news.sina.com.cn/c/2007－01－17/083011019005s.shtml.

② 新保适户外辩论会第二期总结：AA制户外活动中发生安全事故，参加者责任自负？［EB/OL］．［2013－11－24］．http：//www.8264.com/viewnews－17898－page－1.html.

③ 网上召集自助游骤然降温［N］．深圳商报，2007－11－07.

中获取利润。因而该类活动的组织者应当承担的责任不同于商业营利性活动的组织者。后者要承担更为严格的责任”。另外，从组织形式上看，“社会活动中，组织者对参加者管理越多，决定的事项越多，承担的安全保障义务就越重”①。非商业性活动中，仅仅发起活动，与安全相关的事项由参加者自主商量决定，那么其责任更少。如果一次活动中，发起人不仅召集活动，并且在活动中做主要的决定，那么他肩负的对其他参加者的责任就更大。

（二）责任免除的成立条件

目前国内大多数的非商业性体育旅游活动，都会在活动开展之前让所有参加者签署“免责申明”。对于商业性体育旅游活动来说，本着“收益与风险相一致”的原则，活动的组织者必须承担相应的民事责任。然而，对于非商业性体育旅游活动来说，多是 AA 制，花费多少负担多少，没有营利行为。但这并不意味着，没有收益就能完全免除责任。

非商业性体育旅游活动中，组织方要免除其责任，有制约的条件。《合同法》第五十三条规定“合同中造成对方人身伤害的；因故意或重大过失造成对方财产损失的免责条款无效”。因此，当游客所受的伤害，是因为组织者或者领队的过失造成的，其责任不能免除。而当组织者或领队在自然环境和活动事项的判断上没有违反常识，游客因户外运动本身的风险造成的伤害，组织者或领队的责任可以免除。在这一类情况的司法判决中，不能简单遵循保护弱者的原则而将责任都判定给组织者，也不能简单地认为签署了免责申明，组织者就可以在可预见的风险相关的安全准备和安全判定上无须承担任何责任。另外，从公序良俗的角度看，组织者在事故发生后要实施必要的救援，否则，也应承担相应的责任。

第四节　国外体育旅游安全保障责任承担

我国体育旅游安全中的责任承担机制还未健全，对组织者和参加者的保护力度小，在纠纷中双方都认为自己是弱势一方。西方发达国家的体育旅游发展比我国时间长，在类似纠纷的处理上既提供了案例，也提供了法理论证的参照。因此，虽然不同国家的法律制度背景有所差异，不仅对责任承担的处理存在不

---

① 夏子案二审判决［EB/OL］.［2013－12－01］. http://www.doyouhike.net/forum/safety//322352，0，0，1.html.

同，甚至和我国的法律体系都存在差异，但是从研究的资料角度对比，像新西兰、美国、澳大利亚，虽然是判例法国家，但是也颁布了部分与体育旅游相关的法规，其中对体育旅游安全责任承担有具体的规定。同时，国外的案例法也对我国补充司法解释提供了有益的借鉴。从研究的意义看，虽然我国是成文法国家，但无论其他国家的法律制度与我国相同与否，都对我国体育旅游安全责任承担制度的发展完善有借鉴意义。

一、国外体育旅游安全保障义务责任承担类别

西方发达国家在体育旅游安全纠纷中将需承担的责任主要分为三类：

（一）行政责任

主要通过严格立法准入的形式控制体育旅游组织者按照安全标准组织活动，对违规者处以行政惩罚，以行政惩罚的形式来降低风险系数。例如澳大利亚《南澳大利亚港口和导航法》（2009）的第12部分专门对水上体育旅游活动的安全问题作出规定，船只操作者违背操作规定进行水上拖拽项目“将处以最高罚款5 000澳元，并付救赎费315澳元”①。

（二）刑事责任

涉及刑事责任承担的案例非常少见。代表性的案例是2009年3月，梅西大学学生凯瑟琳·彼得斯在新西兰Crag探险公司组织的Manawatu峡谷峭壁探险中，在经过吊桥时，由于桥梁摆动从20米高处跌入河床身亡，该公司董事被判故意杀人罪。②

（三）民事责任

在西方的研究中，更多的判例来自于民事责任纠纷。总体而言，在各种类别的体育旅游法律案件中，以民事责任纠纷为主。

---

① South Australia Harbors and Navigation Regulations 2009 [Z]. 2009.

② New laws for adventure tourism operators [EB/OL]. [2012-10-15]. http://www.3news.co.nz/New-laws-for-adventure-tourism-operators/tabid/423/articleID/229448/Default.aspx.

二、国外体育旅游安全保障义务民事责任承担归责原则

（一）欧洲：按照严格责任定位安全保障义务民事责任

在欧洲，体育旅游伤害的民事责任判定依照《欧洲侵权法》执行，其主要制定了以下归责原则：

第一，过错责任原则。体育旅游中行为人的“过错”需责任认定，《欧洲侵权法》第四章规定“行为人因故意或忽视行为标准而造成的过错，行为人应承担责任”①。企事业单位若因经济或专业原因而未雇用工作人员或采用技术设备，应对错误负全部责任，除非该企事业单位能出具要求的已达到操作标准的证明。②

第二，严格责任原则。“组织者组织非常规性的危险活动，组织者要对活动造成的损害负严格责任。”对于非常规性的危险活动，适用严格责任原则。高风险体育旅游无疑属于这一类。界定非常规性的危险活动的标准是：“尽管已在活动管理中实施了所有应有的关注，且不是普通的使用方法，该活动仍会产生可预见的高风险损害，且损害的风险可能被认为很严重或有可能发生损害。”③ 除了组织者责任，体育旅游中的领队、导游等辅助人员若在职责范围内引起损害，组织者也要对损害负严格责任，除非是辅助人员自身违反了操作标准。

还有一点值得借鉴的是，《欧洲侵权法》第七章规定“当由于不可预见的自然力量或第三方责任造成损害，可免除组织者的严格责任”④。依照这一条可知，比如在森林徒步宿营时遇到山洪这样的事故，可免除组织者的严格责任。

（二）新西兰：国家赔偿为主，疏忽导致的侵权诉讼为辅

在新西兰，由于伤害而引发的诉讼较少，这是因为《伤害、预防和康复法》（2001）对普通的个体伤害实行补偿，这一法令很大程度上降低了诉讼的数量。然而，对于体育旅游等特殊的身体伤害行为，民众依然依法保有其他救

---

① European Group on Tort Law. Principles of European Tort Law［EB/OL］. http：//civil. udg. edu/php/biblioteca/items/283/PETL. pdf.

② European Group on Tort Law. Principles of European Tort Law［EB/OL］. http：//civil. udg. edu/php/biblioteca/items/283/PETL. pdf.

③ European Group on Tort Law. Principles of European Tort Law［EB/OL］. http：//civil. udg. edu/php/biblioteca/items/283/PETL. pdf.

④ European Group on Tort Law. Principles of European Tort Law［EB/OL］. http：//civil. udg. edu/php/biblioteca/items/283/PETL. pdf.

济的权利。因此，在体育旅游中因为个人伤害而寻求诉讼的情况还是时有发生。①

虽然新西兰没有专门的侵权法，但其相关的法律规定了民事侵权的责任承担方式。一般而言，体育旅游安全涉及最多的是疏忽造成的侵权责任。在这类民事诉讼中，主要的补救措施是经济赔偿，但是法院也可以判处惩罚性赔偿，或禁止某些行为开展。

体育旅游中若因为俱乐部或者其他组织者侵害了安全保障义务，造成体育旅游参加者的个体伤害时，原告应能举证：第一，被告没有对原告实施注意义务；第二，被告违反照顾的义务；第三，原告遭受了合理可预见的伤害或损失；第四，该损害或损失是由被告违反注意义务造成的。② 总体说来，新西兰政府通过立法承担了主要的救济责任，因此，诉讼的目的主要是针对身体伤害、对个体或家人造成的精神伤害等其他的赔偿。

（三）澳大利亚：疏忽导致的侵权行为

澳大利亚的侵权法中，包含诽谤、侵犯和骚扰性的侵权行为，但最为常见的还是疏忽导致的侵权。从广义上讲，疏忽包括失误或未能尽到照顾他人安全的义务。个人或组织因疏忽导致他人人身伤害、死亡或财产损失都可能被起诉。要使疏忽成立，原告要证明：第一，有注意的义务，被告有义务采取合理的措施，来阻止因他的行为或疏漏而导致的伤害；第二，违背了注意的义务，不仅仅是存在这一义务，还要违背了这一义务；第三，因违背注意的义务而造成了损害，而不是因为其他的干预因素。③ 问题的关键在于，伤害或损失的风险是否可以预见？

以 Swain v Waverley Municipal Council（2005）HCA 4 的案例为例。1997 年 11 月，在悉尼著名的邦尼岸边，在无风情况下 Swain 在安全游泳旗帜之间潜水，因为撞上沙洲致使四肢瘫痪。该案在新南威尔士州最高法院审判。该案争议的焦点在于管理该潜水区域的韦弗利市议会是否没有行使对游泳者的“注意义务”，以及议会应该承担义务的程度。核心的问题包括是否已经树立了警示标志、是否潜入该水域的风险很明显、安全区域旗帜是否设置合理。除去 25% 的

---

① Sport New Zealand. Legal liability ［EB/OL］. ［2013 - 12 - 05］. http：//www. sportnz. org. nz/Documents/faq/Full_ Legal_ Liability_ Document. pdf.

② Sport New Zealand. Legal liability ［EB/OL］. ［2013 - 12 - 05］. http：//www. sportnz. org. nz/Documents/faq/Full_ Legal_ Liability_ Document. pdf.

③ Library Council of New South Wales. Personal Injury ［J］. Hot topics，2005：2.

共同过失，原告获得了3 754 000澳元的赔偿。①

2002年，迫于澳大利亚民众对包括体育旅游在内的各种公共责任和民事责任的争议，澳大利亚政府寻求解决的办法。各州都对有关个人伤害的民事责任法规作了修改。以新南威尔士州为例，新南威尔士州颁布了《民事责任修改（个人责任）法》（2002），对涉及疏忽和人身伤害的法律进行重新修改，主要修改内容包括设置风险原则的前提、确立共同过失的判断标准。最重要的修改是确立了疏忽的归责原则。5B条款规定“认定行为人的疏忽，只有当①行为人知道或应该知道的风险是可预见的；②风险不是微不足道的；③一个理性的人在当时应该会采取预防措施以防止风险造成的损害”。法院要认定理性的人是否采取了预防措施，可以从几个标准来判定：①若行为人没有“注意”危险会产生的可能性；②损害可能达到的严重程度；③采取预防措施的成本及难度；④造成损害的活动的“社会效用”，即是否可以被视为值得的活动。②

三、国外体育旅游安全保障义务民事责任免责的适用

（一）体育旅游参加者免责申明的适用

澳大利亚领地地区立法修改了《贸易实务修改（休闲服务责任）法》（2002），其中增加了新条款，允许人民签署免责申明，并承担参与风险性娱乐活动的风险。③ 澳大利亚新南威尔士地区《民事责任修改（个人责任）法》（2002）也在同年进行了修订，增加了签署免责申明和风险责任自负的条款。

（二）救援人员的责任免除及条件

在体育旅游的安全事故中紧急救援者扮演了重要的角色。对于紧急救援者是否需要承担相应责任，在美国、加拿大、澳大利亚，《好撒玛利亚人法》免除了紧急救援者的责任，国际潜水组织DAN也奉行这一原则。

在美国和加拿大，《好撒玛利亚人法》是给伤患的自愿救助者免除责任的法律，目的在于使人做好事时没有后顾之忧，不用担心因过失造成伤亡而遭到追究，从而鼓励旁观者对伤患人士施以帮助。该法律的名称来源于《圣经》中

---

① High Court of Australia. Swain v Waverley Municipal Council [2005] HCA 4; 220 CLR 517 [Z]. 2005.

② New South Wales. Civil Liability Amendment (Personal Responsibility) Act 2002 [Z]. 2002.

③ Commonwealth. Trade Practices Amendment (Liability for Recreational Services) Act 2002 [Z]. 2002.

耶稣所作的好撒玛利亚人的著名比喻。[①]

然而，《好撒玛利亚人法》并非保护所有的自愿救援者。在美国的一些司法管辖区，《好撒玛利亚人法》只会保护在美国心脏协会、美国红十字会、美国安全及健康所或其他健康组织接受过基本急救训练和取得证明的人。在其他司法管辖区，只要回应者的行动合理，都受到此法保障。

也有地方法规设立了不适用的说明。如澳大利亚新南威尔士州《民事责任修改（个人责任）法》（2002）立法中增加了“好撒玛利亚人法”准则，对紧急救援中提供自愿帮助的人，如未实行良好的救助，仍确保免除其责任。这一条本已经出现在普通法里，但是《民事责任修改（个人责任）法》（2002）特别补充了不适用该规则的特殊情况：①好撒玛利亚人（救援志愿者）的行为直接导致了受伤或受伤的风险；②好撒玛利亚人由于醉酒，其技能明显减弱，未能合理地照顾和采用技术；③当有人冒充医疗和紧急救助人员或警察，或以其他虚假的方式显示其拥有救援的技能。

（三）社区组织者和志愿者责任免除及条件

在澳大利亚的很多州，对于非营利性的社区体育旅游活动中的组织者和志愿者，由于其不是从利益的角度出发组织活动，有相关的法规免除其责任。如澳大利亚联邦《联邦资源者保护法》（2002）、新南威尔士州《民事责任修改（个人责任）法》（2002）、西澳大利亚州《志愿者（防止责任）法》（2002）都对联邦志愿者的责任实行“豁免”。

然而，豁免也有适用的规定，以新南威尔士州为例，《民事责任修改（个人责任）法》（2002）第61条规定以下行为不适用责任豁免规定：①当志愿者同时从事了刑事犯罪；②志愿者酒醉；③志愿者的行动在其参加的活动范围之外，或者违反了社区组织规定。

总体而言，正常情况下，澳大利亚的法规还是对非营利性体育旅游活动的社区组织者和志愿者实施责任豁免。

四、国外体育旅游安全保障义务责任承担的特点

（一）民事责任归责原则多认定组织者需承担责任

体育旅游中的民事责任的归责原则在不同的国家和地区差别较大：欧洲普

---

① Good Samaritan law [EB/OL]. [2013-11-04]. http://en.wikipedia.org/wiki/Good_Samaritan_law.

遍执行严格责任原则；新西兰由国家承担个人伤害赔偿，因此很少有诉讼发生，归责原则的存在意义不大；澳大利亚根据疏忽来断定常见的组织者责任。虽然各个国家和地区的归责原则还在动态发展中，但总体而言，多数情况下的归责原则还是认定体育旅游尤其是“可预见风险”的高风险性体育旅游组织者需要承担相应的责任。

（二）免责声明并非无条件适用

不论是体育旅游活动前组织者和参加者双方签署的免责声明，还是国际公约对救援人员的免责，都是有条件的存在。因此，组织者需要增进对相关法律的学习，了解免责的成立条件，以规避部分风险。

第五节 我国体育旅游安全保障责任机制的完善

一、我国体育旅游安全保障责任承担的问题

（一）对管理主体介入市场缺乏行政问责

体育旅游管理机构和协会对体育旅游市场的不同程度的介入，不仅在行政责任承担上存在细则发展不完善的问题，而且还影响了市场发展的自然规律。现有的法规缺乏对管理主体的问责。

（二）法规中“驴友”行为相关要素缺失造成民事责任判定标准缺失

目前非商业性体育旅游活动，不像旅行社或者注册过的商业俱乐部一样有明确的责任主体，没有相应的法律依据来证明活动的召集人或发起人或组织者的法律地位，造成司法的困难。并且，由于组织者和参加者的法律关系不明确，自然导致两者之间的权利和义务关系难以判断。主体的不明确和权利义务关系的不确定，致使缺乏理论基础来判定责任的承担。有的判决中采用一些模糊的理论例如“公平责任”“善良管理人”的说法来掩盖实体法的不足。① 总体而言，非商业性体育旅游安全保障义务责任承担中，司法争议的问题根源于四点：

---

① 崔荣伟．自助游组织者的法律责任分析［D］．广州：暨南大学，2005.

一是法律基础的缺失；二是法律主体不明确；三是法律关系模糊；四是司法缺乏理论基础。

二、我国体育旅游安全保障义务责任承担机制的完善

（一）明确管理者参与市场行为的行政责任

管理者参与市场行为，是由我国体育旅游主体制度中存在的问题造成的。只有先通过法律来明确规范体育旅游中的管理者、参加者和组织者的角色，避免管理机构和协会参与市场情况的发生，才能对其行政责任进行规范。

（二）立法完善“驴友”行为关联要素的规定

虽然我国最新的《侵权责任法》明确了公共场所的管理人或群众性活动的组织者，未尽到安全保障义务，造成他人损害的，应当承担侵权责任。然而，却缺乏对“驴友”这一特殊情况的规定。目前多数的责任纠纷出现在这种松散的活动形式中。因为关系松散，造成主体不明确、法律关系模糊，司法过程中缺乏理论基础。因此，必须尽快通过法规的修改完善来明确“驴友”行为的相关法律要素，如主体、法律关系、归责原则等。

（三）完善准入和安全保障制度以降低诉讼概率

近几年出现的“驴友”案增加、判断标准不一、组织者开始畏惧组织活动、盲目者继续组织和参加活动等情况，都和现行的市场准入制度和安全保障制度不完善有密切的关系。通过对国外经验的借鉴，可以看到在准入制度和安全保障制度完善的情况下，可以有效降低诉讼的概率。因此我国体育旅游安全保障义务责任承担机制的完善需要各个环节的共同协作才有可能改进。

第七章 结 语

体育旅游是人离开常规的生活方式和地点，以观看体育比赛或参与体育活动或体育怀旧为目的，在商业或非商业行为中获得休闲体验的社会、经济、文化现象。本书针对参与式体育旅游安全保障中面临的最主要法律问题展开研究，梳理其主体、市场准入、保险和责任承担四个方面的问题。研究结论如下：

第一，我国体育旅游的主体由三部分构成：体育旅游参加者、体育旅游组织者和体育旅游管理者。这三部分不是绝对的独立个体，除了俱乐部和旅行社这两类体育旅游组织者外，体育事业单位也介入了市场的运作。另外，协会作为名义上的第三方机构，由于对行政机构的经济依赖以及制度原因而未能完全独立，也不同程度地参与到市场运作中。这种主体特点导致组织者存在保险缺失、技术指导缺乏、行业规范不足的问题，管理者存在参与市场比重过大、对市场监管不系统、体育事业单位和协会参与市场的行为影响了体育旅游项目市场推广的问题。依附于管理部门的官方协会则存在辅助市场功能缺失、性质模糊、难阻止恶性竞争的问题。结合对国外体育旅游主体制度的研究，本书认为多部门管理虽是很多国家难以逾越的架构，但是多方密切合作能保障体育旅游的运作。另外，管理主体不参与市场以及协会独立发展有利于体育旅游的良好发展。未来对我国体育旅游主体的完善要从管理机构职能的转变、市场的专业化、协会的整合三方面综合治理。

第二，完善准入制度是保障高危险性体育旅游组织者、从业者、参加者人身安全的重要举措。本书在“安全”“公平”“效益”三个核心准入原则的指导下梳理我国高危险性体育旅游的准入制度，从体育旅游组织者、从业者、参加者、行政主管部门四个角度的权限展开分析。通过国内外对比分析，得出我国体育旅游准入制度主要存在三方面的问题：一是在法规系统方面存在法规的“断链”、缺乏时效性、参加者准入和目的地准入被忽视的问题；二是在准入条件上，存在管理者多头管理且缺乏准入上的配合、组织者准入缺乏安全标准、参加者准入现行标准不合理的问题；三是在准入程序上存在体育、旅游、林业等部门之间的准入衔接不紧密，以及由此导致的事前安全评估和后续安全监管难以进行的问题。未来对准入条件的完善需要将各项目共同的准入条件和具体项目的特殊条件相结合，并且建立组织者、参加者、管理者三方约束机制。对准入程序的完善需要将安全评估纳入首要环节，并将后续审核和监管结合起来。

第三，我国体育旅游的保险体系从组织者的角度，可以分为旅行社组织体育旅游活动的相关保险和俱乐部、社团组织活动的相关保险。从规避组织者风险的角度看，前者发展相对成熟和完善，后者偏重对游客的保险，缺少对组织者的保险。对比国外体育旅游保险，目前我国体育旅游保险市场的问题是各类保险都存在各自的不完善，满足不了目前体育旅游市场的需求，且有些责任免除有待合理调整。我国体育旅游保险制度的完善可考虑从三方面着手：首先，设立针对俱乐部、社团的责任险，以及针对猝死、救援、“自由行”等体育旅游市场的特殊保险；其次，制定并推广普适性风险级别指导标准，以此为依据开发险种，可考虑依据不同风险设立强制和自愿购买相结合的投保制度；最后，保险的安全作用需要和其他的风险防范措施结合起来。

第四，体育旅游安全保障义务的责任承担主要涉及民事责任和行政责任，很少有刑事责任。在民事责任上，对于体育旅游的经营者而言，目前我国依照最新的《侵权责任法》对此有较为完善的责任认定制度。目前主要的纠纷出现在非商业性的体育旅游活动中，不完全适用《侵权责任法》。2006 年“户外第一案”引发的持续论争，矛头集中在两方面：一是发起人和组织者的区别及相应责任，二是活动组织者责任免除的成立条件。国外在处理此类纠纷中有下列经验可供借鉴：民事责任归责原则多认定组织者需承担责任，免责声明并非无条件适用，国家承担大部分救援或赔偿经费利弊共存。在行政责任承担上，主要的问题是对管理主体介入市场缺乏行政问责。综合起来，未来要完善我国体育旅游的安全保障义务的责任承担，可从三个方面着手：一是完善主体制度，明确管理者参与市场行为的行政责任；二是立法完善“驴友”行为关联要素的规定；三是通过完善准入和安全保障制度来降低诉讼概率。

体育旅游主体、市场准入、保险、责任承担是体育旅游安全保障的核心问题，它们是和体育旅游安全保障息息相关的相对独立的法律问题，且互相关联。体育旅游主体的构成和行为影响了高危险性体育旅游准入机构的构成及准入实践；高危险性体育旅游准入对保险的笼统规定则不能合理指导各类市场主体对保险的选择；体育旅游保险可以起到减少人身损害造成的损失和赔偿，规避部分法律纠纷的作用，但保险不能解决所有的责任承担问题；体育旅游的责任承担最大的问题是“自由行”的责任承担，这又起源于前面主体的混杂以及准入的不规范。因此，对这几个环节的具体分析以及综合考量，是修改相关滞后的法规、改革体育旅游安全保障制度的核心切入点。

附　录

附表 1　山地体育旅游安全事故例举

类别	年份	伤亡	事件经过
登山	2000	5 人遇难	玉珠峰案：北京绿野仙踪登山队、北大天美登山队、北京 K2 登山队和广东绿野户外探险队，4 支业余登山队伍挑战青海省玉珠峰。有 3 名广东绿野户外探险队队员和 2 名北京 K2 登山队队员遇难身亡
	2001	1 人遇难	轿子雪山案：昆明市某银行一名青年职工，单人探险拱王山区轿子雪山和马鬃岭一带，不幸滑坠遇难
	2001	1 人遇难	太白山案：南开大学学生假期旅游，7 人太白山探险，1 人坠崖身亡
	2001	1 人遇难	绿野户外网的“农人”三峡遇难案：“农人”在徒步三峡巫峡段时，失足掉下山崖，不幸遇难
	2002	1 人遇难	太白山案：上海登山者华峥嵘只身攀登太白山，途中突遇暴风雪，在山上迷失方向，5 月 5 日左右不幸身亡
	2002	2 人遇难	龙岗区七娘山案：深圳市两支由市民自行组织的登山队，在龙岗区七娘山因突遇雷雨被困山中。深圳龙岗警方出动 500 余名民警及消防人员进行救助。到下午 3 时左右，共有 50 人获救。到晚上 10 点 30 分，两名遇难者的尸体被发现
	2002	1 人遇难	德清大化山案：福建登山者黄挺前往德清大化山自助登山失踪，福建省以及各市登山队和各登山俱乐部自发组织多支救援队伍前往搜救，8 月 8 日，在深山中找到尸体
	2003	1 人遇难	北京山友遇难松潘雪宝顶。松潘县雪宝顶海拔 4 600 米左右的子峰脚下发现一具山友遗体，经当地派出所调查，死者来自北京，名叫魏洪海，他在单独一人攀登雪宝顶时，从海拔 5 200 米的骆驼背摔下身亡

（续上表）

类别	年份	伤亡	事件经过
登山	2004	1 人遇难	清凉峰案：2004 年 1 月 10 日上午，杭州的四名户外登山爱好者登清凉峰。中途迷路，其中 3 人探路，1 人留守。当三位同伴回来，留守者却失踪了。12 日下午 1 点多，救援队伍在一个被称作“原始森林”的毛竹林边上的山谷中发现失踪者的遗体
	2005	1 人遇难	3 月 19 日，周睿离开队伍单独行动，之后一直未见踪迹。3 月 31 日下午 4 点左右，在清凉峰十八龙潭附近找到周睿的遗体
	2005	1 人遇难	7 月 16 日，老远（网名）昏迷在深圳三水线笔架山至火烧天凹槽处，后抢救无效身亡
	2006	1 人遇难	怀化自由基地一户外爱好者“夜孤帅”［湖南怀化自由基地（现为自游天下）户外俱乐部领队］，于 4 月 9 日在攀登花瑶虎行山活动中不慎滑跌，最终因重度摔伤导致颅内出血及胸腔出血抢救无效死亡
	2006	1 人遇难	7 月 9 日，在南宁时空网“休闲生活”栏目“驴行驿站”版块约伴进行的一次活动中，广西南宁武鸣县两江镇大明山赵江山洪暴发，一位名为“手手”的“驴友”遇难
	2006	1 人遇难 1 人失踪	两名美籍著名登山者克瑞斯汀·博斯科夫（女，39 岁）和查尔斯·弗洛（男，52 岁）在四川省甘孜州境内理塘的格聂山地区失踪。12 月 27 日发现一男子遗体，后被证实为查尔斯·弗洛，另外一名登山者失踪
	2007	2 人遇难 7 人受伤	5 月 2 日，云南迪庆藏族自治州梅里雪山雨崩景区发生雪崩事件。1 人重伤，6 人轻伤，另有 2 名南通游客遇难
	2008	1 人遇难 4 人受伤	5 月 3 日，新疆一支户外自助游队伍准备沿白杨沟煤矿—喀拉莫依高山牧场—希勒木呼牧场—呼图壁林场—106 团煤矿进行为期 3 天的狼塔 A 线穿越活动。在呼图壁林场遭遇坠石，1 人不幸身亡，4 人受伤，其中 1 人重伤
	2008	1 人失踪	三名男子到太白山穿越原始森林，其中一位名叫“老边”的男子因为着急赶时间和同伴分开后，失去踪影。7 月 12 日，搜救人员返回西安，对未能找到失踪者深表遗憾。之后，“老边”的家属再次上山找人，但仍然没有任何消息

（续上表）

类别	年份	伤亡	事件经过
登山	2008	3 人遇难	8 月 1 日下午，23 名“驴友”在广西南宁武鸣县两江镇大明山突遇山洪，其中 8 人被洪水冲走。武鸣县组织了政府工作人员和当地群众共 500 多人参与搜救。至 8 月 2 日上午，搜救人员成功救出 5 名“驴友”，另外 3 人被证实已不幸遇难
	2008	1 人遇难	10 月 13 日，李正科徒步贡嘎，遇难
	2008	1 人遇难 2 人受伤	12 月 20 日，“钻山豹”俱乐部再酿惨剧，“驴友”太兴山遇险 1 死 2 伤
	2009	3 人遇难 5 人受伤	3 月 21 日，“8837”（爬爬山去）论坛组织 100 多人去秦皇岛市青龙满族自治县祖山活动，分成了 A、B、C 三组，B 组的部分网友进入未正式营业的黑尖顶滑道向下溜滑时，被甩出滑道，事故造成 3 人死亡，5 人受伤
	2009	1 人遇难	4 月 18 日，广州户外爱好者吴沓走凤龙线，失踪。经多方搜寻，于 4 月 21 日发现遗体。应为坠崖
	2009	1 人遇难	江苏的登山爱好者吴文洪，5 月 18 日上午登顶珠穆朗玛峰后，在下撤途中突发严重高山疾病，经全力抢救无效，于 19 日 4 时许在海拔 8 750 米处不幸罹难
	2009	2 人遇难	6 月 13 日，5 名游客爬北京野长城遭雷击，一对夫妇身亡
	2009	1 人遇难 1 人轻伤	7 月 29 日中午 12 点 20 分，一支 7 名广州登山爱好者和 4 名高山协作组成的登山队在四姑娘山骆驼峰拉练时遭遇大面积山体落石。协作队队长多吉（黄勇强）被飞石击中跌落下山不幸遇难，另一名登山队员也受了轻伤
	2009	1 人遇难	10 月 18 日下午 2 时，PIIICPU（ID 名）在惠州白马山与队伍失联，深夜寻获其遗体，确定为坠崖身亡
	2009	1 人遇难	11 月 14 日下午 5 点左右，一支由 16 人组成的“驴友”团在光泽县寨里乡附近的深山进行探险的过程中，1 名女队员突然走失。19 日下午 3 点 30 分，救援队水草等 5 人与失踪者家属 5 人，一行 10 人，发现遇难者遗体
	2009	1 人遇难	12 月 12 日，在中国应急救援志愿者论坛中发起的北京房山三皇山环形穿越活动中，“驴友”“萍姐”探路坠崖遇难

（续上表）

类别	年份	伤亡	事件经过
登山	2009	1人遇难	12月31日，黄梅县民间组织“黄梅户外”的8名“驴友”相约组队外出，在河南安阳的林州市太平山风景区登山途中遭遇冰崩，其中一人被冰块砸中不幸遇难
	2010	1人遇难	1月2日，鳌山登山活动中，西安大脚丫子俱乐部的一名女队员杨姐失踪
	2010	3人遇难	5月13日，8名中国业余登山爱好者在尼泊尔登顶海拔8 167米的世界第七高峰“道拉吉里”后，在下山过程中，3名队员不幸遇难，分别是来自深圳的李斌（体能衰竭，被放弃），来自淄博的韩昕（滑坠，被放弃）和来自深圳的赵亮（滑坠，被放弃）
	2010	2人遇难	10月1日，在云南哈巴雪山，两名登山爱好者在登顶哈巴雪山下撤途中滑坠，已确认遇难。女性山友来自湖南怀化，男性山友来自云南昆明
	2011	1人失踪	1月初，探险家高家虎在攀登梅里雪山过程中失踪
	2011	1人遇难	1月11日，济南4位“驴友”相约在济南南部山区仲宫镇登山。快到顶峰时，有一“驴友”坠崖，悬在树枝上，经过5个小时的抢救，终因失血过多而亡
	2011	1人遇难	4月23日，牧野穿越鳌太，高反引发高原肺水肿或高原脑水肿，最终不幸死亡
	2012	1人遇难	1月27日，福建“驴友”陈致攀登三峰，请了一名当地向导杨晓咪，凌晨两三点冲顶，下撤途中（海拔5 300米处），向导转身小解，回来就没看见陈致了。次日，在顶峰下方400米找到陈致遗体
	2012	1人遇难	2月12日，13名济南“驴友”从泰山天烛峰景区非正规渠道进山，两名“驴友”在下山过程中因为迷路与队友走散。得到消息后，当地警方和泰山管委会等相关部门第一时间展开搜救，失踪的男“驴友”“沉浮”于2月13日13点被发现。2月16日13点40分左右搜救团队在泰山一个后山沟找到了失踪90多个小时的女“驴友”的遗体

（续上表）

类别	年份	伤亡	事件经过
登山	2012	1人遇难	3月16日凌晨1点，一位遇难“驴友”的遗体从青银沟中被抬到房山区韩村河镇圣水峪村。为了查看坠崖同伴的情况，这位“驴友”在爬向崖底时坠落身亡，而他的同伴因幸运地落在松软的羊粪上而捡回一条命
	2012	1人遇难	3月18日，江华参加了福州野狼户外俱乐部组织的十八重溪腹地自助穿越活动。当晚，江华穿越十八重溪腹地鸭嘴岩时，不幸坠崖身受重伤。尽管同行“驴友”全力施救，江华仍因伤势过重殒命
	2012	1人遇难	阿潘在海角户外及磨房网发帖，约伴于4月3日走大梅沙—金龟村—水祖坑，网上约伴11人，另有空降人员4人，共15人。中途发现少了一人，持续打事主电话都无人接听，以为事主自行下撤。4月5日事主继续失联，家属报110。4月6日10点半，深圳山地救援队找到遇难事主遗体
	2012	1人遇难	4月15日，一行四人从营盘秦楚古道穿越翠华山，在终南山顶中国南北分界线（即黄河长江分水岭标志）以东200米处一小树林里发现一顶被雪压塌的蓝色帐篷，内有一具男性遇难“驴友”遗体
	2012	1人遇难	6月13日，广西“驴友”蒋崇刚于6月12日携带露营食品等装备，同大学同学李某从苍山西坡登白云峰，在登山途中蒋崇失踪，24日下午6点李某到达云峰村后报警。29日，救援人员在茫涌溪3 200米附近的原安置区域发现了蒋崇的遗体
	2012	1人遇难	7月2日在福建同安淡溪发现了“独行侠”——55岁的台北人陈文吉的遗体
	2012	2人遇难	7月6日，雨崩神瀑有2名“驴友”遇难，1名女“驴友”获救
	2012	1人遇难	严冬冬、周鹏、李爽一行三人于6月23号到达阿克苏，原计划攀登西天山却勒博斯峰。7月9号下午6点多，在4 400米左右高度的冰川上，严冬冬掉入很深的暗裂缝被卡住，周鹏他们经过多次努力，救援未果
	2012	3人遇难	11月24日，“鳌山太保”“大秦户外”的网络群上征集了9名西安籍“驴友”登太白山，后被突变的恶劣天气困于深山中。10名“驴友”被困太白山，最终3人不幸遇难

（续上表）

类别	年份	伤亡	事件经过
登山	2012	2人遇难	北京两名“驴友”灵山走失，全部遇难。2012年12月22日北京门头沟灵山展开救援行动，23日12点26分发现两名受困者。下午1点34分，经河北警方确认，2名受困“驴友”不幸遇难
山地峡谷徒步	2004	1人遇难	8月14日，回归线户外“青梅煮酒坊社区”领队高粱米、龙腾翔组织的“中崆峡谷避暑泡双龙潭”活动发生严重意外。队伍于21时许遭受山洪袭击后，队员曾慧聪遇难
	2006	1人遇难	6月4日武义“第九世界”户外俱乐部组织活动，在武义三笋坑峡谷，18名“驴友”被困牛头山，“豆妈”在过一条山涧时，不慎失足落水，被湍急的溪水冲走，冲入瀑布。搜救人员第二天在山涧水边找到遇难者的尸体
	2009	1人遇难	8月9日，因台风、暴雨，下午6点，宁波“驴友”杜冠瑜在鄞州龙观乡铜坑村左溪过溪时不慎滑入溪中，被水势远异于常日的溪流冲走
山地峡谷徒步	2009	3人遇难	8月15日15时许，在浙江丽水景宁炉西峡河谷，上海高远户外运动俱乐部组织的活动中，队伍过河时，3名“驴友”张林、刘宇杰、刘诺和当地向导陈剑超被上涨的河水冲走。陈剑超被冲到一块石头上，头部冲撞到石头受伤而昏迷过去。凌晨4时左右，被搜救队员发现并将其成功营救。张林、刘宇杰、刘诺最终被寻获遗体
山地峡谷徒步	2010	2人遇难	6月8日，“铁镐”发起夏特古道徒步穿越活动，多人被冰河冲倒，青城、彦小新溺亡
	2011	1人轻伤 1人遇难	5月22日上午，26名“驴友”在武鸣县两江镇内朝屯附近的大明山内朝峡谷徒步旅行时突遇山洪。当地政府和公安、消防等部门积极搜救，近百村民也自发上山营救。至当晚6时30分，24名被困“驴友”安全下山，另有1人受轻伤，1人遇难
	2012	2人遇难	6月23日下午3时许，一支由10名“驴友”组成的队伍在温州文成县玉壶镇水库附近遇暴雨山洪，过溪流时两人被瀑布冲入深潭后身亡。据悉，这10名“驴友”均来自上海，在QQ上认识并组织了这次活动。遇险的两位“驴友”网名分别是“马蜂”和“伍佰”

（续上表）

类别	年份	伤亡	事件经过
山地峡谷徒步	2012	4人失踪	9月2日下午4点50分左右，一群到揭西县龙潭瀑布景区游玩的“驴友”突然遭遇山洪，造成3男1女共4人失踪
	2012	1人遇难	10月1日，14名“驴友”违规穿越卧龙自然保护区，1人落水溺亡，6名被困“驴友”获救
海岸徒步	2002	1人遇难	“小白”在深圳热线网站中的“人在旅途”网页上，看到了“东北村长”发送的有关8月3日组织“驴友”参加“穿越海岸线”的探险登山活动后，即与组织者联系后前往，徒步跋涉穿过南澳岛鹅公岭村至大鹿湾海边的悬崖绝壁。穿越过程中遭遇台风，网友“小白”在南澳岛海边悬崖不幸坠崖身亡
	2005	1人遇难	9月18日“灌木”（网名）在东西冲穿越活动中，因沿海刮六、七级大风，被海浪卷走。数日后，方找到遗体
溯溪	2009	19人遇难	7月11日重庆行健户外俱乐部的超哥在驴友空间网发起“7月10—12号万州潭獐峡溯溪”活动。下午3点左右，在重庆万州潭獐峡之地缝峡遭遇山洪，获救16人，当天寻获遗体7具，12人失踪。至7月27日，所有失踪人员全部寻获，最终确定遇难19人（11男8女）
	2010	1人遇难	7月18日，在温州文成县铜铃山，晚上6点左右，一队人分成几个小分队，沿着瀑布往上爬行。“黑玫瑰”行走在中间。到最后一道瀑布时，突然数米高的山洪冲向“黑玫瑰”。洪水带着她的身体，先后冲下多道数米深的瀑布
	2011	1人遇难	8月13日武汉“驴友”杨家溪探险，向导不幸溺亡
溪降	2005	1人遇难	8月22日，8名户外探险爱好者冒雨前往宜昌市的深山峡谷壕沟探险，谭斌博在壕沟穿越过程中溪降溺亡，其余人员被困4天，无法出山。在各界人士紧急搜救下，终于救出幸存者7人
	2011	1人遇难	7月14日，4名来自广东湛江的“驴友”在贵港八台山探险，试图沿十几米深的瀑布速降。40多岁的“驴友”吴某不幸溺亡
	2011	1人受伤	7月16日，在湖北宜昌壕沟，“驴友”“三流匠心”在溪降过程中坠落受伤

（续上表）

类别	年份	伤亡	事件经过
岩降	2012	1 人遇难	6 月 17 日，宜昌一户外极限运动爱好者在夷陵区谭家沟岩降时意外坠落，不幸遇难
攀涧	2011	1 人遇难	黎志永与儿子及多名友人在鹿头屏南石涧攀涧期间，遇上大雨失足坠涧，遭洪水冲走丧命
露营	2005	1 人遇难	9 月 17 日，“头上的包”（网名）在平海露营活动中，因救助遇险队员“织梦”（获救）不幸遇难
沙漠徒步	2006	1 人遇难	5 月 4 日，在水木清华论坛和绿野论坛约伴进行的一次穿越库布齐沙漠活动中，“驴友”“小倩”昏迷倒地，最终不幸殒命

附表2　水上体育旅游安全事故例举

类别	年份	伤亡	事件经过
海边、深潭游水	2003	1人遇难	2003年8月23日，某网上户外运动俱乐部成员小尹在舟山桃花岛户外运动中溺水身亡
	2007	1人遇难	在苗栗县老庄溪进行的一次溯溪训练中，因没穿救生衣，身高1.7米的台大学生陈建良溺毙于1.5米深水潭
	2010	2人遇难	19楼论坛台州网友在浙江台州黄岩区屿头乡白石村活动，在溪坑边深潭处，2人溺水身亡
漂流	2006	1人遇难	8月5日组织的连平县活动中，在河中划艇漂流时，队员“独啸山林”“孤叶”“海湾”被水流卷入洄流，“孤叶”“海湾”遗体于晚上7时在出事地点下游2公里一浅滩发现，“独啸山林”下落不明。数批“驴友”共约50人前往搜救，于8月8日早上9时在出事地点下游2公里河面发现“独啸山林”遗体
	2008	3人遇难 1人失踪	8月24日，6名俄罗斯户外运动爱好者在新疆和田地区的玉龙喀什河漂流遇险。在中俄联合搜救队及当地村民600多人近半个月的艰苦搜寻下，9月21日，2名漂流队员在野外跋涉25天后奇迹生还，3人遇难，1人失踪
	2009	3人遇难	7月1日，贵州省兴义市清水河生态漂流公司一艘载有7名游客、5名船员的皮划艇，漂流至马岭河峡谷清水河段时，发生翻船事故，3人死亡
	2009	7人遇难	7月11日，重庆云阳县南三峡泥溪乡，一只漂流船发生翻船事故，船上数十名游客失踪。消防官兵赶赴现场救援，找到14名失踪游客，其中7人遇难
浮潜	2009	1人遇难	9月2日下午，沈海东在深圳杨梅坑的鹿嘴山庄附近海域浮潜摸螺遇难，次晨被寻获遗体
	2012	1人遇难	9月22日，“胖哥”参加磨房网的“小梅沙前新索道、无人沙滩浮潜、海钓露营”活动，23日13点43分不幸在海边遇难

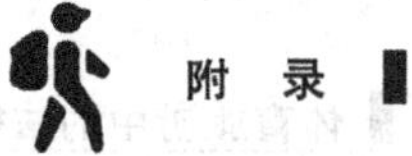

（续上表）

类别	年份	伤亡	事件经过
皮划艇	2009	1人遇难 1人失踪	6月21日下午，一艘载有6人的皮划艇在嘉陵江四川南充凤仪发电站发生翻艇事故，经公安、消防、安监等部门全力搜救，4人获救，1人死亡，1人失踪
	2011	1人遇难	19日下午，杨笑依在长沙水渡河划着皮划艇钓鱼时，不慎冲下河坝，跌入湍急的河水中。21日凌晨，杨笑依的遗体在距离出事地点1公里处的下游被发现

附表 3　航空体育旅游安全事故例举

类别	年份	伤亡	事件经过
热气球	2009	4 人遇难 3 人受伤	10 月 14 日，广西荔浦县境内发生热气球燃烧坠毁事故，造成 4 人死亡，3 人受伤，其中 4 名死者和 1 名伤者是荷兰籍游客。发生事故的热气球归属东莞市美翔航空俱乐部有限公司。阳朔县旅监所称，阳朔旅游部门一直都不允许团队组织游客乘坐热气球，也没有批准过美翔航空俱乐部有限公司接待游客进行热气球游览
滑翔伞	1993	1 人遇难	6 月 5 日，台湾伞友郝钜在河南林县林虑山螺旋落地遇难（国内第一起滑翔伞飞行死亡事故）
	1998	1 人遇难	10 月，贵州伞友刘大川在贵阳遇难
	2000	1 人遇难	5 月 1 日，在北京工作的瑞士伞友吕阿明在北京延庆县松山遇难
	2004	1 人遇难	7 月 25 日，广州陈东胜在罗浮山飞行时折翼，螺旋坠山
	2005	1 人遇难	3 月 5 日，南京戴新建在赤山为学员做飞行准备时被拖上空中，坠落身亡
	2005	1 人遇难	6 月 6 日，北京房山区张坊派出所的警察王克川在房山附近小山折翼坠地身亡
	2005	1 人遇难	9 月 4 日，台湾黄姓伞友在北京蟒山飞红线，因进入背风区而遇难
	2007	1 人遇难	2 月 3 日，厦门熊老在海丰水底山因滑翔伞折翼，螺旋坠山
	2007	1 人遇难	2 月 14 日，北京何忠贫在澳洲 Manilla 滑翔伞穿越比赛中，进入风暴区，遭雷击遇难
	2007	1 人遇难	5 月 1 日，北京贾长亮在北京蟒山放飞新学员时被强风拖起坠地，后抢救无效离世
	2007	1 人遇难	7 月 28 日，深圳黄海在海丰水底山飞入背风涡流区，撞山身亡
	2009	1 人遇难	3 月 29 日，北京王永新在林州太行山脉起飞场以南约 1 公里处，因折翼进入螺旋，5 圈后坠地身亡
	2009	1 人遇难	4 月 26 日，西安阎雪燕在淳化鱼车山折翼撞山身亡
	2010	1 人遇难	4 月 18 日，济南宋悦（滑翔数码版主），因飞行风大，进入背风区坠山身亡
	2012	1 人遇难	3 月 30 日，浙江郑理远因为滑翔伞进涡流区而遇难
	2012	1 人遇难	4 月 11 日，南宁伞友刘炜在南宁六景飞伞时意外坠落负重伤，抢救无效于 4 月 13 日离世

（续上表）

类别	年份	伤亡	事件经过
动力伞	2008	1人遇难	2月21日，厦门陈国宝在厦门环岛路海域驾驶动力伞，落海被伞绳缠绕溺亡
	2011	1人遇难	8月29日，徐州伞友“主席”老胡，在大龙湖上空驾驶动力伞飞行，意外失速坠地身亡
	2013	1人遇难	4月1日，内蒙古张广峰在飞动力伞时，突发意外坠地身亡
	2013	1人遇难	4月13日，江西黎鹏驾驶动力伞在玉湖上空飞行，因器具故障，水面无救援队待命，溺水身亡
三角翼	2001	1人遇难	6月6日，北京飞人滑翔伞俱乐部教练贾小丰从澳大利亚学习动力三角翼回国后，在河北保定机场展开飞行活动，失事离世
	2006	2人遇难	9月9日，在内蒙古阿拉善盟月亮湖旅游区，一架三角翼动力滑翔伞在进行载客游览飞行时坠落，造成2人死亡。该公司载客飞行未经民航主管部门批准
	2010	1人遇难 1人重伤	5月2日，北京汤坤在北京十三陵水库，因动力三角翼遭遇强气流，失控后螺旋坠落水库，溺水身亡；同伴受重伤
	2011	1人遇难	6月13日，汪红新（宜昌愚人岛三角翼教练）在山东飞行时不慎碰到高压线，离世

附表 4　国家体育总局下设协会分类①

分类标准	协会名称
协会（奥运项目）	足球、篮球、排球、乒乓球、羽毛球、网球、体操、击剑、棒球、马术、拳击、摔跤、曲棍球、射箭、冰球、滑冰、滑雪、手球、垒球、举重、柔道、帆船、跆拳道、皮划艇、现代五项、铁人三项、游泳、赛艇、射击、田径、自行车
协会（非奥运项目）	飞镖、体育记者、壁球、健身气功、电竞、钓鱼、企业体协、老年体协、技巧、体育舞蹈、武术、龙狮、高尔夫、摩托、台球、摩托艇、汽车运动、龙舟、国际象棋、健美、滑水、掷球、潜水、极限、拔河、轮滑、保龄球、门球、毽球、信鸽、软式网球、桥牌、健美操、登山、象棋、围棋、风筝

附表 5　中国登山协会各类培训数据统计②

证书类型	证书级别	培训起止时间	培训批次	获证书人数
户外指导员	助理户外指导员	2005 年 9 月—2006 年 12 月	11 期	78 人
	初级户外指导员	2006 年 1 月—2009 年 7 月	25 期	449 人
	中级户外指导员	2008 年 12 月	1 期	20 人
攀岩教练员	助理攀岩教练员	2001 年 3 月—2006 年 12 月	26 期	165 人（缺第二期、第六期数据）
	初级攀岩教练员	2001 年 3 月—2009 年 6 月	18 期	123 人
	中级攀岩教练员	2005 年 3 月—2008 年 12 月	2 期	15 人
拓展指导员	助理拓展指导员	2006 年 9 月	1 期	10 人
	初级拓展指导员	2006 年 9 月—2009 年 3 月	6 期	52 人

① 国家体育总局．奥运和非奥运项目协会分类［EB/OL］．（2013－12－10）．http：//www. sport. gov. cn/n16/index. html.

② 数据来源：根据国家体育总局登山运动管理中心 2009 年 8 月更新的数据统计。

附表 6 国内代表性体育旅游保险列表①

	公司	性质	保险例举	承保的体育旅游项目	责任免除的体育旅游项目
1	华泰财产保险有限公司	国有保险公司	户外运动保障计划（2009）	户外运动（各项具有一定风险性的非竞技户外运动，包括潜水、滑雪、滑水、热气球、蹦极、冲浪、风筝冲浪、攀岩、速降、自行车、徒步、野外穿越、野外定向、登山、溯溪、骑马、皮划艇、帆船、野战、拓展训练、漂流、自驾车）	第六条（十四）被保险人进行赛马、各种车辆表演、车辆竞赛、特技表演；（十五）被保险人进行滑翔翼活动
2	北京中体保险经纪有限公司（和大众保险股份有限公司合作）	国有保险经纪机构	登山及户外运动专项保险计划（2006）	探险活动、高风险运动都可以承保，但是只针对商业团体不面向个人	第七条（六）被保险人进行滑翔翼及跳伞活动、任何海拔3 500米以上的户外运动及潜水深度15米以上（如保险人进行风险评估后同意拓展承保，不受本责任免除的限制）
3	大众保险股份有限公司	中外合资保险公司	境内旅游自选保障计划、户外运动保障计划、大众境内旅游保险计划、众行天下境内旅行保障计划	海拔6 000米以下的远足徒步、登山运动、山地穿越、露营、固定路线洞穴体验、野外生存、徒步穿越无人区（沙漠、戈壁等）；定向运动、拓展活动、场地趣味活动；自行车运动、山地自行车越野、场地/越野轮滑、自驾车旅行；游泳、潜水（下潜深度不超过18米）、溯溪、划船、帆船、帆板、皮划艇、漂流；人工/自然场地攀岩及下降、攀冰、滑雪运动；骑马游玩、马术培训、马术比赛（竞速赛、绕桶赛）。	第六条（六）被保险人进行滑翔翼及跳伞活动、任何海拔6 000米以上的户外运动及潜水深度18米以上（如保险人进行风险评估后同意扩展承保，不受本责任免除的限制）；（十九）被保险人从事潜水、跳伞、攀岩运动、探险活动、武术比赛、摔跤比赛、特技表演、赛马、赛车等高风险的活动期间

① 以各家保险公司或者经纪公司截至2014年最新版本保险条款为依据。

（续上表）

	公司	性质	保险例举	承保的体育旅游项目	责任免除的体育旅游项目
4	太阳联合保险（中国）有限公司	外资独资保险公司	无忧/安心海外旅游保险	承保滑雪、潜水、骑马、攀岩等热门娱乐运动	被保险人参与任何跳伞及滑翔翼活动、赛马、特技表演或各种车辆表演及竞赛
			爱游海岛境外旅行保险	承保热门水上娱乐运动，包括潜水、水上摩托艇、帆板冲浪、浮潜、帆伞运动、滑水、海底漫步、香蕉船、划船、机动橡皮艇、水上飞轮、皮划艇、水上蹦床、游艇、水球、游泳	被保险人参与任何职业或专业级别的体育活动，或者是被保险人能从中赚取或获得奖金、报酬、捐赠，或赞助的体育活动；被保险人参与任何跳伞及滑翔翼活动、赛马、特技表演或各种车辆表演及竞赛
5	中德安联人寿保险有限公司	中外合资保险公司	无忧国际境外旅行险	有正式经营执照的机构经营的，并符合安全规范的潜水、滑水、场地滑雪、场地滑冰、驾驶卡丁车、帆船、帆板、皮划艇、漂流、观景直升机或骑马	使用人工呼吸器潜水、狩猎、跳伞、滑翔、探险活动、武术比赛、摔跤比赛、特技表演、非徒步的速度竞赛、赛马、马球、马术表演、赛车、拳击、室外滑雪、室外滑冰等运动（但有正式经营执照的机构经营的，并符合安全规范的潜水、滑水、场地滑雪、场地滑冰、驾驶卡丁车、帆船、帆板、皮划艇、漂流、观景直升机或骑马等项目不在此列），或从事飞行活动（包括飞行驾驶员或空勤人员，但以购买机票的乘客身份乘坐商业航班者除外）

（续上表）

	公司	性质	保险例举	承保的体育旅游项目	责任免除的体育旅游项目
5	中德安联人寿保险有限公司	中外合资保险公司	安联境内旅行畅享神州保障计划	初级户外运动（包括户外旅游、远足徒步、健身娱乐登山、露营、山地和非山地定向运动、人工场地攀岩和下降、山地穿越、划船、游泳、拓展运动、自行车观景、人工场地轮滑、浮潜）	被保险人进行滑翔翼、跳伞、极地探险、非固定路线洞穴探险、特技表演、任何海拔6 000米以上的户外运动及潜水深度18米以上的活动期间（如保险人进行风险评估后同意扩展承保，不受本责任免除的限制）
6	太平洋保险公司	国内保险公司	旅游安全人身意外伤害保险	限定“2.6特殊旅游项目”的承保条件：被保险人在保险期间内参加本保险条款“2.5责任免除”第（10）项所指高风险运动和活动的，应于投保时书面告知本公司；本公司审核同意并收取相应保险费后，对被保险人参加高风险运动和活动期间发生的意外伤害按本保险条款“2.4保险责任”的约定承担保险责任	未经本公司审核同意，被保险人进行潜水、跳伞、滑雪、滑水、滑翔、狩猎、攀岩、探险、武术比赛、摔跤、特技表演、赛马、赛车、蹦极等高风险运动和活动
7	美亚财产保险有限公司	外资独资保险公司	旅行意外伤害保险、乐悠游保险、自由人保险、“驴行天下”境内旅游保障计划、畅游神州境内旅行保险、畅游天下境内旅行保险、畅游天下旅行保险	承保攀岩、漂流、滑雪、潜水、骑马、登山（无海拔高度限制）等户外运动	被保险人进行赛马、各种车辆表演、车辆竞赛、特技表演、滑翔翼及跳伞活动，造成的被保险人的伤害，本公司不负任何赔偿责任

（续上表）

	公司	性质	保险例举	承保的体育旅游项目	责任免除的体育旅游项目
8	中国平安财产保险股份有限公司	中外合资保险公司	平安国内旅游险、平安户外运动险、平安附加高风险运动意外伤害保险条款	承保跳伞、潜水、滑雪、攀岩、探险等非职业高风险运动［承保的高风险运动为不含有比赛、商业性质、表演性质的高风险运动；参加的高风险运动需是有主办方（例如旅游公司、网站）组织、签订运动合同才承保，被保险人参加自行组织的活动，且未签订运动合同的不在承保范围］	被保险人从事高风险运动或参加职业或半职业体育运动。高风险运动指比一般常规性的运动风险等级更高、更容易发生人身伤害的运动，在进行此类运动前需有充分的心理准备和行动上的准备，必须具备一般人不具备的相关知识和技能或者必须在接受专业人士提供的培训或训练之后方能掌握。被保险人进行此类运动时须具备相关防护措施或设施，以避免发生损失或减轻损失，包括但不限于潜水、滑水、滑雪、滑冰、驾驶或乘坐滑翔翼、滑翔伞、跳伞、攀岩运动、探险活动、武术比赛、摔跤比赛、柔道、空手道、跆拳道、马术、拳击、特技表演、驾驶卡丁车、赛马、赛车、各种车辆表演、蹦极

（续上表）

	公司	性质	保险例举	承保的体育旅游项目	责任免除的体育旅游项目
8	中国平安财产保险股份有限公司	中外合资保险公司	平安国内旅游险、平安户外运动险、平安附加高风险运动意外伤害保险条款	第二条在保险期间内，保险人扩展承保被保险人在进行跳伞、潜水、攀岩、探险活动等休闲娱乐性高风险运动的过程中遭受的意外伤害事故，并根据主保险合同约定的赔偿项目承担给付保险金的责任	第三条除主保险合同列明的各项责任免除外，因下列原因造成意外伤害事故的，保险人也不承担给付保险金责任：（一）被保险人参与任何职业性体育活动或表演，或任何设有奖金或报酬的运动或表演；（二）被保险人违反相关的高风险运动设施管理方的安全管理规定；（三）被保险人参加自行组织的活动，且未签订运动合同的；（四）合同双方约定并在保险单上载明的保险人不承保的任何运动
9	太平养老保险股份有限公司	国内保险公司	太平假日守护—国内假日旅游保障高风险一	本计划承保旅游期间在合法经营机构有专业指导和安全保护措施情况下，被保险人进行的武术、摔跤、特技三项高风险运动	被保险人从事或进行职业运动或任何高风险运动或活动如（但不仅限于）潜水、滑水、滑雪、滑冰、滑翔翼、跳伞、攀岩运动、探险活动、武术比赛、摔跤比赛、特技表演、赛马、赛车、各种车辆表演、车辆竞赛或练习、驾驶卡丁车等，如被保险人参加的高风险运动或活动未在此中列明，投保人必须在承保之前告知我们以确定是否承保该风险

（续上表）

	公司	性质	保险例举	承保的体育旅游项目	责任免除的体育旅游项目
9	太平养老保险股份有限公司	国内保险公司	太平假日守护—国内假日旅游保障高风险二	本计划承保旅游期间在合法经营机构有专业指导和安全保护措施情况下，被保险人进行的滑雪、滑索、滑水、潜水（深度不超过10米）二类高风险运动	被保险人从事或进行职业运动或任何高风险运动或活动如（但不仅限于）潜水、滑水、滑雪、滑冰、滑翔翼、跳伞、攀岩运动、探险活动、武术比赛、摔跤比赛、特技表演、赛马、赛车、各种车辆表演、车辆竞赛或练习、驾驶卡丁车等，如被保险人参加的高风险运动或活动未在此中列明，投保人必须在承保之前告知我们以确定是否承保该风险
			太平假日守护—国内假日旅游保障高风险三	本计划承保旅游期间在合法经营机构有专业指导和安全保护措施情况下，被保险人进行的跳伞、蹦极、赛马、赛车、潜水（深度超过10米）、狩猎、探险、攀岩、滑翔、野营和野外生存三类高风险运动	

（续上表）

	公司	性质	保险例举	承保的体育旅游项目	责任免除的体育旅游项目
9	太平养老保险股份有限公司	国内保险公司	太平假日守护—国内假日旅游保障综合高风险	本计划承保旅游期间在合法经营机构有专业指导和安全保护措施情况下，被保险人进行的武术、摔跤、特技、滑雪、滑索、滑水、潜水（深度不超过 10 米）、跳伞、蹦极、赛马、赛车、潜水（深度超过 10 米）、狩猎、探险、攀岩、滑翔、野营和野外生存高风险运动	被保险人从事或进行职业运动或任何高风险运动或活动如（但不仅限于）潜水、滑水、滑雪、滑冰、滑翔翼、跳伞、攀岩运动、探险活动、武术比赛、摔跤比赛、特技表演、赛马、赛车、各种车辆表演、车辆竞赛或练习、驾驶卡丁车等，如被保险人参加的高风险运动或活动未在此中列明，投保人必须在承保之前告知我们以确定是否承保该风险
10	安盛天平财产保险股份有限公司	中外合资 2 保险公司	安盛户外高风险旅游保险	承保热门娱乐运动：山地穿越、沙漠穿越、滑雪、潜水、骑马、自行车、自驾车、探险活动	被保险人参加速度性比赛（除徒步外）、摩托车赛和竞赛、乘风滑翔、滑翔、跳伞、探勘地上坑洞运动、飞行（除作为付费乘客搭乘民用或商用航班）
11	绿野保险经纪公司（和安盛天平合作，绿野独家）	国内保险经纪公司	“领队无忧”个人领队责任保险	本合同有效期内，若被保险人在旅行期间以领队身份带领团队，因意外事故造成其团队成员死亡担赔偿责任，则本公司以保险单所载的本合同项下该被保险人相应的保险金额为限补偿被保险人、残疾及身体伤害，而依法应向其团队成员（不包括与被保险人有抚养、扶养及赡养关系的人）承所实际支付的赔偿金额。保险事故发生后，被保险人因保险事故而被提起仲裁或者诉讼的，对应由被保险人支付的仲裁或诉讼费用以及事先经本公司书面同意支付的其他必要的、合理的费用（以下简称“法律费用”），本公司按照本保险合同约定也负责赔偿	被保险人参与任何职业体育活动、竞赛或任何设有奖金或报酬的体育运动

参考文献

一、中文著作

[1] 约翰·托夫勒. 第四次浪潮 [M]. 北京：华龄出版社，1996.

[2] 胡小明，虞重干. 体育休闲娱乐理论与实践 [M]. 北京：高等教育出版社，2004.

[3] 国家体育总局政策法规司. 中国体育法制十年：1995—2005 [M]. 北京：中国法制出版社，2006.

[4] 杨富斌，王天星. 旅行社监管法律制度研究 [M]. 北京：知识产权出版社，2007.

[5] 郑向敏. 旅游安全学 [M]. 北京：中国旅游出版社，2003.

[6] 邹统钎，高舜礼，等. 探险旅游发展与管理 [M]. 北京：旅游教育出版社，2010.

[7] 成涛. 旅游法比较研究 [M]. 澳门：澳门基金会，1998.

[8] 刘钧. 风险管理概论 [M]. 北京：清华大学出版社，2008.

[9] 韩勇. 体育与法律：体育纠纷案例评析 [M]. 北京：人民体育出版社，2006.

[10] B. 约瑟夫·派恩二世，詹姆斯·H. 吉尔摩. 体验经济 [M]. 夏业良，等译. 北京：机械工业出版社，2002.

[11] 阿尔文·托夫勒. 未来的冲击 [M]. 蔡伸章，译. 北京：中信出版社，2006.

[12] 麦克林，赫德，罗杰斯. 现代社会游憩与休闲 [M]. 梁春媚，译. 北京：中国旅游出版社，2010.

[13] 柳伯力，陶宇平. 体育旅游导论 [M]. 北京：人民体育出版社，2003.

[14] 金岳霖，等. 形式逻辑学简明读本 [M]. 北京：中国青年出版社，1979.

[15] 维德，布尔. 体育旅游 [M]. 戴光全，朱竑，译. 天津：南开大学出版社，2006.

[16] 陶宇平．户外运动与拓展训练教程［M］．成都：电子科技大学出版社，2006.

[17] 陈信勇，侯作前，杨富斌．旅游业发展的法制保障［M］．北京：知识产权出版社，2007.

[18] 史蒂芬·考斯，克里斯·佛萨斯．登山圣经［M］．吴佩真，吴俊奇，吴逸华，译．汕头：汕头大学出版社，2007.

[19] 韩玉灵．旅游法教程［M］．北京：高等教育出版社，2010.

[20] DEAN MACCANNELL. 旅游者休闲阶层新论［M］．张晓萍，等译．桂林：广西师范大学出版社，2008.

[21] 历新建．中国休闲研究［M］．北京：旅游教育出版社，2010.

[22] 肯·罗伯茨．休闲产业［M］．李昕，译．重庆：重庆大学出版社，2008.

[23] 马欧，贝蕾丝，杰米森．娱乐体育管理［M］．韩勇，康胜，译．沈阳：辽宁科学技术出版社，2009.

[24] 韩玉灵，申海恩．最新境外旅游法律汇编［M］．北京：中国法制出版社，2012.

[25]《〈中华人民共和国旅游法〉解读》编写组．《中华人民共和国旅游法》解读［M］．北京：中国旅游出版社，2013.

[26] 国务院法制办公室．中华人民共和国侵权责任法：实用版［M］．北京：中国法制出版社，2013.

[27] 米歇尔·贝洛夫，蒂姆·克尔，玛丽·德米特里．体育法［M］．郭树理，译．武汉：武汉大学出版社，2008.

[28] 国家旅游局政策法规司．中国旅游法规全书［M］．北京：中国旅游出版社，2003.

[29] 汤卫东．体育法学［M］．南京：南京师范大学出版社，2005.

[30] 闫旭峰．体育法学与法理基础［M］．北京：北京体育大学出版社，2007.

[31] 董小龙，郭春玲．体育法学［M］．北京：法律出版社，2006.

[32] 郭树理．外国体育法律制度专题研究［M］．武汉：武汉大学出版社，2008.

[33] 田勇，夏林根．旅游法规与政策［M］．上海：上海人民出版社，2010.

[34] 法律出版社法规中心．旅游纠纷认定规则与适用全书［M］．北京：法律出版社，2013.

[35] 杨富斌．旅游法教程［M］．北京：中国旅游出版社，2013.

[36] 孙子文．旅游法规教程［M］．大连：东北财经大学出版社，2002.

[37] 卢世菊，樊志勇，陈筱．旅游法规［M］．武汉：武汉大学出版社，2011.

[38] 周道平，张小林，周运瑜．西部民族地区体育旅游开发研究［M］．北京：北京体育大学出版社，2006.

[39] 柳伯力．休闲视角中的体育旅游［M］．成都：电子科技大学出版社，2007.

[40] 柳伯力．体育旅游概论［M］．北京：人民体育出版社，2013.

[41] 洪伟，余甬帆，胡哲锋．安全保障义务论［M］．北京：光明日报出版社，2010.

[42] 王利民．侵权行为法归责原则研究［M］．北京：中国政法大学出版社，2004.

[43] 申海恩，周友军．学生伤害、监护人责任与违反安全保障义务［M］．北京：中国法制出版社，2010.

[44] 韩勇．体育法的理论与实践［M］．北京：北京体育大学出版社，2009.

[45] 王利明．中国民法典草案建议稿及说明［M］．北京：中国法制出版社，2004.

[46] 杨立新．侵权责任法［M］．北京：法律出版社，2010.

[47] 王爱琳．我国侵权行为法归责原则研究［M］．长春：吉林大学出版社，2007.

[48] 吴必虎．区域旅游规划原理［M］．北京：中国旅游出版社，2001.

[49] 闫立亮．环渤海体育旅游带的构建与大型体育赛事互动的研究［M］．济南：山东人民出版社，2010.

[50] 邹统钎．中国旅游景区管理模式研究［M］．天津：南开大学出版社，2006.

[51] 董范，刘华荣，国伟．户外运动组织与管理［M］．武汉：中国地质大学出版社，2009.

[52] 保罗·纽尔．竞争与法律：权力机构、企业和消费者所处的地位［M］．刘利，译．北京：法律出版社，2004.

[53] 詹姆斯·S. 特里斯曼，桑德拉·G. 古斯特夫森，罗伯特·E. 霍伊特．风险管理与保险：第十一版［M］．裴平，译．大连：东北财经大学出版社，2002.

[54] 贾林青．保险法［M］．北京：中国人民大学出版社，2007.

二、中文论文

[1] 崔荣伟．自助游组织者的法律责任分析［D］．广州：暨南大学，2005.

[2] 李红艳．户外运动的理论和实践研究［D］．北京：北京体育大学，2006.

[3] 于素梅．体育旅游资源开发研究：以河南省为例［D］．开封：河南大学，2005.

[4] 吴畏．秦皇岛地区体育旅游发展研究［D］．北京：北京体育大学，2004.

[5] 李连宇．转型时期中国旅游行业协会模式研究：以北京、青岛为例［D］．北京：北京第二外国语学院，2006.

[6] 王旭光．我国官方体育社团的社会合法性研究：对全国性单项体育协会的分析［D］．天津：南开大学，2006.

[7] 戴霞．市场准入法律制度研究［D］．重庆：西南政法大学，2006.

[8] 兰行行．自助活动发起人责任承担研究：以自助游活动为例［D］．武汉：华中科技大学，2011.

[9] 肖拥军．旅游地开发项目风险管理研究［D］．武汉：武汉理工大学，2009.

[10] 杨垠红．侵权法上安全保障义务之研究［D］．厦门：厦门大学，2006.

[11] 周丽君．山地景区旅游安全风险评价与管理研究［D］．长春：东北师范大学，2012.

[12] 张贵海．中国滑雪产业发展问题研究［D］．哈尔滨：东北林业大学，2008.

[13] 宋杨洋．我国旅游保险产品的现状和发展完善［D］．成都：西南财经大学，2009.

[14] 徐广海．我国体育旅游保险现状及对策研究［D］．北京：首都体育学院，2007.

[15] 毛永新，娄芳芳，苏敏华．对发展黄山市体育旅游的设想［J］．安徽体育科技，1993（3）．

[16] 李继文．浅析我国西南地区体育旅游资源的开发［J］．武汉体育学院学报，1994（3）．

[17] 郑胜华．体育旅游：杭州亟待开发的旅游项目［J］．旅游研究与实践，1997（1）．

[18] 杨志刚，高俐娟．《旅游法》立法初探［J］．哈尔滨学院学报，2004，25（11）．

[19] 李建刚，王新平．我国体育旅游发展中的政府规制问题研究［J］．山东体育学院学报，2010，26（5）．

[20] 李萌．旅游风险教育：意义、内容与途径［J］．国际商务研究，2008（2）．

[21] 厉新建，魏小安．中国旅游保险的改革与创新思考［J］．江西财经大学学报，2008（4）．

[22] 林炜铃，陈金华．旅游者对平潭岛旅游安全感知实证研究［J］．乐山师范学院学报，2012，27（4）．

[23] 岑乔，魏兰．山地旅游安全预警与应急救援体系的构建：以四川省山地旅游为例［J］．云南地理环境研究，2010，22（6）．

[24] 刘天虎，金海龙，吴佩钦，等．登山探险旅游安全保障体系研究：以新疆慕士塔格峰为例［J］．生产力研究，2010（2）．

[25] 张大超，李敏．国外体育风险管理体系的理论研究［J］．体育科学杂志，2009（7）．

[26] 曹霞，吴承照．国外旅游目的地游客管理研究进展［J］．人文地理杂志，2006（2）．

[27] 高玲，郑向敏．国外旅游安全研究综述［J］．旅游论坛，2008，1（3）．

[28] 余超．国内外游客安全管理研究进展［J］．资源开发与市场，2010，26（1）．

[29] 朱水根．以“体验经济”理论引导餐饮业发展［J］．旅游科学，2003（3）．

[30] 王兴斌．“体验经济”新论与旅游服务的创新：《体验经济》读书札记［J］．桂林旅游高等专科学校学报，2003，14（1）．

[31] 李珩．对安全保障义务理论基础的探讨［J］．金田，2012（8）．

[32] 汤啸天．经营者场所安全责任的合理边界［J］．法律科学，2004（3）．

[33] 王宁，郑旗．公众户外运动中伤害事故归责研究的述评［J］．体育科技文献通报，2012（1）．

[34] 刘雪芹，黄世席．美国户外运动侵权的法律风险和免责问题研究：兼

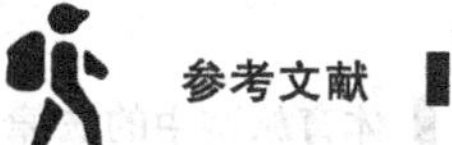

谈对中国的借鉴［J］．天津体育学院学报，2009，24（3）．

［35］秦华奇，于素梅．我国体育旅游发展的历史回顾与思考［J］．福建体育科技，2005，24（1）．

［36］李怡．慕峰，我们如何去登山——2011年慕士塔格峰商业攀登季综述［J］．山野（中国户外），2011（11）．

［37］郑中辉．乘改革开放“骏马”的广东省国际体育旅游公司［J］．体育文史，1993（1）．

［38］曹缔训．体育旅游初探［J］．武汉体育学院学报，1992（1）．

［39］杨秀丽，杨松．体育旅游市场的发展对体育旅游专业人才的要求［J］．沈阳体育学院学报，2003（4）．

［40］周进强，吴寿章．中国体育赛事活动市场化发展道路的回顾与展望［J］．体育文化导刊，2001（6）．

［41］小毛驴．走过三十年——中国皮划艇历史［J］．山野（中国户外），2011（11）．

［42］陈金华．浅论中国体育旅游：兼论奥运热对中国体育旅游的影响［J］．北京第二外国语学院学报，2002（1）．

［43］赵承磊．基于旅游本底的第29届奥运会对北京旅游效应评估［J］．体育科学，2012，32（10）．

［44］韩鲁安，韩丁，崔继安，等．社会体育专业增设体育旅游专业方向的必要性和可行性［J］．天津体育学院学报，1999（1）．

［45］韩鲁安，杨养青．体育旅游学初探［J］．天津体育学院学报，1998，13（4）．

［46］闵健．体育旅游及其界定［J］．武汉体育学院学报，2002，36（6）．

［47］杨强．中国体育旅游研究20年：述评与展望［J］．中国体育科技，2011，47（5）．

［48］刘杰．论体育旅游［J］．哈尔滨体育学院学报，1991（9）．

［49］汪德根，陆林，刘昌雪．体育旅游市场特征及产品开发［J］．旅游学刊，2002（1）．

［50］方洪．我国体育旅游分类及可持续发展对策研究［J］．赤峰学院学报（自然科学版），2012，28（8）．

［51］袁书琪，郑耀星．体育旅游资源的特征、涵义和分类体系［J］．体育学刊，2003，10（2）．

［52］刘河川．对体育旅游业客源市场因素的分类研究［J］．成都体育学

院学报，2004，30（1）.

［53］赵志荣．体育旅游认识上的“杂”“乱”“泛”现象及其原因分析［J］．体育学刊，2011（4）.

［54］刘波．德国体育俱乐部建制探析［J］．体育与科学，2007，28（3）.

［55］于慰杰．从美国旅游业的发展看美国的非政府组织管理［J］．东岳论从，2009，30（2）.

［56］蒲喜雄．从美国旅游营销管理看海南建设国际旅游［J］．热带林业，2011，39（3）.

［57］于慰杰．从美国旅游业的发展看非政府组织管理［J］．东岳论丛，2009，30（2）.

［58］黄瑾，德村志成．中外旅游咨询中心比较分析：兼论我国旅游咨询中心的发展策略［J］．西南民族大学学报（人文社科版），2008（11）.

［59］余俊．论旅游业中政府主导行为的法律规制：以名人故里之争为视角［J］．生态经济，2012（1）.

［60］吴三忙．旅游业融合发展中政府的作用［J］．旅游学刊，2011，26（6）.

［61］郭馨梅．体验经济刍议［J］．北京工商大学学报（社会科学版），2003，18（4）.

［62］张凌云．散客旅游市场的几个问题［J］．旅游学刊，1992，7（6）.

［63］李建刚，王新平．我国体育旅游发展中的政府规制问题研究［J］．山东体育学院学报，2010，26（5）.

［64］胡云．我国旅游业的信息化建设与发展［J］．城市问题，2004（2）.

［65］赵晓燕．北京旅游集散中心发展问题研究［J］．旅游学刊，2007，22（10）.

［66］郑向敏，卢昌崇．论我国旅游安全保障体系的构建［J］．东北财经大学学报，2003（6）.

［67］齐兴田，徐淑梅．我国高危险性旅游项目安全保障系统构建研究［J］．佳木斯大学社会科学学报，2007（3）.

［68］岑乔，黄玉理．极高山旅游安全保障体系研究［J］．成都大学学报（自然科学版），2011，30（1）.

［69］何巧华，郑向敏．岛屿旅游安全管理系统构建［J］．海洋开发与管理，2007（3）.

[70] 王烨，胡兵．基于生态旅游景区的安全保障机制的构建：以郴州莽山国家森林公园为例［J］．企业技术开发，2011，30（17）．

[71] 刘俊．中国旅游度假区治理结构及变迁［J］．旅游科学，2007，21（4）．

[72] 陈兰．改革开放30年来中国入境旅游发展分析［J］．商品与质量（理论研究），2012（4）．

[73] 阎华，李海．国内外体育保险之比较研究［J］．西安体育学院学报，2001，18（4）．

[74] 邱晓德．中国加入WTO体育博彩业面临的机遇与挑战［J］．北京体育大学学报，2003（6）．

[75] 陈秉正，王茂琪．外资保险在中国的发展困境之分析［J］．保险与风险管理研究动态，2011（3）．

[76] 潘志军．运动性猝死的研究进展［J］．浙江体育科学，2006，28（1）．

[77] 朱磊，刘洪珍．运动性猝死的原因及其干预［J］．中国临床康复，2005，9（8）．

[78] 谈建国，瞿惠春．猝死与气象条件的关系［J］．气象科技，2003，31（1）．

[79] 邱彦．从新西兰损害赔偿制度看正义理念［J］．华南理工大学学报（社会科学版），2009，11（3）．

[80] 郑治．国外高危行业责任保险的发展现状［J］．现代职业安全，2009（6）．

[81] 代海军．国外安全责任保险制度初探［J］．现代职业安全，2012（2）．

[82] 刘次琴，金育强．市场经济条件下我国行业体育协会发展研究［J］．北京体育大学学报，2007，30（4）．

[83] 刘次琴，金育强．第三部门理论视野下的行业体育协会［J］．体育文化导刊，2007（3）．

[84] 黄希发，冯连世，张彦群，等．高危险性体育项目经营活动准入国家标准的研制［J］．标准科学，2014（1）．

三、英文著作与论文

[1] SIMON HUDSON. Sport and adventure tourism ［M］. New York：The Haworth Hospitality Press，2003.

[2] JOY STANDEVEN, PAUL DE KNOP. Sport tourism [M]. Illinois: Human Kinetics, 1998.

[3] HEATHER GIBSON. Sport tourism: concepts and theories [M]. New York: Taylor and Francis Group Ltd, 2006.

[4] MIKE WEED. Sport & tourism: a reader [M]. London: Routledge, 2008.

[5] BRENT W RITCHIE, DARYL ADAIR. Sport tourism: interrelationships, impacts and issues [M]. Bristol: Channel View Publications, 2004.

[6] HAGEN WÄSCHE, ALEXANDER WOLL. Regional sports tourism networks: a conceptual framework [J]. Journal of sport and tourism, 2010.

[7] THOMAS HINCH, JAMES HIGHAM, Sport tourism development [M]. Bristol: Channel View Publications, 2004.

[8] WATERMAN L, WATERMAN G. Wilderness ethics [M]. Woodstock, VT: The Countryman Press, 1993.

[9] JEFF WILKS, DONNA PENDERGAST & PETER A LEGGAT. Tourism in turbulent times: toward safe experience for visitor [M]. Oxford: Elsevier Science Ltd, 2006.

[10] JEFFREY WILKS, ROBERT J DAVIS. Risk management for scuba diving operators on Australia's great barrier reef [J]. Tourism management, 2000 (21).

[11] HUFFMAN, MICHAEL G. Trouble in paradise-accident trends in the outdoors [J]. Proceedings from the international conference on outdoor recreation and Education, 1998.

[12] JOHN SPENGLER, DANIEL CONNAUGHTON. A quantitative approach to assessing legal outcomes in reported sport and recreation negligence cases involving assumption of risk [J]. Entertainment Law, 2003.

[13] MIKE WEED. Progress in sports tourism research? A meta-review and exploration of futures [J]. Tourism management, 2009, 30 (5).

[14] B JOSEPH PINE II, JAMES H GILMORE. Welcome to the experience economy [J]. Harvard business review, 1998, 76 (4).

[15] JOSEPH KURTZMAN. Sports tourism categories [J]. Journal of sport and tourism, 2005, 10 (1).

[16] MIKE WEED. Researching experiences of sport and tourism [J]. Journal of sport and tourism, 2012, 17 (2).

[17] KENNETH F HYDE, ROB LAWSON. The nature of independent travel [J]. Journal of travel research, 2003, 42 (1).

[18] YOUNG A PARK, ULRIKE GRETZEL & ERCAN SIRAKAYA-TURK. Measuring web site quality for online travel agencies [J]. Journal of travel & tourism marketing, 2007, 23 (1) .

[19] P DE KNOP. Total quality, a new issue in sport tourism policy [J]. Journal of sport and tourism, 2004, 9 (4) .

[20] FISUN YÜKSEL, BILL BRAMWELL & ATILA YÜKSEL. Centralized and decentralized tourism governance in Turkey [J]. Annals of tourism research, 2005, 32 (4) .

[21] T A BENTLEY, S J PAGE & I S LAIRD. Accidents in the New Zealand adventure tourism industry [J]. Safety science, 2001 (38) .

[22] RICHARD SHARPLEY. Security and risks in travel and tourism [J]. Tourism management, 1995, 16 (7) .

[23] FINLAY J WILD. Epidemiology of mountain search and rescue operations in Banff, Yoho, and Kootenay National Parks, 2003 - 06 [J]. Wilderness and enviormental medicine, 2008, 19 (4) .

[24] DAVID RICH. How to become a sport safe club: guidelines for developing and implementing a sport safety plan [J]. Journal of science and medicine in sport, 2000, 3 (2) .

[25] PATRICK PETERS, WERNER PLÖTZ. Mountain medicine education in Europe [J]. Wilderness and enviorment medicine, 1998 (9) .

[26] Library Council of New South Wales. Personal Injury [J] . Hot topics, 2005.

[27] GEOFFREY PALMER. New Zealand's accident compensation scheme: twenty years on [J]. The university of Toronto law journal, 1994, 44 (3) .

[28] Standards Australia & Standards New Zealand. Australian New Zealand standard on risk management [S]. Standards Australia International Ltd. 2004.

[29] DAVID G CONCANNON. Legal issues associated with diving fatalities: panel discussion. [J]. Recreational diving fatalities workshop proceedings, 2010 (8) .

[30] Public safety program: 3.0 parks Canada's public safety program [R]. 2005.

[31] Parks Canada. Puclic safety program performance freamwork [R]. 2009.

[32] Public safety program: 4.0 evaluation issues, findings and recommendations [R]. 2005.

[33] ROD MASON. Recreationand tourism in the Australian Alps [R].

Australian Alps National Parks, 8, 10.

[34] DREW RICHARDSON. Training scuba divers: A fatality and risk analysis [J]. Recreational diving fatalities workshop proceedings, 2010 (8).

[35] Department of onservation and land management. Visitor risk management & public liability [Z]. 1998.

[36] A guide to starting and operating an adventure tourism business in Nova Scotia [R]. The Economic Planning Group of Canada Halifax, Nova Scotia. 2005.